Karl Tschuppik
Elisabeth. Kaiserin von Österreich

SEVERUS Verlag

ISBN: 978-3-95801-508-1
Druck: SEVERUS Verlag, 2016

Der SEVERUS Verlag ist ein Imprint der Diplomica Verlag GmbH.
Bibliografische Information der Deutschen Nationalbibliothek:
Die Deutsche Nationalbibliothek verzeichnet diese Publikation in der Deutschen National-
bibliografie; detaillierte bibliografische Daten sind im Internet über http://dnb.d-nb.de
abrufbar.

© SEVERUS Verlag, 2016
http://www.severus-verlag.de
Printed in Germany
Alle Rechte vorbehalten.
Der SEVERUS Verlag übernimmt keine juristische Verantwortung oder irgendeine Haftung
für evtl. fehlerhafte Angaben und deren Folgen.

Karl Tschuppik

Elisabeth. Kaiserin von Österreich

MIX
Papier aus verantwortungsvollen Quellen
Paper from responsible sources
FSC® C105338

Er hat nur seinen eigenen Willen heilig gehalten und nur seinen Träumen gelebt; seine Trauer war ihm wertvoller als das Leben . . . .

Elisabeth über Achilleus

VORREDE

KAISERIN ELISABETH, IM LEBEN NUR VON
wenigen erkannt, ist auch nach dem Tode eine verschleierte Gestalt geblieben. Ihr Leben wie ihr Sterben waren ungewöhnlich, ihr Wesen nicht danach, sich dem forschenden Blicke leicht zu erschließen. Die schöne sechzehnjährige Prinzessin, von einer Laune des Zufalls aus ihrer Märchenwelt und der Phantasielandschaft der Wittelsbacher entführt, wurde als Gattin ihres Cousins, des Kaisers Franz Joseph, in ein Dasein von Konflikten, Pein und tiefstem Leid verstrickt. Die Ehe, der wesensfremde Hof der Lothringer, die Mutter Franz Josephs, Staatsräson und Würdepathos nahmen die blutjunge, romantische Prinzessin wie feindliche Mauern gefangen. Elisabeth sucht der Ehe und dem Hof zu entfliehen, ohne doch den Entschluß zur Befreiung und die Freiheit selbst zu finden. Sie war eine originale Natur, geistig ihrer Umgebung überlegen, doch auch das Kind einer Zeit, die das Emanzipationsbedürfnis der Frau erst als literarisches Wetterleuchten vor sich sah. Die bürgerlichen Frauen, ihre Mängel und Schmerzen, waren zu Elisa-

beths Zeiten im Dunkel: die Tochter aus edlerem Haus, die sich voreilig an eine gewöhnliche Ehe band und nun den Sturz ins Banale erlebt; das stolze Mädchen, von Eltern und Verwandten um des Vorteils willen zu einem Bund verführt, der es erniedrigt; die Ungeliebte, der das gemeine Talent des Stoikers versagt ist, die Steine und Würmer der Zwangsehe zu schlucken — der Dichter dieser Frauen war noch nicht gekommen. Elisabeths pessimistischer Romantizismus war die Philosophie des schönheitstrunkenen, unfreien Menschen. Sie hatte, ohne Ibsen zu kennen, die Sehnsucht der Nora und der Hedda Gabler. Sie war darin freier als diese Vorbilder der unfreien bürgerlichen Frauen, daß sie innerhalb ihrer Begrenzung zeitweilig fliehen und das Ziel ihrer Flucht wählen konnte; unfreier durch den Druck, den Tradition und Stellung auf sie übten. So unvorstellbar ein König ist, der aus der tiefern Erkenntnis auf Rang und Würde verzichtete, so unmöglich eine Elisabeth, die ihrer Welt gänzlich entflohen wäre. Es war das Äußerste an Rebellion, daß sie von Zeit zu Zeit dem „Notwendigen" sich durch die Flucht entzog. Den letzten Schritt, den Bruch mit der Welt, der sie zugehörte, hat sie nicht gewagt.
In der schwersten politischen Krise Franz Josephs kehrte sie zu ihm zurück. Sie vollbrachte, was keinem seiner Räte gelungen wäre. Als er sein Selbstbewußtsein wieder gewann, nahm sie von neuem ihr Wanderleben auf. Nach dem Tode ihres Sohnes entschwand

sie den Blicken der Welt, bis sie, die Verblühende, die das Altern haßte und fürchtete, in Genf vom Dolch des Mörders getroffen wurde.

Die Menschen ihrer Tage, im besondern die engeren Untertanen Franz Josephs, haben wenig darüber nachgedacht, warum die Kaiserin Wien und den Kaiser am liebsten aus der Distanz bejahte; sie woben um Elisabeths Haupt einen Legendenkranz, der Dichtung und Wahrheit enge verflocht. So lebt sie auch in der Elisabeth-Literatur, teils vergöttlicht, teils als die „exzentrische Frau", die das Leid des Kaisers vermehrte.

Dieses Buch versucht die äußere historische und die innere Wahrheit zu einem Bilde dieser Frau zu vereinen, deren Wesen so ungewöhnlich war wie ihr Schicksal.

Wien, im September 1929   *Karl Tschuppik*

I.
DIE MÄRCHENPRINZESSIN

DIE HERZOGIN LUDOVIKA VON BAYERN FÄHRT mit zwei Töchtern und einem großen Plan. Eine Tochter aus vornehmem Hause, die zur Brautschau geführt wird, ist noch artiger als sie Geburt und Erziehung gemacht haben. Prinzessin Helene sitzt im Reisewagen neben ihrer jüngern Schwester wie eine Kränkelnde auf dem Wege zum Arzt. Die Mutter hat Sisi mitgenommen zur Aufheiterung Helenens und um sich selber davor zu bewahren, auf der langen Fahrt von München nach Ischl ständig mit Helene und dem Plan allein zu sein. Sisi, sechzehn Jahre alt, weiß nicht, daß es das Recht der Mütter ist, Vorsehung zu sein; sie ahnt nicht, woran die ältere Schwester kränkelt. Sie ist auf dieser Reise heiter und unbefangen wie bei ihren Spielen im Schloßpark zu Possenhofen oder bei den Pferden des Vaters.
Helene, die älteste der fünf Töchter des Hauses, ist ausersehen, die Gemahlin des jungen Kaisers von Österreich zu werden. Der Plan ist nicht im Heim der Herzogin Ludovika geboren worden; so sehr sich die Herzogin stets dessen bewußt bleibt, die Tochter eines Königs zu sein, so vergißt sie doch nicht, daß

sie, die jüngste der sechs Töchter Maximilians I. von Bayern, unter ihrem Rang verheiratet wurde. Karoline, die älteste ihrer Schwestern, war Kaiserin, die Gattin des Kaisers Franz; Elisabeth, Gattin Friedrich Wilhelms IV., saß auf Preußens Thron; Amalia, die Gattin König Johanns, und Maria, Friedrich Augusts Frau, waren Königinnen von Sachsen. Erzherzogin Sophie, die willensstärkste der sechs bayrischen Königstöchter, hatte die Anwartschaft auf Österreichs Kaiserthron; sie hat noch besser gewählt: sie machte ihren ersten Sohn, Franz Joseph, zum Kaiser. Nur sie selber, Ludovika, die Jüngste, mußte sich bescheiden. Ihr Gatte Herzog Maximilian gehört der Nebenlinie des bayrischen Königshauses an; die höfische Unterscheidung nennt ihn nicht Herzog „von" Bayern, in ihrem Bereich ist er ein Herzog „in" Bayern.
Ludovika litt darunter. Es ist ihre große Sorge, das Ansehen des Hauses zu steigern, ihr steter Gedanke, die nun heiratsfähige älteste Tochter höher zu stellen als die Entscheidung ihrer Eltern sie selber gestellt hat. Doch den Wunschblick nach Wien, nach dem kaiserlichen Neffen, hat sie nur in der Phantasie gewagt. Österreichs junger Kaiser ist Europas beste Partie. Dreiundzwanzigjährig; Herr der wiederaufgerichteten habsburgischen Macht; in den Augen der konterrevolutionären Welt der neue Erlöser und Held; ein Glückskind, ebenso sympathisch wie mächtig und reich. Die Prinzessinnen königlichen Geblüts finden keine bessre Wahl. Franz Joseph wäre für das Possenhofener

Herzogshaus unerreichbar gewesen. Den Plan, den Ludovikas Reisewagen birgt, hat Erzherzogin Sophie, des jungen Kaisers Mutter, entworfen. Die energische, zielbewußte Frau will ihr Werk vollenden. Sie hat ein Recht, sich als Retterin Österreichs, als die Bewahrerin der habsburgischen Hausmacht zu fühlen. Vor fünf Jahren, 1848, in den Tagen der Ratlosigkeit, des Zauderns, der Schwachheit und des Entsagens gab es am Wiener Kaiserhof, im ganzen Kreis der Erzherzöge, Fürsten, Minister, Diplomaten und Generale nur einen Mann — die Erzherzogin Sophie. Ihr Machtwille hat den Feuerbrand der mitteleuropäischen Revolution gelöscht. Sie hat die Skepsis des Hofs und die schleichende Toleranz besiegt, das Konzept des Freiherrn von Kübeck zur Aktion gemacht, den Säbel der Konterrevolution in den drei Fäusten Radetzky, Jellačic und Windischgrätz in Schwung gebracht. Sie hat Österreich wieder einen Kaiser gegeben. Den eignen Sohn. Nun will sie, die wirkliche Regentin, dem Kaiser auch die Gattin wählen.

Was lag näher als das Vorbild des väterlichen Hauses? Vernunft, Kalkül sind die besten Heiratsstifter. Und der Gehorsam vor der katholischen Kirche. Erzherzogin Sophie ist eine fromme Frau, dem Glauben schwärmerisch ergeben. Wie sie einst Tage und Nächte darauf sann, den wankenden Thron für den Sohn zu retten, so wandte sie jetzt alle Sorgfalt der Aufgabe zu, dem Sohn die passende Frau zu finden. Der Kreis der Auswahl wurde eng unter dem unabweislichen Gebot der Kirche, er zog sich schließlich um München zusammen. Bei dieser Entscheidung ergaben sich zwei Vorteile: die Rücksicht, die man der Kirche schuldig war, die Braut aus einem streng katholischen Haus zu wählen, kam zugleich der eignen Familie zustatten. Erzherzogin Sophie fiel es nicht schwer, ihrer jüngsten Schwester Ludovika zu sagen, was sie dachte; es war die große Glücksbotschaft für Possenhofen. Und der junge Kaiser? Das Selbstherrschertum des Dreiundzwanzigjährigen, auf den Kampffeldern in Ungarn, auf der Niederwerfung des rebellischen Wien gegründet, unbeschränkter und gefestigter als der vormärzliche Absolutismus, diese Machtfülle versinkt vor den Türen der mütterlichen Appartements. Der junge Kaiser ist der ergebenste Sohn. Die Mutter hat den Thron wieder auf feste Beine gestellt; der Träger der neuen Macht verwandelt sich vor ihr in einen fügsamen Knaben. Was sie tut, ist weise und gut. Der Philosoph des neuen Absolutismus, der Staatsrat von Kübeck, hatte nicht notwendig, den lieben Gott zu strapazieren; die göttliche Vorsehung ist der Wille der Mutter. Und sie hat Gründe, den Sohn bald verheiratet zu wünschen.

Franz Josephs Mutter gehört zu jener Art österreichischer Frauen, die religiös sind, ohne prüde zu sein. Das große Beispiel ist Maria Theresia. Die Angelegenheiten des Sexus werden freimütig behandelt, wobei man sich instinktgemäß mit der alten, aristokratischen Tradition der katholischen Kirche eines

Sinnes weiß. Wie Maria Theresia in ihren Briefen an Maria Antoinette als erfahrene Mutter intime Ratschläge erteilt, so hat auch Erzherzogin Sophie keine Scheu vor den Schlafzimmergeheimnissen ihrer Söhne. Sie faßt es als praktische Vernunft auf, den Knaben bei den ersten Schritten in das geheimnisvolle Land selber an der Hand zu führen, eine Erziehung, die nicht ihre Erfindung ist, sondern seit jeher im Kaiserhause geübt wird. Es stammt nicht vom Hofe das Wort von den „hygienischen Damen", sondern aus der aristokratischen Umgebung, die cynisch und gelegentlich witzig ist, aber ungefähr trifft es auf das Wesen einer Institution zu, die man als notwendig und vernünftig betrachtet. Solange der junge Kaiser die vorgesehene Einrichtung als etwas Gegebenes hinnahm, ohne davon ernstlich affektioniert zu werden, solange hatte die Mutter Zeit und Muße, die Ehe vorzubereiten. In den letzten zwei Jahren jedoch nahm die Erzherzogin Sophie mit Besorgnis wahr, daß ihr Sohn der Gefahr nahekam, die Dame, die keineswegs für sein Herz bestimmt war, ernsthaft zu lieben. Es war also Zeit, den Kursus der Liebe zu beenden und Franz Joseph eine Frau zu suchen. Nach der sorgfältig getroffenen Wahl wurde alles Weitere in Briefen zwischen den Schwestern, Sophie und Ludovika, vereinbart. Franz Joseph kannte seine Base Helene, er hatte sie in München und Ischl kennen gelernt, bei ihren Begegnungen mochte man meinen, daß sie einander sympathisch seien. Das genügte der Mutter des Kaisers.

Ludovika aber betete seit Wochen jeden Morgen und jeden Abend, daß Gott ihrem Kinde das große Glück bescheren möge.

Jetzt, da der Reisewagen Ischl zueilt, ist Herzogin Ludovika nur mehr auf jene kleinen Dinge der Regie bedacht, von denen sie als kluge Frau weiß, welche Rolle ihnen bei der Werbung der Braut zukommt. Am Plan selbst kann sich nichts ändern. Sophie will es, der Himmel hat's bestätigt. Die Herzogin bereut es jetzt nicht, die zweite Tochter mitgenommen zu haben. Die andern drei der fünf Töchter des Herzogspaares, Marie, Mathilde, Sophie, sind noch Kinder. Elisabeth, man ruft sie Sisi, der Liebling des Vaters, ist die heiterste der Töchter, knabenhaft, dem Geschmack der Mutter zu knabenhaft, aber erheiternd und unterhaltend in ihrem lebhaften Sinn für die Landschaft, für neue Gesichter und alle Veränderungen einer Reise. Sie ist dem Vater, nicht der Mutter nachgeraten. Das empfindet die Herzogin immer wieder aufs neue, seitdem Elisabeth ein großes Kind geworden ist.

Der Vater! ... Die Herzogin ist nun fünfundzwanzig Jahre verheiratet, dieses Jahr 1853, nächsten Monat, im September, vollendet sich das Vierteljahrhundert der Ehe. War sie glücklich, diese Ehe? Die acht Kinder, fünf Mädchen, drei Söhne, scheinen es zu bezeugen. Sie war es nicht, und nicht allein deshalb, weil Ludovika das Gefühl bedrückte, resignierend Frau geworden zu sein. Es war nicht leicht, den Herzog Max zum

Gatten zu erziehen. Es gelang auch Ludovikas Klugheit und Diplomatie nicht. Er ist der aristokratische Bohème geblieben, der er von Jugend auf war. Viele Sprossen der Zweibrücken-Birkenfeldschen Linie des uralten Adelshauses der Wittelsbacher hatten diesen Hang, das Metier der Fürsten durch echte Neigungen des Geistes zu verletzen. Herzog Max, der Gatte, ähnelt in manchen Zügen seinem Schwiegervater, dem ersten Bayernkönig von Napoleons Gnaden, dem Franzosenfreund und liebenswürdigen Schuldenmacher. Er ist gründlicher gebildet als König Maximilian I., er hat, obwohl General der Kavallerie, viel mehr literarische als soldatische Passionen. Er wäre, sofern sich Literatur und Hippologie verbinden ließen, ein angenehmer Schriftsteller, ein geschmackvoller Feuilletonredakteur geworden. Er hat die Universität München nicht nur als Ehrengast besucht, seine Reisen nach Griechenland, nach der Türkei, nach Nubien und Ägypten hat er als gut beobachtender, denkender Mensch erlebt. Sein Buch „Wanderungen nach dem Orient" bestätigt es. Ein dramatischer Versuch und einige Novellen lassen erkennen, daß Herzog Max sich ernstlich bemüht hat, die literarische Neigung zu einer Begabung zu steigern. Er schrieb anonym, nur wenige wußten, wer „Phantasus" war. Die Ehe, die heranwachsenden Töchter zwangen den Herzog, auf eine Ordnung des Haushalts bedacht zu sein. Die herzogliche Familie lebt standesgemäß, Herbst und Winter im Münchener Stadtpalais, Frühjahr und Sommer am

Starnberger See, im Schloß Possenhofen, einem geräumigen, doch einfachen Bau. Die Generalsgage ist nicht zu entbehren. Doch Herzog Max trägt das bayrische Gewand, Joppe und Lederkniehose, viel lieber als die Uniform seines Kavallerieregiments. Er verzichtet auch als General nicht auf die stete Begleitung und Gesellschaft seines „Hofmusikers", jenes seltsamen Wiener Gastwirtssohnes Johann Petzmacher, den er 1837 in Bamberg kennen gelernt hat und seither nicht von seiner Seite läßt. Petzmacher, ein Wiener Original, hat den Herzog das Spielen auf der Zither gelehrt, er war der Begleiter auf den großen Reisen, und der Herzog selber erzählt es gern, wie sie beide auf der Spitze der Cheopspyramide die Bergzither erklingen ließen. Herzog Max hat selbst nach fünfundzwanzig Ehejahren auf seine Freiheiten nicht verzichten gelernt. Die Herzogin mußte sich dreinfinden, daß er sich auch räumlich separierte. Es war klug von ihr, die Eigenart des Gatten zu respektieren. Er bewohnt das Parterre des Possenhofener Schlosses, seine Zeit und Freiheit sind nicht an die Uhr des ersten Stocks gebunden. Tagelang ist er mit Petzmacher, mit Jägern und Holzfällern im Gebirge. Er ist heute fünfundvierzig Jahre alt, jugendlich schlank, von der Sonne gebräunt wie die bäuerlichen Gefährten der Jagd, ein ausdauernder Bergsteiger, ein vortrefflicher Schütze, der beste Reiter. Er haßt jedes Zeremoniell, er lacht gern und freut sich an derben, originalen Menschen. Sisi liebt diesen Vater mit dem Enthusiasmus der innersten Verwandtschaft. Was sie sein möchte, das ist er. Was sie als Vollendung des eigenen Wesens erträumt, besitzt er als natürliche Gabe. Neben ihm ist sie glücklich, mit ihm ausreiten zu dürfen steigert den heroischen Reiz, den ihr das Pferd bereitet. Es ist ihr Stolz, mit dem Vater Schritt zu halten. Sie hat seinen Gang; sie steigt auf die Berge, sie reitet, sie schwimmt, weil sie es zum ersten Male vom Vater gesehen hat. Helene ist anders geartet. Sie ist der Mutter ähnlich, nicht dem Vater. Sie ist still, sie ist fromm, sie hat nicht die Unbefangenheit der jüngeren Schwester. Sie ist auch äußerlich anders als Sisi. Sie hat nichts von deren knabenhaft-rassigen Merkmalen, nicht die Geschmeidigkeit des überschlanken Körpers, nicht die Schönheit des Auges, nicht das leuchtend dunkle Haar. Sie ist die Mutter-Tochter, und so wie sie ist, wird sie, die Mütter wollen es, die beste Gattin Franz Josephs, eine würdige Kaiserin auf Habsburgs Thron sein.

Der Reisewagen hat den Chiemsee passiert, im alten Traunstein, in Salzburg hat man Station gemacht. Bei jedem Halt, bei jedem Pferdewechsel muß Sisi mütterliche Ermahnungen hören. Sisis Vertraulichkeit mit den Kutschern, den Knechten und den Pferden mißfällt der Herzogin. Sisi wird daran erinnert, daß ihr Mitreisen an eine Bedingung geknüpft wurde; sie hatte versprechen müssen, gehorsam zu sein. Einmal, in Rosenheim, drohte die Mutter, Sisi zurückzuschicken. Sisi hatte sich beim Tränken der Pferde zu schaffen gemacht und kam mit nassen Schuhen und Armen zurück. Nun wird ihr die Bewegungsfreiheit eingeschränkt; die im Kammerwagen mitfahrende Zofe hilft der Mutter, Sisi im Zaum zu halten. Doch nicht dies allein bewirkt, daß Sisi während der letzten Strecke der Fahrt, von Salzburg zu den Salzkammergut-Seen, stiller ist. Die Herzogin richtet ihre Worte nur an Helene, das Gespräch der Mutter und das Benehmen der älteren Schwester lassen Sisi ahnen, daß in Ischl eine Überraschung wartet. Man kommt, wie es der Plan vorgesehen, zur vereinbarten Zeit am Ziele an. Erzherzogin Sophie kann trotz der Würde, die sie auch im einfachen Sommerkleid trägt, herzlich sein. Ihr Gatte, Erzherzog Franz Carl, hat mehr die Freundlichkeit des Auges und des Lächelns als die der Worte, die von den schweren Lippen nur sparsam fließen. Er ähnelt seinem ältesten Bruder, dem abgedankten Kaiser Ferdinand, der als Pensionist in der Prager Burg lebt. Helene und Sisi küssen mit einem tiefen Knix der Tante Sophie die Hand. Es ist die Herzlichkeit und Höflichkeit der nahen Verwandten mit der Betonung des Respekts, den man dem mächtigern Hause schuldig ist. Es hat sich seit dem letzten Besuch in Ischl nichts an den Formen des Empfangs geändert, dennoch ist alles anders. Die Brüder des jungen Kaisers sind da, Sophies Hofstaat ist gewachsen, man sieht neue Gesichter, mehr Uniformen. Alle diese Menschen bewegen und benehmen sich, als ob sie unter stetem Befehl stünden. Wo ist er, der Mittelpunkt dieser Würden und Ämter, der junge Kaiser? Er hat seine

Reise nach Ischl zweimal verschoben, nun ist die Ankunft auf den sechzehnten August festgesetzt. Am achtzehnten August ist sein vierundzwanzigster Geburtstag. Noch hält ihn Wien gefangen. Sie sind hart und ereignisvoll gewesen diese sieben Monate des Jahres 1853: die Emeute in Mailand, die unermüdliche Agitation Piemonts, die Konspirationen der ungarischen Emigranten, Mazzinis Manifeste — die besiegte Revolution glimmt wie das Feuer unter der Aschendecke. Am achtzehnten Februar züngelte es empor, den jungen Kaiser selber zu vernichten. War es nicht ein Wunder, daß der Dolch des ungarischen Schmiedegesellen János Libényi an der Krawattenschnalle des Kaisers abprallte? Das Wort des Kardinals Rauscher ist seither die stete Bekräftigung des neuen Regimes: Wir haben ein gutes Gewissen! Die Schatten der Gehenkten, der Füsilierten werden den jungen Kaiser nicht schrecken.

Am sechzehnten August ist Sisi von morgens an der Gouvernante überlassen. Der Kaiser ist gekommen. Sisi sieht die Dinge, die um sie herum geschehen, nur mehr wie ein Kind, das ins Nebenzimmer verbannt ist, während die Großen Gesellschaft halten. Die Mutter und Helene haben kaum einen Blick für sie. Es ist Empfang im Schloß. Vorher erscheint Tante Sophie bei ihrer Schwester, Helene wird angekleidet, es kommen Diener mit Blumen, der Kardinal war zweimal bei der Herzogin, ein Adjutant des Kaisers übergibt einen Brief. Sisi ist mit der Gouvernante allein, aber die Unruhe der andern teilt sich ihr mit. Nächsten Tag kommt der Kaiser zu Besuch. Die Mutter hat es so gewünscht, so ist es vorgesehen. Franz Joseph hat in keiner Stunde seines Lebens vor einem Rat, vor einem Wunsch der Mutter Zweifel gehabt. Er ist so ganz ihr Werk, daß sich ihm ihre Absichten als seine eignen mitteilen. Dieser Gleichklang der Naturen ist bisher um so unbeschwerter von einer Empfindung des Zwangs gewesen, als die neu aufgerichtete, unbeschränkte Macht dem Kaiser das Gefühl einer unendlichen Willensfreiheit gibt. Es ist das erste Mal, daß Franz Joseph einen Wunsch der Mutter als ein fremdes, ihn beengendes Gebot empfindet. Er hat ihr bei Gesprächen und Andeutungen über die Wahl der Gattin seine Absicht nicht verhehlt, nur der eignen Stimme folgen zu wollen. Sie hat solche Äußerungen mit dem Ohr einer Mutter aufgenommen, die überzeugt ist, auch diese Lebensfrage des Sohnes besser entscheiden zu können als er selber. Franz Joseph gehorcht der Mutter, als er am siebzehnten August das Herzogpaar, Onkel und Tante, besucht. Er weiß nicht, wie weit dieser Weg vorausbestimmt ist, ihm blieb verborgen, daß Mutter und Tante in ihren Briefen den Plan bis ins einzelne vorbereitet haben. Er erkennt aber, daß die Tante, der Herzog und Helene eine Entschließung erwarten. Es ist eine Gebundenheit, von der er sich auch beim Mitspiel des zartesten Takts nicht befreien kann, ohne aufs äußerste gespannte Erwartungen jäh zu vernichten und ein Feld zertre-

Kaiserin Elisabeth

tener Hoffnungen, verletzter Gefühle und Empfindungen zurückzulassen. Bei Tisch, der vier Gedecke trägt, sitzt der junge Kaiser mit Helene und ihren Eltern. Sisi speist mit ihrer Gouvernante im Nebenzimmer. Der Herzogin schien es ratsam, die ungestüme jüngere Tochter in dieser entscheidenden Stunde zu separieren. Die Zeit des Besuchs ist abgesteckt, jede Minute rückt den Zeiger der Uhr dem Punkte näher, der von Franz Joseph die Entscheidung fordert. Er fühlt die Hand der Mutter, die zarte und doch starke Hand, die ihn durch die Bangigkeit dieser Minuten führen will. Er spürt die im Blute pochenden Zweifel, er sieht sich Abschied nehmen von den kleinen Wonnen des Alleinseins, er hört jeden Sekundenschlag in den Pausen, die das Gespräch läßt, er ist bedrückt beim Blick auf Helenens Befangenheit, wie von dem Auge der Tante, aus dem eine bange Frage spricht. In diesen Moment des Zauderns eines Dreiundzwanzigjährigen dringt die Stimme der Sechzehnjährigen aus dem Nebenzimmer. Sisi, das Kind, wird zu Tisch gerufen. Sie kommt mit lebhafter Bewegung herein; ein kleiner Streit mit der Gouvernante hat ihre Wangen gerötet. Mit kindlicher Unbefangenheit, nichts von der Schwere des Augenblicks ahnend, die über dem Kreis der Großen schwebt, grüßt sie ihren Cousin Franz Joseph. Der junge Kaiser ist von der Sechzehnjährigen wie geblendet. Ein plötzlicher Entschluß, jede Hemmung, jeden Zweifel beiseiteschiebend, jagt durch sein Hirn. Nicht Helene, Sisi wird seine Frau werden. Da der Zeiger der Uhr den Kaiser ruft, hat sich das Schicksal Franz Josephs und Elisabeths erfüllt.

Es gibt ungefährdete Menschen, denen die Vorsehung alle Erfahrung vieler Geschlechter in die Wiege legt. Franz Joseph, der junge Kaiser aus dem Hause Habsburg-Lothringen hat kein solches Gut empfangen. Die Paarung von Machtwillen und Klugheit, wie sie noch Karl dem Sechsten und dessen Tochter Maria Theresia zu eigen gewesen, hatte nach dem Aussterben des Mannesstamms ihre fortzeugende Kraft eingebüßt. Nach Josephs des Zweiten Experiment wider die Tradition rettete Metternich das Haus aus den Stürmen der Napoleonischen Kriege. Dann aber schien es, als ob die Habsburg-Lothringer mit dem schwachgeistigen Kaiser Ferdinand von der Geschichte Abschied nehmen sollten. Der Thron war auf die Entschlußkraft und die Klugheit einer Verwandten gestellt. Jetzt, da Franz Joseph zum ersten Male wider diese Klugheit seiner Mutter handelt, benimmt er sich wie ein Kind aus einer traditionslosen Familie: er folgt seinen Augen, seinen Sinnen, seinem Herzen. Der Abend des siebzehnten August 1853 gehört bis in die Nachtstunden einer langen Zwiesprache der Mutter mit dem Sohne. Der Instinkt der Mutter lehnt die Wahl Franz Josephs ab. Warum Sisi, ein unvollendetes Geschöpf, fast noch ein Kind, warum nicht Helene? Franz Joseph hört, was er unzähligemal von der Mutter vernommen: Der Kaiser hat Pflichten; er lebt nicht wie jedermann; er ist nicht nur sich, er ist dem Haus, er ist für seine

Sendung Gott verantwortlich. An diesen Worten hat Franz Joseph niemals gezweifelt. Jetzt klingen sie wie aus einer andern Welt. Kann das, was er will, schlecht sein? Er fühlt sich plötzlich so stark und ist sich seines eignen Willens so bewußt, daß ihn auch die eindringlichste Rede der Mutter nicht wankend zu machen vermag. Die Mutter spricht Worte, die wie eiskalte Wellen an seinen Körper schlagen: Ein sechzehnjähriges Mädchen ist keine Kaiserin; zur Kaiserin wird man geboren, man kann dazu nicht erzogen werden; Sisi ist dem Vater nachgeraten, Helene hat das Blut ihrer Mutter. Nach einem langen Schweigen erklärt Franz Joseph, überhaupt nicht heiraten zu wollen. In der Nacht empfängt die Mutter den Kardinal.

Am achtzehnten August, es ist Franz Josephs vierundzwanzigster Geburtstag, läßt des Kaisers Mutter, am Tor der Kirche, der sechzehnjährigen Elisabeth den Vortritt; der Hof, die Welt wissen, was sich ereignet hat. Fünf Tage danach bringt die „Wiener Zeitung", das Journal der Staatsregierung, die Mitteilung, „Seine Kaiserliche und Königliche Apostolische Majestät... Kaiser Franz Joseph der Erste, haben sich... in Ischl nach Einholung der Einwilligung seiner Majestät König Maximilians des Zweiten von Bayern... mit Prinzessin Elisabeth Amalie Eugenie, Herzogin in Bayern, Tochter Ihrer Hoheiten des Herzogs Maximilian Joseph und der Herzogin Ludovika, geborener

königlicher Prinzessin in Bayern, verlobt. Möge der Segen des Allmächtigen..." Der junge Kaiser bleibt einen Monat lang bei seiner Braut. Es ist Franz Josephs Lebensfrühling, die Zeit reinen Glücks, da er, unbeschwert vom Druck der Würde, nichts als verliebt sein darf. Elisabeth lebt wie im Wachsein des Traums. Sie hatte den Kaiser-Cousin nur von den Augenblicken kurzer Begegnungen gekannt und nicht mehr von ihm gewußt, als was das Bild ihr sagte: ein junger Leutnant, der Kaiser sein muß. Nun ist ein Jüngling vor ihr, der sich freuen und lachen kann, er ist wie ein Mann und auch wie ein Knabe, er spricht zu den andern, wie ein Kaiser sprechen muß, und vor ihr ist er sehr einfach. Er ist hübsch. Seine raschen Bewegungen, seine großen blauen Augen machen ihn noch jünger, als er ist. Er kann so schnell zu Pferde steigen wie sie. Elisabeth denkt an den Vater. Neben dem jungen Kaiser zu reiten ist noch schöner. Nie zuvor hat sie diese Freude der erhöhten Bewegung, die Lust des Reitens so stark empfunden wie an der Seite des jungen Kaisers. Er hält Schritt, er überholt sie, sie erreicht ihn, sie verlangsamen den Gang, sie reichen einander die Hand. Sie sind allein. Man riecht den Wald, spürt den raschen Atem der Pferde. Die Wiesen leuchten. Wer von beiden findet zuerst am Rande der Bergstraße Erdbeeren? Elisabeth springt vom Pferd und pflückt sie. Es sind ihre schönsten Vormittage.
Helene ist mit dem Vater nach München gefahren.

Sophie und Ludovika, die Schwestern, schweigen vor dem Glück der Kinder. Des Kaisers Mutter aber weiß, daß ihr eine schwere Aufgabe bevorsteht: sie muß ein Naturkind zur Kaiserin erziehen.

Oktober, November, Dezember 1853, Januar, Februar, März 1854 sind Monate langer Briefe und kurzer Besuche in München und in Possenhofen. Der junge Kaiser ist wieder in Wien. Er muß alles selber entscheiden. Schwarzenberg ist nicht mehr. Seit der Aufhebung des Kriegsministeriums ist der Kaiser auch sein eigner Sachwalter des Heeres. Es ist ihm zu seiner Post nach Bayern wenig Zeit gegeben. Er ist wieder der pünktlichste Beamte seines Staats. Und doch ist er verändert. Auf seinem Arbeitstisch steht das Bild Elisabeths. Er unterbricht den Vortrag eines seiner Räte und zeigt das Bild der Braut. Der strenge Polizeiminister Freiherr von Kempen trägt es mißbilligend in sein Tagebuch ein. Franz Joseph hebt den Belagerungszustand auf, der über Wien und Prag verhängt war. Er gibt den Liguorianern die Kirche zu Maria Stiegen und ihr ehemaliges Kloster in der Innern Stadt zurück. Er mildert das Todesurteil, das acht junge Leute der Prager Gesellschaft getroffen hat, Gymnasiasten, Hochschüler, Künstler, zu Schanzarbeit in leichtem Eisen. Freiherr von Kempen bedauert dieses Zurückschrecken vor der gerechten Strafe als eine Gefahr für die Autorität der Gesetze und der Polizei.

20. April 1854. Elisabeth nimmt Abschied von Possen-

hofen und München, von ihrer Kindheit, ihrer Jugend, ihrem Mädchentum; Abschied von Wittelsbach. Sie hat es früher nie empfunden, auf welche Art man mit dem eignen Hause und dessen Landschaft verbunden ist. Es ist ein schmerzhaft-wohliges Erkennen, daß alles in ihrem Dasein zusammengehört: Possenhofen, München, der Vater, der Starnberger See, die weißen Berge am blaßblauen Horizont, Wittelsbach, die Jäger, die Freiheit der Sommertage, die Sprache, der König, die jungen Prinzen, der Hof. Elisabeth kann es nicht so sagen, wie sie es fühlt, sie weiß nur, daß es in ihrer neuen Heimat anders ist. Der Sprache des Instinkts fehlen die Worte zur Kennzeichnung des empfundenen Gegensatzes. Es ist die Verschiedenheit der zwei Geschlechter Wittelsbach und Habsburg-Lothringen: Hier lebt ein phantasiebegabtes Adelshaus unter den Segnungen einer Freiheit, die dem privaten Geschmack keine Fesseln auferlegt; dort herrscht ein starres Zeremoniell, hinter dessen Riesenkulisse sich ein schlichtes Bürgerdasein verbirgt. Der Münchener Hof ist viel kleiner als die Wiener Hofburg, aber seine Phantasielandschaft ist unendlich neben der Beengtheit des österreichischen Kaiserhauses. „Möge der Segen des Allmächtigen", so sprach die Zeitung Franz Josephs, „über diesem für unser Kaiserhaus und das Kaiserreich so glücklichen und frohen Ereignisse ruhen." Es ist die Sprache der großen Welt, der Elisabeth nun angehört, die Sprache der gratulierenden Könige, Fürsten, Bischöfe, Diplomaten, Generale.

Diese Worte vernimmt Elisabeth jetzt Tag für Tag, eine Flut bedruckten Papiers überschwemmt ihr Zimmer, Deputationen, Vereine, Menschen, die sie nie gesehen, kommen huldigend ins Haus. Sie gehört nicht mehr sich selber, sie ist nicht mehr allein, jedes Wort, das sie spricht, wird von hundert Ohren aufgefangen. Rührend und schön ist der Abschied von den Possenhofener Leuten: vom Gärtner und seiner alten Frau, von den Jägern, vom Bootsmann, von den Dienern und Stallburschen. Elisabeth wird plötzlich von einem so heftigen Schmerz überfallen, daß sie laut weint.

Am zwanzigsten April verläßt Elisabeth München. Die Natur hat den Menschen ein Organ versagt, das sie befähigen würde, die unterirdischen Stimmen des eignen Wesens zu deuten; nur im Traum werden diese Geister zu Malern und rücken mit bildhaften Symbolen nahe heran. Die kindhafte Elisabeth erlebt diese Abschiedsstunde, als ob sie, schwimmend, in eine reißende Strömung geraten wäre. Ein ungeheurer Wirbel von Menschen, Musik, Stimmen, weißblauen Fahnen und Blumen hüllt sie ein. Ihr armes kleines Herz kann es nicht fassen, daß sie, gestern die ungekannte Prinzessin ihres eignen Phantasiereichs, heute diesen Aufruhr von Anteilnahme eines ganzen Landes als verdientes Los empfangen soll. Die zartveranlagte Natur wird auch vor einer gerechten Huldigung verlegen, weil sie es gern vermeidet, jemand von seinem Stolze etwas preisgeben zu sehen.

Elisabeth ist zu rein, als daß sie den Chor der ihr unbekannten Welt des loyalen Patriotismus mit wahrer Freude vernähme. In allem Jubel, der sie umschließt, läuft als treuester Gefährte der unterirdische Schmerz nebenher, den sie in Possenhofen so heftig empfunden. Die Mutter ist glücklich in diesem brausenden Huldigungssturm gutmütiger Menschen, der Vater, etwas verlegen, nimmt dennoch mit erkennbarer Freude an dem Glück der Herzogin teil. Nur kurze Strecken zwischen freien Feldern kommen wohltuende Pausen der Stille. Vor dem nächsten Ort schlagen wieder Böllerschüsse ans Ohr, Musik ertönt, Kinderstimmen rufen. Dann müssen die Wagen halten. Brave Leute in festlicher Kleidung treten an den Wagen, das Sprechen fällt ihnen oft schwer, man möchte es ihnen gern erleichtern, es ist aber alles einfach und herzlich gemeint. Das wiederholt sich in jedem Dorf, in jedem Marktflecken. In Straubing wartet der Dampfer „Stadt Regensburg". Die Donau trägt das Schiff nach Passau, nach Linz. Die Ortschaften an den Ufern des Stroms sind beflaggt, die Leute schwenken Tücher und Fahnen, überall ist Feiertag und Musik. In Passau kommen die ersten Österreicher, eine Abordnung, die Elisabeth an der Grenze ihrer neuen Heimat willkommen heißt. Die Donau wird breiter, die Ufer entfernen sich vom Schiff. In Linz ist der nächste Empfang. Als die Stadt in Sicht kommt, hört man Glockengeläute. An den Ufern drängen sich viele Menschen, die österreichischen Farben leuchten,

Kaiserin Elisabeth

rot-weiß und schwarz-gelb. Auf dem Landungsplatz wartet bei einer hohen Ehrenpforte eine festliche Menge. Man sieht die grünen Federn der Generalshüte, das Weiß der Paraderöcke, grelles Rot und Gold, Mädchen mit Blumen, die geraden Reihen des Militärs. Die Musik spielt die habsburgische Hymne. Der junge Kaiser ist da. Er ist seiner Braut entgegengefahren. Es ist seit Wochen das erste Wiedersehen. Das große Reich, der Hof kündigen sich beim Empfange an. Das alte Gebäude der Statthalterei ist festlich hergerichtet, am Abend leuchten tausende Fackeln vor den Fenstern, ein Männerchor singt, Musikanten spielen. Die Ovationen wiederholen sich im Ständetheater, die Rufe nehmen kein Ende, sie begleiten Elisabeth bis in den Schlaf.
Es ist der zweiundzwanzigste April. Ein neuer Dampfer, der den Namen des Herrschers trägt, größer als das bayrische Schiff, erwartet Elisabeth, um sie nach Wien zu führen. Der Kaiser hat alle Rosen Schönbrunns zum Schmuck des Schiffs gegeben. Es ist das artigste, geschmackvollste Geschenk unter den vielen Gaben, die Elisabeth erwarten, dieses blühende Kleid auf dem Körper des Schiffs. Franz Joseph ist zeitlich früh nach Wien vorausgefahren. Das Schiff braucht den vollen Tag, um Wien zu erreichen. In der Wachau, zwischen dem Stifte Melk und Krems, scheint die Sonne auf die schönste Stromlandschaft Österreichs; vor Wien ziehen sich Wolken zusammen. Es ist halb sechs Uhr abends, als das Schiff in Nußdorf, dem Wiener Hafen, landet.

Der junge Kaiser hat Wien mit dem Schwerte erobert, aber während der fünf Jahre seiner Regierung die Herzen der Stadt nicht zu gewinnen vermocht. Die Reichshaupt- und Residenzstadt war bis vor wenigen Wochen unter militärischer Herrschaft, im Zustand der Belagerung. Ein Teil der Gesellschaft, die stets Untertänigen, Beamte, Offiziere, der Klerus, auch kleine Bürger, sind damit zufrieden; sie ziehen die Ordnung der Polizeigewalt einer Freiheit ohne Sicherheit vor. Die andern jedoch, nicht nur die Enttäuschten der zwei Sturmjahre, die Angehörigen der geistigen Berufe, Advokaten, Ärzte, viele höhere Beamte, auch Kaufleute und Handwerker lassen sich nicht überzeugen, daß der junge Kaiser auf dem richtigen Wege sei. Franz Joseph ist nicht beliebt. Der Wiener hat seit Maria Theresias Tagen, von Joseph, von Leopold, Franz und Ferdinand ein anderes Bild vom Kaiser empfangen, als Franz Joseph es jetzt zeigt. Der Absolutismus Franzens hatte das Kleid patriarchalischen Kleinbürgertums; jedermann konnte zu ihm. Er selber trug, wenn er mit der Kaiserin die Basteien entlang spazierte, das Gehaben eines Wiener Bürgers zur Schau. Ferdinand war ein schüchterner, freundlicher Herr. Es war unverstellbar, ihn als General zu sehen. Franz Joseph ist nur Offizier. Den „rothosigen Leutnant" sieht man nicht anders als zu Pferd. Er ist stets von Offizieren umgeben. Er hat Österreich zum Soldatenstaat gemacht. Soldaten, Polizei und Gendarmerie beherrschen das Reich. Es ist nicht daran zu denken, daß er dem Zivilstand irgendeine Art von Teilnahme an den öffentlichen Angelegenheiten zugestehen werde. Es gibt keine Vereine, keine Zusammenkünfte mehr. Die Presse muß sehr fügsam und auch vor der strengen Zensur sehr vorsichtig sein. Die Selbständigkeit der Gemeinden, ihre Geschäfte selber zu verwalten, ist aufgehoben worden. Das Reisen ist durch viele Paßvorschriften der Polizei sehr erschwert. Die Steuern sind hoch; eben in diesem Jahr wurde die Zuckersteuer eingeführt, die Branntweinsteuer und die Grundsteuer erhöht, die Stempelsteuer verdoppelt. Das Silbergeld verschwindet aus dem Verkehr. Die Ausgaben für die Armee steigen von Jahr zu Jahr. Die Staatsbahn mußte auf die Dauer von neunundneunzig Jahren einer französischen Gesellschaft zur Ausbeutung überlassen werden. Es gibt keine Verantwortlichkeit der Minister; diese englisch-französische Erfindung verträgt sich nicht mit Kübecks These von der Selbstherrlichkeit der habsburgischen Majestät. So fällt alle Verantwortung auf den jungen Kaiser. Er ist nicht beliebt.

Vor Schaustellungen des Hofs jedoch, vor festlichem Gepränge und Feierlichkeiten läßt der Wiener die Kritik daheim. Er ist auch jetzt bei Elisabeths Empfang ein schaugieriger, agierender Statist. Die Stadt hat große Summen aufgewendet, die Straßen zu schmücken. Viele Häuser sind beflaggt. Elisabeths Weg vom Schiff auf das Land, die Begrüßung, die schrittweise Fahrt von Nußdorf nach dem Schönbrunner Schloß, diese lange Kette von Ansprachen, Beteuerungen, respekt-

vollen Deklamationen und Kundgebungen der Ergebenheit ist ein großes Schauspiel, von der alten Regiekunst des spanischen Hofzeremoniells geübt.
Es ist Abend, als der von acht Schimmeln gezogene Wagen Elisabeths das hohe Gitter des Schönbrunner Schlosses erreicht. Die Welt habsburgischer Majestät umfängt sie. Der Prachtbau des Schönbrunner Kaiserschlosses trägt seit den Tagen Franz' I. dessen Antlitz. Franzens Seele war die Üppigkeit des barocken Schmuckes, waren auch die freudigen Farben fremd, die Fischer von Erlach in seinen Entwürfen vorgesehen und der Baumeister Maria Theresias dem Schlosse gegeben hatten. Franz war auch in den Dingen des Geschmacks ein absoluter Herrscher. Als Lothringer respektiert er nicht die Erbschaft Leopolds I. und Maria Theresias. Er liebte nicht die Bloßstellung dieser kühnen, selbstherrlichen Habsburger, die den Stolz und die Freude an sich selber auch andern mitzuteilen wünschten. Er gab der Fassade des Schlosses sein Gesicht, er ließ sie gelb streichen. Dieses Gelb ist die Farbe der francisceischen Zeit, die Farbe aller staatlichen Mauern, der Kasernen, der Ämter, der Gefängnisse geworden. Franzens Geschmack, von dem der reinen Habsburger verschieden, hatte seinen eignen Stil. Das Gelb der langen Fassade rückt das stolze Barockschloß ins Ländliche, die grünen Fensterläden, mit dem Gelb harmonierend, erhöhen diesen Eindruck. Im Innern aber herrscht der alte Prunkstil vor. Elisabeth hat das Schloß bisher nicht gekannt, sie ahnt

kaum, was es in seinen vierzehnhunderteinundvierzig Gemächern birgt. Sie erschrickt nicht vor der Größe, sie scheut nicht die Riesenmaße künstlerischer Phantasie, sie fühlt nur wie unter einem Frösteln, daß diese Mauern, deren hunderte Fenster sie wie kalte neugierige Augen betrachten, ein fremdes Leben bergen. Der nervenerregende, inhaltsschwere Tag, der sie vom frühen Morgen bis hieher in Atem hält, ist noch nicht zu Ende. Elisabeth muß, kaum dem Wagen entstiegen, auf den großen Balkon des Schlosses, vor dem die schnurgeraden Linien des geometrisch gegliederten Parks sich ins Unendliche dehnen. Aus dem Dunkel der Nacht leuchten tausende Lampions, Kopf an Kopf staut sich die Menge, und die vielen Stimmen, Schreie von Männern und Frauen, klingen zu einem ungeheuren Getöse zusammen, vor dem man, sobald man die Augen schließt, Angst bekommt. Es ist kalt, als Franz Joseph seine Braut vom Balkon ins Innere des Schlosses führt. Der schmale Saal, in dem Elisabeth dann allein ist, hat den Ausblick in den dunklen Park. Von den Wänden schauen drei Köpfe herab. Wer ist der blasse Mann, dessen Augen Elisabeth verfolgen?
Am Morgen des vierundzwanzigsten April ist es hell und sonnig. Elisabeth öffnet, obwohl es verboten ist, selber das Fenster. Es strömt taufrische, kalte Luft aus dem Park. Es ist schön, aus dem Fenster zu schauen. Der Park ist noch leer. Nur in weiter Entfernung, wo die graden Linien zusammenfließen, sieht man Gärtner, die den Sand der Wege glätten. Wie schön wär's,

in den Park hinunterzulaufen. Wo sind die Tiere, von denen man Elisabeth erzählte? Sie hat keine Zeit, es ist der große Tag. Das ganze Reich wartet auf das Ereignis. Fünfundsiebzigtausend Menschen aus allen Teilen der Monarchie, fremde Fürsten, Abgesandte des Vatikans, der großen Höfe und der Regierungen, Sendboten aus fernen Ländern, aus Alexandrien, aus Saloniki und Smyrna, Deputationen aller Städte und Gemeinden Österreichs und Ungarns, die Statthalter des Kaisers, die Kommandanten seiner Korps, siebzig Bischöfe, hunderte Geistliche sind in Wien zusammengeströmt, die Hochzeit des Kaisers zu erleben.
Seit dem Wiener Kongreß, da das legitimistische Europa die Ordnung wieder herstellte, die von Napoleons kühnem Einbruch gestört worden war, seit dieser denkwürdigen Zeit hat Österreichs Hauptstadt keine solchen Tage gesehen wie gestern und heute. Die Stadt ist zu eng, diesen unübersehbaren Zustrom zu fassen. Die erhöhte Lebhaftigkeit, die zur Schau getragenen Würden, die Vielgestaltigkeit der Machtträger, die hiehergekommen, dem jungen Herrscherpaar zu huldigen, das Bild der Straßen mit dem Flaggenschmuck, die Entfaltung des selten gesehenen phantastischen Prunks des habsburgischen Hofs, die Erregung und Neugierde der vieltausendköpfigen Menge — all das erzeugt einen erwartungsvollen Optimismus, eine bejahende Gutgläubigkeit und Gegenwartsfreude, die sich der ganzen Stadt mitteilen. Jeder ist nun gewillt, von diesem Ereignis, das die guten Saiten der

menschlichen Natur erklingen macht, auf eine bessere Zukunft zu schließen.

Elisabeth ist vom frühen Morgen an dem Zeremoniell untertan. Stundenlang haben sich viele Hände um Elisabeths Brautkleid bemüht. Es ist aus schwerer weißer Seide, reich mit Gold und Silber durchwirkt. Darüber fließt ein goldgestickter Überwurf, der in der Schleppe endet. Eine Diamantagraffe hält den langen Schleier aus zartesten Brüsseler Spitzen. Schwerer wiegt das glitzernde Diamantendiadem, die Brautgabe der Erzherzogin Sophie. Des Kaisers Mutter hat dieses Prachtstück ihres Schmucks an ihrem Hochzeitstage getragen. Jetzt leuchtet es in Elisabeths Haar, vom Brautkranz aus frischer Myrthe und Orangenblüten umschlossen. Ein Band aus Diamanten umschlingt ihren Hals. Es ist die härteste Probe, diese mühevolle Einkleidung; Elisabeth fühlt bei jeder fremden Hand, die an ihrem Körper glättet, richtet, bastelt, mehr und mehr die Verwandlung, die mit ihr vor sich geht. Wird es nicht sehr schwer sein, zeitlebens das Diadem zu tragen? Die Uhr läßt keine Zeit zum Denken, sie diktiert, was von Minute zu Minute zu geschehen hat. Der Brautwagen wartet. Acht der edelsten Pferde des kaiserlichen Marstalls, blendend weiß, von barockem goldverziertem Zaumzeug gehalten, harren scharrend des Augenblicks, da die Braut des Kaisers den Wagen besteigen wird. Es ist ein Märchenbild. Die berühmte Wagenburg des Wiener Hofs hat ihren kostbarsten Schatz hergegeben, jenen Brautwagen aus Glas und

Gold, an dessen Schlägen Rubens' Farben leuchten. Die Vorreiter, Hoffouriere, Kutscher und Lakaien tragen den goldbetreßten roten Frack nach spanischem Schnitt, und unterm Dreispitz die weiße Perücke. Die auf den Basteien postierten Kanonen beginnen zu donnern, alle Glocken Wiens läuten, als sich der Brautwagen vom Theresianum in Bewegung setzt. Der Tumult der Zurufe aus tausenden Kehlen setzt ein und pflanzt sich unaufhörlich fort. An der Grenze der Wiedener Vorstadt, bei der neuen Brücke, die den Stadtgraben überspannt, wird Elisabeth vom Bürgermeister und den Gemeinderäten begrüßt. Von hier bis zum Kärntnertor reiht sich ein dichtes Spalier der neuntausend Wiener Bürger. Die Töchter der Patrizier, weiß gekleidet, streuen Rosen. Am Hauptportal der Hofburg wartet der Kaiser, umgeben vom ganzen Hof. Es ist sieben Uhr abends. Die Spitze des Brautzugs betritt die Kirche der Augustiner. Hier haben sich die Regiekünstler des habsburgischen Zeremoniells mit den Meistern des katholischen Prunks vereint, die Kirche für diesen Akt zu schmücken. Die Wände sind mit den kostbaren Gobelins des Hofs bekleidet, Säulen, Stühle und Bänke mit Damast überzogen, schwere Teppiche bedecken den steinernen Boden, zehntausend Kerzen erhellen den Raum. Alles, was der Thron an Würden um sich schart, ist hier zu einem gewaltigen Schaugepränge versammelt: das Rot und Grün der Garden mischt sich mit dem Weiß der Generalsröcke, dem Scharlachrot der Kardinäle,

dem Gold und Silber der Geheimen Räte und Minister. Die Kostüme des ungarischen und polnischen Adels, fremde Uniformen, Ornate, pelzverbrämte Attilas, Helme, Reiherbüsche, Ordensbänder, Edelsteine, Goldborten und Degen umrahmen den Hochaltar, vor den das Brautpaar tritt. Fürsterzbischof Rauscher, der Lehrer des Kaisers und Vertraute der Mutter, nimmt die Trauung vor. Es wird ganz still, als er an Braut und Bräutigam die Fragen richtet. Elisabeth erzittert bei der ersten Salve, die vom Josephsplatz herüberschmettert. Kanonendonner zerreißt die Sätze, die der Kardinal zum Brautpaar spricht: „. . . Friede und Einigkeit . . . das Band der Liebe . . . da strömt das Glück . . . Sie können ihm Ihr Herz mit Vertrauen auf seine unerschütterliche Liebe . . . Ihre Freude und Ihre Hoffnung, Ihr Stolz und Ihre Ehre . . . Vom Bodensee bis zu den Grenzen Siebenbürgens, vom Po bis zum Weichselstrand blicken achtunddreißig Millionen Menschen voll Liebe . . . Die Last, die auf seine Schultern gelegt ist . . . Sie, Fürstin, sind berufen . . ." Der Lärm der Kanonen, die Salven der Infanterie, Stimmengewirr verschlingen ein Zitat aus dem heiligen Augustin.
Der Kardinal beendet seine Rede: „. . . Sie werden ihm eine Insel sein, die friedlich inmitten der brausenden Wogen liegt, eine Insel, wo Rosen und Veilchen sprossen . . ."

II.
IM GOLDENEN KÄFIG

„ICH BIN VERLIEBT WIE EIN LEUTNANT UND glücklich wie ein Gott", schreibt Franz Joseph seinem Freunde Albert von Sachsen. Er ist jetzt von einer Mitteilsamkeit, die seinem Wesen bisher fremd gewesen ist. Nur ein lustvolles Erleben vermag den Panzer der angebornen und anerzognen Vereinsamung derart zu sprengen, daß der Beglückte dem Drange nicht widerstehen kann, die andern an seinem Glück teilnehmen zu lassen. Der junge Kaiser, von tausend Rücksichten eingeschnürt, war mutiger gewesen, als es, bei der Wahl der Frau, selbst die Mehrzahl der viel freiern Bürger ist. Er fühlt seinen Mut, die Treue zum eigenen Willen belohnt an der Seite dieses edel veranlagten schönen Naturkinds, das ihm den Blick in eine neue Welt öffnet. Man merkt es ihm an, alle Zeugnisse bestätigen es, daß diese Bereicherung die hellern, freundlichen Seiten seiner Natur hervorkehrt, ihn freier, optimistischer macht.
Der kluge König Leopold von Belgien, der ihn in seiner Glückszeit wiedersieht, schreibt seiner Nichte, der jungen Königin von England, es sei erstaunlich, wie „herzlich und glücklich" der Kaiser geworden sei;

man müsse ihn gern haben, „sein Gemüt und die Kühnheit", die aus den „warmen blauen Augen" sprechen, wie die „liebenswürdige Fröhlichkeit", die der „angebornen Autorität" nichts nehme. Dieselbe Beobachtung, noch deutlicher, macht Herzog Ernst von Sachsen-Coburg-Gotha, der Bruder des Gatten der Königin Viktoria. Er schreibt ihr, Mai 1854, aus Wien: „Ich finde den Kaiser, seit ich ihn zuletzt gesehen, außerordentlich vorteilhaft verändert; er ist kräftiger geworden, in seinen Bewegungen freier und bestimmter. Trotz der trüben Lage der Dinge und des Frostes der Situation war an dem jugendlich frischen Monarchen eine gewisse freudige Anregung zu erkennen; die Gründung des häuslichen Glücks scheint in wohltätigster Weise auf sein Gemüt gewirkt zu haben . . ." Es ist Elisabeth, die es bewirkt, daß der Kaiser eine von allen kleinlichen Bedenken freie Amnestie erläßt. Alle Prozesse wegen Majestätsbeleidigung und Störung der öffentlichen Ruhe werden niedergeschlagen, fünfhundert sogenannte Hochverräter auf freien Fuß gesetzt, die Sequestrierungen in Lombardo-Venetien werden aufgehoben. Eine gütige Hand öffnet die Gefängnistore und entwindet dem Henker den unerbittlichen Strick. Die Aufhebung des Belagerungszustands in Galizen, in Ungarn und in der Wojwodina, die Überweisung der Strafgerichtsbarkeit an die ordentlichen Gerichte retten viele der Beschuldigten vor dem Tode oder vor langer Kerkerhaft.

Selbst den Unglücklichen, die dem Strange schon verfallen waren, wie jenen drei vom Hermannstädter Kriegsgericht verurteilten Damen, der Witwe des Gutsbesitzers Kenderessy zu Mikefalva, der Professorsgattin Török zu Maros-Vásárhely und der Pächterswitwe Szentkiretyi, wird sozusagen vor dem Galgen die Freiheit wiedergegeben. Es ist keine Phrase, wenn die Gutgläubigen in der jungen bayrischen Prinzessin eine gütige Fee sehen, die ein glücklicher Zufall nach Österreich geführt hat. Es muß der sechzehnjährigen Kaiserin ein beseligendes Gefühl geben, daß sie durch ihr bloßes Dasein jene aus Erfahrung und Staatsräson geborne Meinung zu schwächen vermag, die in allen Regungen Böses wittert und nur der Gewalt vertraut. Sie erlebt das Wunder der geliebten Frau; sie enthusiasmiert den jungen Kaiser, sie beflügelt ihn, und es gibt Augenblicke, Stunden, da er ihr ganz nahe ist. Wird ihn die Erde nicht wieder an sich ziehen? Beim Zusammensein, wohin kein fremdes Auge dringt, meint Elisabeth ihn ganz zu besitzen. Sie ist zu jung und zu erfahrungsarm, als daß sie eine Ahnung hätte von der Gefährdung dieses Glücks. Franz Joseph ist der zärtlichste Gatte, er gibt sich willig der Eigenart und dem Zauber Elisabeths hin. Er kehrt aber stets wieder in das Gehäuse seiner Natur zurück.

Der vierundzwanzigjährige Kaiser ist gefestigter als die meisten jungen Leute seines Alters. Der Begriff der Majestät ist ihm so zu eigen geworden, die Gewöhnung an das eigene Urteil und die Unbeschränktheit des Willens sind so selbstverständlich, daß ihn schon in diesen jungen Jahren weder Lust und Freude, noch Unlust und Trauer zu erschüttern vermögen. Er hatte gleich bei Beginn seiner Regierung einen Mann neben sich, den Fürsten Schwarzenberg, dessen Persönlichkeit und fast geniale Begabung den jungen Kaiser gefangennahmen; die Erfolge Österreichs in den ersten Jahren Franz Josephs waren Erfolge dieses Talents. Es ist aber ein jetzt schon deutlich wahrnehmbarer Wesenszug des jungen Kaisers, daß er starke Persönlichkeiten nicht erträgt. Den Fürsten Schwarzenberg empfing er sozusagen mit der Krone, er konnte sich ihm nicht entziehen. Nach dessen Tode jedoch wählte er den unbedeutenden Grafen Buol zum Nachfolger und wurde in einer schwierigen Zeit sein eigener Minister des Äußern. Es ist ein ungleiches Spiel, auf der einen Seite das aufsteigende Genie Bismarcks, die Routine der westländischen Diplomatie, Rußlands weite Slawenpolitik, auf der andern Seite der Glaube des jungen Kaisers an die Vortrefflichkeit der eignen Entschlüsse, und ein unzulänglicher Gehilfe. Die schwere Krise des Krimkriegs, deren Höhepunkt in Franz Josephs glücklichstes Jahr fällt, hat der Kaiser selber verschuldet. Der Preis, den seine Zuneigung zur Mittelmäßigkeit kostet, ist sehr hoch: Buol hat in wenigen Monaten die ansehnliche Erbschaft, die Schwarzenberg dem Reiche hinterließ, ohne Rest verspielt. Des Kaisers inneres Widerstreben vor genialen Naturen und eigenartigen Persönlichkeiten entspringt nicht einer Überschätzung der eignen Fähigkeiten, nicht einem cäsarischen Wahn. Davon ist Franz Joseph frei. Sein gänzlich nüchterner Sinn ist es, der ihn zur Nüchternheit und praktischen Mittelmäßigkeit zieht. Er ist in seinem Innersten davon überzeugt, daß Gott die Welt nach dem Prinzip des unmittelbar Zweckmäßigen eingerichtet hat, so etwa, wie er selber sein Leben und sein Reich einzurichten wünscht. Einem solchen Sinn erscheint das Genie als ein Luxus und Feiertagsvergnügen der Natur; es ist, wie jede höhere phantasiereiche Begabung, gefährlich. Kehrt die Geschichte nach den Extratouren und Exzessen des Genies nicht immer wieder zur tüchtigen Mittelmäßigkeit zurück, zum Alltagsmenschen ohne Flügel? Franz Joseph wird niemals fliegen, er wird auch aus dem schönen Phantasiereich Elisabeths zurückkehren zu der strengen Nüchternheit seiner eigenen Welt, wo das unmittelbar Erfaßbare, das Nützliche und allgemein Verständliche zugleich das Gute und das Wahre ist.

Es ist nicht ganz wahr das Märchen, das die Zaungäste der österreichischen Geschichte erzählen, wonach Elisabeth, das ungebundene Kind der Natur, bei ihren ersten Schritten in Wien von den unpersönlichen Gesetzen der höfischen Ordnung, vom strengen Hofzeremoniell gequält und zerdrückt worden sei wie ein natürlich gewachsener Körper vom eisernen Schnürleib. Der Hof der Habsburger hat diese alte, zum Teil aus Spanien übernommene Ordnung, er lebt unter Gesetzen, die alle Beziehungen seiner Mitglieder zum Herrscher und untereinander regeln, er ist in allen seinen Teilen, bei jedem Dienst, bei jedem Anlaß an bestimmte Formen gebunden, die sich bis aufs Kleinste erstrecken. Die Geltung dieses Zeremoniells hinderte aber nicht, daß sich jeder Herrscher innerhalb dieser Ordnung das private Dasein nach dem eignen Geschmack einzurichten vermochte. Maria Theresia, die große Kaiserin, war auch eine Wiener Hausfrau, ihr Sohn Joseph lebte, wenn es ihm gefiel, außerhalb jeder Etikette, den Kaiser Franz störte das Zeremoniell nicht in seinen kleinbürgerlichen Neigungen, und Ferdinand war erst recht nicht zum Statisten eines großartigen Zeremoniells geboren. Franz Joseph erhöhte mit dem Begriff der Majestät auch die Etikette, aber sein privates Leben war von keinem Zwang symbolischer Formen belastet. Elisabeth kam aus keinem Bauernhaus; sie war bei aller Freiheit, die sie als Kind genoß, doch wie eine Prinzessin erzogen worden, sie kannte den Münchner Hof. Es ist nicht die Unvertrautheit mit dem Wiener Zeremoniell, was den Himmel des jungen Glücks verfinstert. Wie gerne verziehe man ihr die kleinen Verstöße gegen altertümliche Einrichtungen wie jene, da sie ihre Schuhe länger zu tragen wünscht, als es der Kaiserin erlaubt ist, die Üppigkeit der Mahlzeiten verschmäht, nach ihrem Wohlbefinden und Gutdünken den Tag einteilt, nicht immer die vorgeschriebene Distanz einhält. Der Kaiser selber geht vom ersten Tag der Ehe darin sehr weit, das Geschmacksurteil Elisabeths, die Besonderheit ihrer Lebensweise zu respektieren und allen Normen voranzustellen. Er fährt mit ihr aus, er und sie steigen zu Pferd, ohne daß die Adjutanten und der Hofstaat der Kaiserin in Bewegung gesetzt werden. Graf Grünne, der Generaladjutant, vermerkt diese unvorbereiteten Ausflüge sehr übel, die es ihm unmöglich machen, den Apparat des Geheimdienstes und der Polizei zu alarmieren. Er und der Hof sehen es mit Erstaunen, daß der Kaiser jede Begleitung verschmäht, bei Ausfahrten mit Elisabeth allein bleibt. Der Geschmack der Kaiserin, so raunt die Schar der Domestiken, tritt allzusehr hervor, er gewinnt die Führung, der Kaiser gerät „unter den Pantoffel".

Niemals käme solcher Tratsch über die Lippen der Höflinge und Lakaien, wenn der Spürsinn ihrer Augen und Ohren nicht sähe und hörte, was die mächtigste Person am Hofe denkt. Des Kaisers Mutter hat in jener Nacht des Zweifelns, da sie den Kardinal um Rat und zu Hilfe rief, einen Entschluß gefaßt. Nicht Besorgtheit um die eigene Macht hat ihr den Vorsatz eingegeben, die junge Kaiserin fest an die Hand zu nehmen. Mütter sind hellsichtig, wo es sich um das Wohl geliebter Kinder handelt; um wie viel klarer sehen sie als Verliebte! Bei der Wahl Helenens zur Braut des Kaisers sprach nicht nur die nüchterne Erwägung mit, welche Gabe Franz Josephs Mutter so eigen ist wie dem Sohn; ihr Instinkt wehrte sich gegen Sisi, ihr mütterlicher Fernblick sah hinter der Anmut und Schönheit der jungen Nichte den Eigenwillen, hinter dem persönlichen Reiz des temperamentvollen Mädchens die schwer lenkbare Natur. Es war unmöglich, den Verliebten zum eignen Urteil zu bekehren; die Erziehung Elisabeths aber wird sich die Mutter des Kaisers nicht nehmen lassen. Sie hat bisher zugewartet, teils im Vertrauen auf den Sohn, von dem sie erhofft, daß er nach der Zeit der ersten Freuden selber wieder auf den Weg zurückkehren werde, den sie so mühevoll gebaut, teils mit der Geduld des gönnerhaften Pädagogen, der die Ferien ungestört läßt, um nachher mit der Erziehung um so strenger zu beginnen. In diesem Erziehungsplan ist anfangs nicht die Spur einer Antipathie zu finden. Erzherzogin Sophie ist so ganz von der einen Aufgabe erfüllt, für ihren Sohn zu leben, für seine Mission, die sie vorbereitet hat, daß sie bei ihrem Erziehungswerk alles vermeiden will, was die Eintracht stören könnte. Sie möchte, wie ihrem Sohne, so auch Elisabeth eine Mutter sein. Die im Grunde einfache Frau hat keine Ahnung, daß die Form des pädagogischen Fanatismus von feinern Naturen als die härteste empfunden wird. Es gibt zwei Wege, sich solcher Umklammerung zu erwehren: den diplomatischen und jenen des Kampfs. Die diplomatische Natur wird die Anpassungsfähigkeiten aller Art spielen lassen, ihren Charakter beiseite schieben und sich mit dem Gewinn der heimlichen Überlistung begnügen. Es ist ein plebejisches Talent, am häufigsten bei Familien zu finden, die unter Druck und Zwang, in Abhängigkeit ihr Leben durchsetzen mußten. Es ist, in seiner cynischeren Ausgabe, ein bourgeoises Talent, das die Vernunftehe, die Geldheirat ermöglicht und auch sonst fähig macht, Erniedrigungen, Schmach und Unlust um eines Vorteils willen zu ertragen. Der zweite Weg, der des Kampfs, setzt den Ehrgeiz voraus, den Bedroher zu besiegen. Elisabeth wird weder den einen noch den andern Weg beschreiten. Es ist dabei gar nicht so wesentlich, ob ein zartveranlagter, adliger Mensch sechzehn oder dreißig Jahre alt, ob er „erfahren" ist im Sinne jener praktischen Lebensweisheit, die den eignen Vorteil schützt. Elisabeth kann sich nicht verstellen, sie kann ihren Nerven nicht gebieten, dem Diktat der Schwiegermutter gefügig zu sein. Sie wird auch nicht kämpfen. Denn sie will nichts erobern. Sie kann nur sich selber verteidigen, ihre innere Freiheit zu behaupten suchen. Ihr Schutz muß Franz Joseph sein.

Elisabeth erlebt die ersten bösen Stunden. Der Himmel, in den man sie gehoben, beginnt zu wanken; die Allmacht, die man über sie ausgestreut, erweist sich als ein Geschenk von Worten; das Bild ihrer eignen Tugenden, das man eben noch lobpreisend entworfen, verblaßt. Die junge Kaiserin ist davor gefeit, den Lockungen der äußern Macht zu unterliegen, sie hat die Himmelfahrt ins Majestätische als die Vergoldung ihres Traums, nicht als Karriere empfunden. Dennoch ist die Entzauberung grausam. Niemals in ihrem Leben hat sie Befehle empfangen. Die Mutter konnte streng sein, aber sie war es auf eine Art, die den Stolz Elisabeths nicht verletzte. Der Vater hat nie befohlen. Er kannte sich und sein Kind zu gut, er hätte jede gewaltsame Erziehung als eine Angst vor dem Originalen abgelehnt; nur Mißratene bedürfen einer festen Hand. Elisabeth war unter des Vaters adliger Milde eine Königin. Jetzt, als Kaiserin, wird sie von der Mutter des Kaisers wie ein Pensionatsfräulein behandelt. Sie sind schlimm genug diese vielen Unterweisungen in den Dingen des Hofs; immerhin, es ist eine neue, von tausenderlei Normen beherrschte Welt, die Elisabeth kennen lernen muß. Auch die Einengung und Beaufsichtigung innerhalb der vierundzwanzig Tagesstunden läßt sich, durch historische Beispiele versüßt, als eine notwendige Einrichtung majestätischen Daseins begründen. Bei kleinen Konflikten steht Franz Joseph der Kaiserin bei. Es wird ihr nicht verwehrt, daß sie den weiten Park von Laxenburg allein durchstreift, sehr unliebsam aber wird es vermerkt, wenn sie von solchen Ausflügen Kinder mitbringt, die auf der Straße gespielt hatten. Die Kaiserin fährt, von einer Hofdame begleitet, in die Stadt, wo sie den kaiserlichen Wagen auf dem Michaelerplatz verläßt, um auf dem Kohlmarkt und dem Graben Einkäufe zu besorgen. Die Neugierde des Publikums, die siebzehnjährige Kaiserin zu sehen, ist sehr groß, noch größer die Überraschung beim

Anblick dieser zarten, mädchenhaften Dame, die vor den Schaufenstern stehenbleibt, hier Handschuhe, dort Parfüms kauft und sich bei alledem freut, einmal wie die andern Menschen sein zu dürfen. Das Publikum der Innern Stadt ist nicht taktlos, doch das Gefallen an der Natürlichkeit und Grazie der jungen Kaiserin, wie der Wunsch, sie möglichst aus der Nähe zu sehen, verursachen oft Ansammlungen und Zusammenläufe; die Polizei wird vor einem so ungewohnten Bilde unsicher und übereifrig, es gibt Berichte und Rechtfertigungen an das Obersthofmeisteramt, Vortrag beim Kaiser, Kritik der Erzherzogin Sophie. Elisabeth muß auf diese Freiheit, die in München zu den Selbstverständlichkeiten gehörte, verzichten. Sie hat auch nicht die Möglichkeit, je nach Gefallen eines der kaiserlichen Museen oder Theater zu besuchen. Damals fällt in der Umgebung der Erzherzogin Sophie das Wort, Elisabeth vergesse, daß sie nicht mehr in den bayrischen Bergen sei. Einmal hat es der Zufall gewollt, eine originale Natur mit allen Attributen wirklichen Adels auf den Thron zu setzen, aber Überlieferung und Zeremoniell wollen keine wirkliche Königin, sie fordern eine Fürstin nach dem Bilderbuch.

Schlimmer als solches Mißverstehen der Etikette ist der Zwang in Gewissensdingen. Elisabeth muß von der Mutter des Kaisers die Frage hören: Wie hältst Du's mit der Religion? Sie ist aus einem alten katholischen Haus, jedoch darin anders als die strenggläubige

Erzherzogin Sophie, daß sie die Verbundenheit mit dem Katholizismus nicht als Pflicht zu stetem aktiven Bekennertum empfindet. Ihr kindhafter Sinn und die Noblesse ihres Wesens sträuben sich dagegen, diese privateste Angelegenheit unter die Kontrolle eines Andern und nun gar zur Schau zu stellen. Es widerstrebt ihr, nach einem vorgeschriebenen Stundenplan gläubig zu sein und die eigene Frömmigkeit zu plakatieren; ihr feinerer Geschmack lehnt auch jene praktischen Anwendungen des kirchlichen Geistes ab, die in den Erbauungsstunden der Erzherzogin Sophie als das Um und Auf staatlicher Weisheit vorgetragen werden. So entgegenkommend Franz Joseph ist, wo es sich um den Zwiespalt zwischen Lebensfreiheit und Etikette handelt, so zaghaft wird er in diesen der Mutter höchst wichtigen Fragen des Gewissenszwangs. Elisabeth bekommt die ersten bittern Augenblicke des Verlassenseins zu fühlen, sie sieht den Kaiser schwach werden vor der Gewalt der Mutter, sie empfindet es schmerzhaft, daß ihr gutes Gewissen vor der gröbern Natur kapitulieren muß. Von vielem, was hinter den Kulissen des Hofs vor sich geht, erfährt der Kaiser nichts. Durch das Stillschweigen, das um ihn gebreitet ist, dringt nichts von dem Getuschel und Gehechel der durch gleiche Gesinnungen und Abhängigkeiten verbündeten Höflinge. Elisabeth aber ist darin zu zartfühlend und auch zu stolz, als daß sie den Klatsch, der bis an sie heranschleicht, vor den Kaiser trüge. Sie schließt die Augen vor Mißgunst, Bosheit, Intrige; wie

Erzherzogin Sophie

jede empfindliche Natur aber, die zum ersten Male dem Niedrigen begegnet, lernt sie das Gefühl der Angst kennen vor der bösen Grimasse der Gemeinheit. Die Frau, die dazu geboren scheint, sich mitzuteilen, frei, selbstsicher und offen durch das Leben zu gehen, beginnt, vom Schicksal anscheinend begünstigt, auf die höchste Sprosse der Macht gehoben, in jungen Jahren scheu zu werden wie ein Reh, das sich umstellt weiß.

Es gibt zeitweise eine Befreiung von diesem Druck der Umgebung. Das Kaiserpaar geht auf Reisen. Der Regisseur des Plans, Minister Doktor Bach, hat nicht daran gedacht, dem Kaiser und seiner jungen Gemahlin ein Vergnügen zu bereiten; der Besuch der österreichischen Länder hat einen politischen Zweck. Der wandlungsfähigste Mann unter Franz Josephs Räten, neben dem Finanzminister Bruck das einzige Talent, weiß seine Geltung gegen alle Anfeindungen zu behaupten: er ist der Willensvollstrecker Franz Josephs, darin unnachgiebig, daß er das ganze Reich, auch Ungarn, mit seinen Beamten und Gendarmen nach einem einzigen Willen, dem des Kaisers, regiert. Vor sechs Jahren war der Wiener Advokatensohn sehr radikal gewesen, heute ist er der Kopf der neuen Selbstherrschaft. Der jugendliche, begabte Renegat hat viele Feinde, die Adeligen mögen den Emporkömmling nicht, aber seine Anpassungsfähigkeit genießt, seitdem er auch fromm und der Kirche ergeben ist, das Vertrauen der Erzherzogin Sophie. Er ist klug genug zu wissen, daß sich das strenge, selbstherrliche Regime nur aufrechterhalten läßt, wenn die tiefe Mißstimmung der Völker, ihre Enttäuschung und Verbitterung schwinden. Der junge Kaiser soll selber für sich werben, er soll Sympathien gewinnen. Der Augenblick scheint günstig. Die junge Kaiserin wird den Plan fördern.

Elisabeth weiß sehr wenig von dem Reich, dessen Kaiserin sie ist. Sie hat ein Bild davon, das der Wirklichkeit ähnelt wie eine Kinderzeichnung der Photographie. Was sie daheim in Bayern gesehen, die einfache Beziehung primitiver Bauern und Kleinstädter zum Königshaus, das glaubte sie auch in Österreich zu finden. Die Belehrungen, die sie am Wiener Hof empfing, kommen der Wirklichkeit nicht näher. Wer am Hofe kennt dieses seltsame Reich, das die Habsburger durch Klugheit, Gewalt und Politik, durch Unterwerfung, Verträge und Heiraten zusammengefügt und in den Rang einer Großmacht gehoben haben? Aus jahrhundertalter Erfahrung der Habsburger hat sich auch auf die Lothringer ein Geheimnis vererbt. Die tief verborgene und doch stets gegenwärtige Angst des Hauses vor dem Zusammenbruch. In der Wiener Burg spricht man von einem unheimlichen Gespenst, von der „weißen Frau", die nachts in den Gängen des vielgliedrigen Kaiserschlosses auftaucht. Das Gespenst zeigt eine Gefahr an, die dem Hause droht. Das geflüsterte Märchen hat einen irdischen Kern: es erinnert an die großen Krisen des Erzhauses, an die Jahreszahlen 1621, 1740, 1809. Dreimal gings um das Ganze, dreimal erzitterte das Haus vor dem Gespenst des Untergangs: in den ersten Tagen Ferdinands II., nach dem Tode Karls VI., bei der Bedrohung der habsburgischen Macht durch Napoleon. Dreimal hat das sprichwörtliche Glück des Hauses Österreich die Gefahren wieder verscheucht. Wird es Habsburg treu bleiben? Die alte Furcht lebt noch; seit der Niederwerfung der Revolution aber auch der Glaube an die Gewalt, als an das einzige Mittel der Erhaltung. Wer von den Ratgebern des Kaisers ahnt, daß in den Tagen der Empörung die Völker dieses Reichs zum ersten Male die Augen aufgeschlagen haben? Wer wußte das Bemühen von Kremsier, diesen ersten Versuch einer freien Verständigung der österreichischen Nationen, zu deuten? Elf Völker, elf Sprachen wachsen nebeneinander; wer von den Räten am Hof hat reale Phantasie genug, vorauszusehen? Man lehrt und lernt, so gut es geht, bei Hofe Österreichs Sprachen; das wirkliche Antlitz auch nur eines der Völker kennt man nicht.

Kaiserreisen sind kein taugliches Mittel, der Wirklichkeit nahezukommen. Die Empfänge sind genau vorgezeichnet. Der Kaiser bekommt nur servile Diener zu Gesicht. Jedes Wort, das sie zu sagen haben, ist vorher geprüft worden. Die guten Köpfe des Landes, Menschen, die mit ihrer Heimat vertraut sind und ein Urteil darüber haben, lernt der Kaiser nicht kennen. Der Minister Bach sorgt dafür, daß dem Monarchen nur entzückte, zufriedene, devote Personen entgegentreten. Die ersten Reisen führen das Kaiserpaar nach Böhmen und Mähren. Wie auf schönen Bilderbögen breiten sich Landschaft und Menschen vor dem Kaiserpaare aus. Elisabeth sieht zum ersten Male die freundlich hellen Trachten mährischer Bauern, die reiche Saat ihrer Felder, die milde Landschaft dieses Landes, die anerzogene Ergebenheit seiner Bewohner. Ihr Wagen wird in Böhmen von farbig geschmückten Bauernburschen begleitet, Blechmusik dröhnt ihr entgegen, alle Menschen scheinen froh und zufrieden zu sein. In Prag wetteifern Deutsche und Tschechen, dem Herrscherpaar zu huldigen. Elisabeth ahnt nichts von dem heimlichen Leben des Volkes, das jenseits der Feststraßen aus Girlanden und Fahnen ein ganz anderes Gesicht zeigt.

Im Frühjahr 1855 verändert sich Elisabeths Leben, im Mai wird sie Mutter. Das Kind, ein Mädchen, bekommt bei der Taufe den Namen Sophie. Die Freuden der Mutter werden sehr geschmälert; Erzherzogin Sophie nimmt das Kind an sich. Die Kaiserin kränkelt. Im Spätsommer ist sie mit dem Kaiser allein. Die Fahrt nach Kärnten und Tirol ist unbeschwert von politischem Gepäck. Auf dem Wege, der das Kaiserpaar zur Pasterze, dem Gletschermeer des Großglockners, führt, bedarf es nicht der Bachschen Regie. Es sind Elisabeths kurze Ferienfreuden. Minister Bach hat den Kaiser dazu bewogen, auch nach den italienischen Besitzungen, nach Venedig und nach der Lombardei zu gehen. Es sind die wundesten Punkte der habsburgischen Macht. Die Lombardei, die ehemaligen Herzogtümer Mailand und Mantua, seit dem spanischen Erbfolgekrieg dem Hause Österreich untertan, und Venedig, das im Frieden von Campo Formio und nach Napoleons Sturz neuerlich den Habsburgern zugesprochen wurde, haben sich während dieser Zeit nie anders als unter einer Fremdherrschaft gefühlt. Die letzten neun Jahre sind eine Kette von Emeuten und Niederwerfungen. Seit der Besiegung der Revolten in Venedig und Mailand herrscht Radetzkys Säbel. Baron Burger, der Statthalter in Mailand, versuchte die Gegensätze zu mildern, aber er blieb machtlos neben dem militärischen Kommando, das von einer Lockerung der Zügel Gefahren für die Sicherheit der Armee befürchtete. Noch immer haben die Bewohner des Fenice-Theaters und der Mailänder Scala das Schauspiel der zwei Soldaten, die rechts und links der Bühne während der Vorstellung und der Pause mit schußbereitem Gewehr zum Publikum stehen. Man kommandiert zu diesem Dienst gern die Kroaten von den Regimentern der Militärgrenze, bei denen es nicht selten vorkommt, daß sie sich auf der Bühne recht geräuschvoll und mit fünf Fingern schneuzen. Dem Mailänder Polizeidirektor Martinec, einem Mann aus Böhmen, macht es ein Vergnügen, die adelsstolzen Ducas und Marcheses in den Logen die Macht des k. k. Beamten fühlen zu lassen; wehe, wenn jemand bei den Klängen des Kaiserliedes sitzen bleibt. Martinec aus Prag galt lange Zeit, wegen des Klanges seines Namens, als Spanier. „Das hat sicher der grausame Spanier getan", war die oft gehörte Erklärung, wenn ein neues Verbot oder eine Strafe in der Öffentlichkeit bekannt wurden.

Dazu kamen die ungeheuren Kontributionen, die Radetzky Stadt und Land auferlegte. Einzelnen Familien wurde das ganze Vermögen konfisziert. Der Graf und der Herzog Litta verloren je achthunderttausend Lire, die Familien Borromeo, Visconti, Mellerios je hunderttausend, der Freund Napoleons Arese fünfhunderttausend, die Fürstin Belgiojoso achthunderttausend. Nach der Niederwerfung des Mailänder Aufstands waren es zweihundertundneun Proskribierte, denen man je nachdem ein Drittel, das halbe oder das ganze Vermögen konfiszierte. Abbate Coppi verzeichnet nach Radetzkys Wiedereinzug in Mailand neunhundertundsechzig Opfer des Standrechts, nach dem Mailänder Putsch von 1853 war die Zahl auf das Doppelte gestiegen.

Es war nicht zu vermeiden, daß der Haß der Bevölkerung sich nicht nur gegen die unmittelbaren Befehlshaber kehrte. In Alessandro Luzios „I martiri di Belfiore" wird Franz Joseph für die Härten der österreichischen Herrschaft in Lombardo-Venetien verantwortlich gemacht. Luzio beruft sich auf die Haltung Radetzkys und auf dessen Worte, die er 1851 zu dem um Gnade flehenden Bischof von Mantua sprach: „Ich kann nichts machen, Gnade steht nicht in meiner

Hand, es gelten höhere unwiderrufliche Entschlüsse."
Es ist schwer zu sagen, ob die österreichische Polizei stets bei der Wahrheit blieb, wie weit der Kaiser das Opfer übertreibender Berichte wurde. Sie hatte eine Verschwörung entdeckt, die sich auf Mailand, Venedig, Brescia, Cremona und Verona erstreckte. In ihrer Darstellung ist der Priester Don Enrico Tazzoli das Haupt der Verschwörung, der phantasiebegabte Scarsellini der teuflische Inspirator. Die mit Details nicht sparsame Polizei wollte wissen, es sei 1852 beim ersten Besuche des Kaisers in Venedig beabsichtigt gewesen, Franz Joseph nach der Vorstellung im Theater Fenice gefangenzunehmen, sich gleichzeitig des kleinen Forts San Secondo bei Venedig zu bemächtigen, den Kaiser dorthin zu bringen und ihn vor die Wahl zu stellen, entweder auf die Lombardei und Venetien zu verzichten, oder aber mit den Verschworenen in dem Fort in die Luft gesprengt zu werden. Kaiser Franz Joseph ist erst viel später zu der Erkenntnis gekommen, daß seine Polizei gelegentlich auch dichtet. Im Jahre 1854 glaubte er ihren Berichten. Er beauftragte den damaligen Hauptmannauditor Alfred Kraus mit der Untersuchung der Affäre und mit der Vollstreckung der Urteile für den Fall, daß die Anschuldigungen sich als wahr erwiesen. Der Händlerssohn aus Böhmen hatte den Ehrgeiz, ein kleiner Alba zu sein. Er gab das große Beispiel für die in der Geschichte Franz Josephs wiederkehrende Erscheinung, daß der zur Macht berufene Intellektuelle alle adligen

und militärischen Haudegen an Grausamkeit weit übertreffen kann. Die Geschichte jenes finstern Forts Belfiore von Mantua, wo die Beschuldigten eingekerkert und gerichtet wurden, erzählt auf jeder Seite von der Unbarmherzigkeit des Auditors Kraus. Er war's, der die Stockprügel und die Folter als Mittel der Voruntersuchung einführte, er ließ alle Schrecken spielen, wenn es sich darum handelte, eine schwache Anklage durch erpreßte Geständnisse zu erhärten. Es gab wohl Momente des Besinnens, da Franz Joseph daran dachte, die militärische Verwaltung Lombardo-Venetiens zu ändern, aber sein guter Wille scheiterte an dem Unvermögen der leitenden Personen und wohl auch an der Unbesiegbarkeit eines Hasses, der in den Jahren der Unterdrückung sich in die Seelen eingefressen hatte. Im Sommer 1853 wurde Graf Rechberg nach Italien gesandt, die Leitung der Administration zu übernehmen. Radetzky war von dieser Anordnung wenig erfreut, er schreibt seiner Tochter, der Gräfin Wenckheim: „Viele Köche versalzen die Suppe, das war das alte Sprichwort; ein neues kenne ich nicht."

So sieht es im österreichischen Italien aus, als am siebzehnten November 1856 das Kaiserpaar die Reise antritt. Auch der italienische Boden ist Elisabeth neu. Sie weiß nur, wie sehr dem Kaiser daran gelegen ist, nach der Vorherrschaft des Säbels nun auf andere Art den Besitz der italienischen Provinzen zu festigen. Die Gnadenakte, die auszuteilen er entschlossen ist, sollen sichtbar von seiner Person ausgehen. Er will das düstre Bild der Vergangenheit durch seine Gegenwart auslöschen. Elisabeth wird ihn unterstützen. Schon in Triest teilt Franz Joseph Begnadigungen aus. In Venedig wirkt vieles zusammen, diesen Tagen ein freundliches, hoffnungsvolles Gepräge zu geben. Die Venetianer sind für alles empfänglich, was zu den Sinnen spricht, sie erwärmen sich an dem Glanz der Feste, die der Kaiser gibt, sie sehen in der Entfaltung des höfischen Prunks eine Glorifizierung ihrer Stadt, eine Verneigung vor Venedigs Größe. Zweifellos wirkt auch die Erscheinung des Kaiserpaars auf den ästhetischen Sinn der Venezianer. Es ist schon jetzt Elisabeths große Kunst, dort, wo sie sich allein überlassen bleibt und ihrem Instinkt folgen darf, den unnachahmlichen Reiz ihrer Persönlichkeit, Takt und Anmut, Hoheit und Liebenswürdigkeit sichtbar zu machen. Sie ist von der Schönheit der Szenerie, vom Temperament des Volkes entzückt; wie gern trüge sie dazu bei, die Schatten aus diesem Traumland zu verscheuchen. Es gibt keine Stunde des ungestörten Zusammenseins, die Elisabeth nicht benützte, den Kaiser zur Milde zu überreden. Der Stadt Brescia wird die fehlende Quote der Zwangsanleihe nachgesehen. In Padua, in Vicenza und Rovigo werden die politischen Verbrecher befreit und auch jene Flüchtlinge aus dem Kirchenstaat freigelassen, die des Hochverrats angeklagt, in den Kasematten von Mantua schmachteten. Die Weihnachtstage verbringt das Kaiserpaar in

Venedig. Was der Kaiserin in Wien verboten ist, dessen darf sie sich hier erfreuen: sie besucht Paläste und Kirchen, bewegt sich frei unter der Menge von San Marco, sie nimmt dankend die Blumen an, die ihr barfüßige Buben reichen. Sie fühlt sich hier wohler als in Wien.

Venedig ist nur das Vorspiel, der schwierigere Teil der italienischen Reise steht bevor. Es gilt Mailand zu gewinnen. Am fünfzehnten Januar 1857 zieht das Kaiserpaar in Mailand ein. Die schöne Porta Romana hat viele Triumphzüge gesehen, Helden und Dummköpfe, Befreier und Unterdrücker. 1744 sind hier Österreichs Truppen einmarschiert. Maria Theresia verwaltete dann die Lombardei auf kluge, sehr humane Weise. Im Generalstatthalter Grafen Firmian stand ihr ein vorzüglicher Helfer zur Seite. Dieser Mann war ein Freund des Marchese Beccaria, des Verfassers der berühmten „Abhandlung über Verbrechen und Strafe". Er lebte in Gesellschaft des Grafen Verri, des Paters Frisi, des Professors Parini, vortrefflicher Geister, die danach strebten, die besten Erfahrungen der Volkswirtschaft und der Administration, die man um 1770 besaß, in der Lombardei praktisch zu erproben. Franz Joseph, der Lothringer, kennt die Geschichte der großen habsburgischen Kaiserin nur unvollkommen, doch jetzt ist er auf dem Wege, die ärgsten Sünden seiner Verwaltung auszulöschen.

Das Mailänder Volk empfängt ihn mit einer Wärme, die den Geist der Versöhnlichkeit offenbart. Es ist die

Kaiserin, der man diese überraschende Wandlung zu danken hat. Es hat sich herumgesprochen, daß sie den Kaiser lenkt, ihr Bild bestätigt allen Augen, was die Voraussagen erzählen. Der Kaiser läßt die Minister Bach und Bruck, den Grafen Buol und Grünne mit der Militärkanzlei nach Mailand kommen. Graf Grünne ist nicht nur der mächtige Generaladjutant, er ist auch der Korrespondent der Erzherzogin Sophie. Er ist mit den Männern der Verwaltung, mit Baron Burger und Martinec, eines Sinnes, wo er befürchtet, daß der Kaiser sich durch die Stimmung der Stadt zu allzu großen Konzessionen bewegen lasse. Seine Berichte nach Wien machen die Kaiserin für diese Gefahr verantwortlich. Es ärgert ihn, daß der Kaiser „das Volk sehr lenksam, die Bureaukratie aber sehr ungeschickt" gefunden hat. Die Polizei hatte vor dem Empfang viele Leute, auch Aristokraten, von denen sie Zwischenfälle befürchtete, interniert oder zu Hausarrest verurteilt. Sie ist auch darin weder klug noch taktvoll, daß sie große Massen Landvolks nach Mailand dirigiert und hier unter geheimer Aufsicht dazu verhält, ohne Unterlaß Evviva zu schreien. Die Karten zu den Festvorstellungen in der Scala hat die Polizei aufgekauft, um sie an zuverlässige Leute zu verteilen. Von diesen Maßnahmen bekommt der Kaiser zu spät Kenntnis. Sie wirken verstimmend und stehen im Widerspruch zu dem zarten Takt Elisabeths. Ihre Liebenswürdigkeit wie der gute Wille des Kaisers werden allgemein anerkannt, doch die Temperatur des Beifalls im Theater und bei den Empfängen steigt und fällt im Verhältnis zu den Gnadenakten, welche die Gazzetta di Milano am Morgen veröffentlicht. Bringt das Amtsblatt keine Überraschung, so rührt sich am Abend in der Scala keine Hand; man sieht Halbtrauer und schwarze Handschuhe in den Logen. Die Kaiserin leidet sehr unter diesen Demonstrationen; es verfolgt sie das Bild einer Mutter, die um ihren Sohn trauert. Es fehlt nicht an einer antiösterreichischen Agitation, die um so reger wird, je mehr Sympathien das Kaiserpaar erwirbt. Von Turin aus wird über den lombardischen Adel scharfe Kontrolle geführt. Die sardinischen Agenten sind an der Arbeit. Als am Dreikönigstag der Karneval beginnt, will der Kaiser Bälle sehen. Er läßt das große Silber, Gobelins, Tischzeug aus Wien kommen. Die Absicht mißlingt. Der Bürgerball scheitert an einer unmöglichen Bedingung; das Komitee fordert, daß kein österreichischer Offizier eine Dame zum Tanz auffordern dürfe. Der Kaiser läßt den Plan zu Hofbällen fallen. Es kommt nur ein Maskenball in der Scala zustande. Dennoch ist es der wahrheitstreue Eindruck, daß die Mehrheit der Mailänder Bevölkerung gewonnen ist. Nach der großen Amnestie, die alle Begnadigten auch der Sorveglianza della polizia enthebt, ist es so, wie es die Augsburger Allgemeine Zeitung in ihren Mailänder Berichten sagt: Der Jubel ist hier grenzenlos, hunderte Familien weinen vor Freude. Die Opposition beschränkt sich jetzt auf einige mittlere Possidenti und auf die Damen, die noch nicht bei Hofe waren. Man ist noch nicht österreichisch, aber man ist kaiserlich. Jeder fühlt die gütige Hand der edlen jungen Frau, die den Kaiser gewandelt hat.

Die italienische Reise beendet das alte Regime in Lombardo-Venetien. Der Spezialgerichtshof in Mantua wird aufgelöst, die konfiszierten Güter werden zurückgegeben, die desertierten Soldaten dürfen zurückkehren. Der Feldmarschall Radetzky wird von dem Posten eines Generalgouverneurs enthoben, an seine Stelle tritt der fünfundzwanzigjährige Bruder des Kaisers, Erzherzog Ferdinand Maximilian. Es ist ein deutlicher Umschwung. Er ändert zwar nicht das System der Selbstherrschaft, aber doch deren Mittel: der Absolutismus wird liebenswürdig. Der Kaiser regiert ambulant, die Initiative ist nicht in Wien.

Fünf Monate war das Kaiserpaar der Reichshauptstadt fern. Die Stimmung des Hofs ist dadurch nicht besser geworden. Die Mutter des Kaisers sieht dieses lange Fernsein des Sohnes, das Alleinsein mit Elisabeth nicht gern; sie empfindet es als Minderung ihrer Macht.

Eines Tags findet Elisabeth auf ihrem Schreibtisch ein seltsames Heft, auf dessen aufgeschlagener Seite einige Stellen des gedruckten Textes mit Farbstift unterstrichen sind. Die Stellen lauten: „. . . Ihre Tante ist es, mit der die Königin zu leben hat. Außer diesem tugendhaften Herzen kann die Königin keine wahr-

haften Freunde finden... Die natürliche Bestimmung einer Königin ist es, der Krone Nachfolger zu geben; und jener König, der seiner Gattin antwortete: ‚Madame, wir haben Sie genommen, damit Sie uns Söhne und nicht, damit Sie uns Ratschläge geben', und so diese Ehrgeizige auf ihren Platz verwies, hat allen Königen der Welt eine Lehre gegeben. Die Bestimmung und der natürliche Beruf einer Königin ist es also, der Krone Erben zu schenken. Sobald Königinnen davon abweichen, werden sie zur Quelle der größten Übel: Katharina von Medici, Maria von Medici, Anna von Österreich. Wenn die Königin so glücklich ist, dem Staate Prinzen zu schenken, sollte sie darauf ihren ganzen Ehrgeiz beschränken und sich auf keine Weise in die Regierung eines Reiches einmengen, deren Besorgung nicht den Frauen anvertraut ist. Das salische Gesetz schließt sie wegen der Torheit ihres Geschlechts für immer vom Herrscherberufe aus. Wenn die Königin keine Söhne gebiert, ist sie nur eine Fremde im Staate. Und eine höchst gefährliche Fremde dazu: Da sie nicht hoffen kann, hier jemals gern gesehen zu sein, und immer darauf gefaßt sein muß, dorthin zurückgeschickt zu werden, woher sie kam, so wird sie stets versuchen, den König durch andre als die natürlichen Mittel zu gewinnen, sie wird Ansehen und Macht durch Intrigen und Zwietrachtsäen zu erringen trachten, zum Unheil des Königs, der Nation, des Reiches..."
Wer hat das getan? Wer hat diesen vergifteten Dolch auf den Tisch der Kaiserin gelegt? Das Attentat ist

raffiniert. Wer schrieb diese Sätze, wie kommen sie hieher? Es ist ein altes Pamphlet gegen Maria Antoinette: „Avis important à la Branche Espagnole, sur ses droits à la Couronne de France, à defaut d'héritiers; et qui peut être mesme très utile à toute la Famille de Bourbon; surtout au Roi Louis Seize. A Paris, MDCCLXXIV." Beaumarchais hat es einst, nicht ohne erpresserische Allüren, Maria Theresia zum Kaufe angeboten. War er der Autor des Libells? Wer aber hat diese Waffe, die auf Maria Theresias Goldschrank zielte, gegen Elisabeths Herz gezückt? Wo ist der Auftraggeber, wer ist der Bravo?
So antiquiert die Bösartigkeit dieser Sätze sein mag, die ein um das Staatswohl besorgter literarischer Lakai des ancien régime oder ein zynischer Bandit der Feder geschrieben hat, so nahe stehen sie doch Gedanken und Betrachtungen, die seit einem Jahre am Wiener Hofe geflüstert werden. Die anklagenden Reden der Höflinge haben nicht die Schärfe des Pamphlets, das den geübten Journalisten verrät, aber im Geiste sagen beide dasselbe: die Bestimmung der Kaiserin ist es, der Krone Erben zu schenken; warum bleibt der Erbe aus? Es ist wider alles Erwarten und eine schwere Enttäuschung gewesen, als Elisabeth im Juni 1856 eine zweite Tochter gebar. Sophie und Gisela, die zwei zarten Kinder, rühren in der Mutter des Kaisers die alten Zweifel wieder auf; sie klagt sich selber wegen ihrer Nachgiebigkeit an, sie meint es jetzt bestätigt zu sehen, daß Elisabeth für Franz Joseph nicht be-

stimmt war. Ihr egoistischer Trieb, der Fanatismus der Mütterlichkeit, macht sie böse. Erzürnte Mutterliebe kann jede Ehe vergiften: sie gefährdet das Vertrauen der Gatten, sie vergröbert die Beziehungen, sie füllt die Atmosphäre mit jener gefährlichen Reizbarkeit, die Gewitter erzeugt. Alles Unerwünschte, Ungemach und Unfrieden, so folgert die in ihrer Autorität verletzte Mutter, kommen von der Nichtachtung ihrer Erfahrung, ihres Glaubens, ihres Wissens. Elisabeth ist starrköpfig und unlenksam, ihr Eigenwille macht sie taub. Sie lebt nicht wie eine Königin, deren höchste Sorge es zu sein hätte, der Krone den Erben zu geben. Sie pflegt ihren heidnischen Leib nur, um knabenhaft und geschmeidig zu bleiben. Sie denkt mehr an die Pferde als an die Kinder. Jeden Vormittag besieht sie die Formen ihrer Reiterinnenbeine, ob sie sehnig und hart genug seien, die jungenhafte Brust, von der sie nur besorgt, sie könnte weich und frauenhaft werden, die schlanken Linien ihrer langen Arme. Dieses Reiten und Turnen, so hört es Franz Joseph von seiner Mutter, ist unstatthaft und ungesund; der Kaiser sei zu nachgiebig, er gestatte jeden Wunsch, selbst diesen, daß Elisabeth sich auf dem Ischler Kaiserhügel, dem Jainzen, Turnapparate im Freien aufstellen ließ, wo sie, nur dünn bekleidet wie eine Akrobatin, ihren Launen fröne.
Es ist ein kurzes Gewitter. Ein paar Wochen nach der Rückkehr aus Italien reist das Kaiserpaar nach Ungarn. Das unversöhnliche Magyarenland ist die

Kaiserin Elisabeth, von F. X. Winterhalter

zweite blutende Wunde am Leibe der habsburgischen Monarchie. Franz Joseph hat vor acht Jahren die Rebellen niedergezwungen, zuletzt mit Hilfe des Zaren; in den alten ungarischen Adelsgeschlechtern, im Landadel und im Bürgertum aber lebt das Verlangen weiter, die Verfassung wieder aufgerichtet zu sehen und jene staatliche Selbständigkeit, die von den Vorfahren Franz Josephs in Verträgen anerkannt worden ist. Dieses Verlangen hat sich zu einer unterirdischen Entschlossenheit verdichtet, seitdem Bach das ehemalige Königreich mit Gewalt dem übrigen Österreich gleichzumachen sucht. Franz Joseph ist noch im Banne der renovierten Anschauung von der Allmacht der habsburgischen Majestät. Er will alles daransetzen, sich als gütiger Landesvater zu zeigen, er bereitet auch für Ungarn eine große Amnestie vor; das Prinzip des persönlichen Absolutismus jedoch soll unantastbar bleiben. Ungarn versteht die Absicht. Als das Kaiserpaar am vierten Mai 1857 mit den beiden kleinen Töchtern in Budapest eintrifft, wird es begrüßt und bewillkommt, zugleich aber läßt man den Monarchen fühlen, daß auch Ungarn bei seinen Prinzipien beharrt. Man ist verstimmt wegen Äußerlichkeiten. Franz Joseph trägt die österreichische Marschallsuniform, nicht die des ungarischen Kavalleriegenerals. Man will ihm mit der ungarischen Trikolore zuwinken, nicht mit den verhaßten schwarzgelben Fähnchen, die allein gestattet sind. Bei der Illumination der Stadt streikt der Adel. Er hat, recht

demonstrativ, armselige Talglichtchen in die Fenster des Adelskasinos gestellt. Nur ein reicher Kaufmann, der griechische Baron Sina, zeigt leuchtenden Patriotismus: er läßt auf der Kettenbrücke von dem berühmten Pyrotechniker Stuwer ein sehr kostspieliges Feuerwerk abbrennen. Das zu Ehren des Kaiserpaars im Deutschen Theater gegebene Ballfest ist einigermaßen trist: Beamte und Geschäftsleute füllen den Raum. Auf ihrem Boden allerdings, im Nationaltheater, bei der Aufführung der Festoper „Erzsébet", glänzen die Magnaten in der vollen Pracht ihrer Kostüme, die Damen der Aristokratie im Brillantfeuer ihres unermeßlichen Familienschmucks.
Elisabeth erlebt in Ungarn zum zweiten Male einen politischen Anschauungsunterricht. Sie hat in Venedig und in Mailand mit ihrer Gabe der Intuition wohl begriffen, daß Liebenswürdigkeit und Gnaden des Herrschers nicht Widerstände zu besiegen vermögen, die tiefer verankert sind, als sich die Weisheit der Regierenden träumen läßt; hier sieht sie ein Volk, das in der Treue zu seiner Eigenart, zu seiner Sprache verletzt worden ist. Sie kann es nicht fassen, warum dieselben Geschlechter, die Maria Theresia zugejubelt haben, jetzt in Mißmut und Haß nach Wien blicken. Ihr gefällt das Charaktervolle an dem Verhalten eines Adels, der zwischen Courtoisie und Politik zu unterscheiden weiß, der ritterlich ist, ihr und dem König alle Ehren erweist, ohne seine Gesinnung persönlichen Vorteilen und Eitelkeiten zu opfern wie die Männer

des Handels. Es ist das erste Mal, daß Elisabeth im Reiche Franz Josephs auf Charakter stößt und jenen adligen Freimut kennen lernt, der es verschmäht, die Gesinnung hinter höfischen Redensarten zu verbergen. Sie versteht plötzlich die Sprache, deren sich der Wiener Hof bedient, so oft von Ungarn die Rede ist; ihr enthüllen sich die Wurzeln dieser Abneigung, die aus Hochmut und Angst besteht. Sie spürt, wie aus ihrer innersten Natur eine tiefe Sympathie aufsteigt zu den stolzen, selbstbewußten Menschen dieses Landes. Sie denkt mit Widerwillen an ihre Wiener Umgebung, wo der Adelsstolz sich in Formen erschöpft, der Charakter aber die niedrige Wandlungsfähigkeit des Lakaien annimmt. Oh, könnte sie, wie sie wollte!
Nach den Tagen in Budapest besucht das Kaiserpaar die ungarische Provinz. Der Kaiser ist erfreut, in den von Deutschen bewohnten Orten, wie Preßburg und Ödenburg, wie auch im Zentrum des slawischen Oberungarns, in Kaschau, eine ergebene Bevölkerung zu finden. Weiter südlich aber passiert es, daß ein nach der Gesinnung der Leute befragter biederer Ungar die Antwort gibt: „Vortrefflich, Majestät, die Leute sind treu und gut, nur der verfluchte Kerl, der Pfarrer, ist schwarzgelb bis über die Ohren!" Obwohl sich Bachs Beamte die größte Mühe geben, Ungarn als ein mit seinem Schicksal zufriedenes Land erscheinen zu lassen und dabei auch vor Potemkiaden nicht zurückschrecken, bleiben Hochadel und Gentry, die entscheidenden Elemente, von den Empfängen fern. Damit

ist das Schicksal der Rundfahrt entschieden. „Denn wo die Deáks fehlen, da gibt es kein Ungarn."
Am dreißigsten Mai wird das Kaiserpaar dringend nach Ungarn zurückgerufen. Zwei Tage vorher ist die älteste Tochter, Sophie, plötzlich erkrankt; man zögerte, der Kaiserin Nachricht zu geben. Jetzt muß man es tun: das Kind ist tot. Das Kaiserpaar unterbricht die Empfänge und fährt von Csege, links der Theiß, nach Ofen; eine Tour, welche die düstere Stimmung nur noch vermehrt. Wassertümpel von der Größe eines Sees, grenzenlose Pußten ohne Ansiedlung, meilenweit kein Dorf, hie und da ein melancholisches Zigeunerlager. Zwei Tage danach ist Elisabeth in Laxenburg. Franz Joseph eilt zur Mutter. Sie weist auf den Himmel, der straft. Der Kaiser muß der Mutter versprechen, nach Mariazell zu wallfahrten.
Wer Elisabeth in diesen Tagen begegnet, sieht sie verändert. Das mädchenhafte Wesen, der helle suchende Blick der tiefblauen Augen, das stete Lächeln um Mund und Kinn, die freudige Unruhe der Glieder sind von ihr gewichen. Elisabeth scheint gewachsen zu sein; sie ist überschlank, der dichte Kranz des dunklen Haares krönt ein zartes, blasses Gesicht. Die Züge haben die kindliche Rundung verloren, sie sind schärfer, die Augen größer. Elisabeth beschleunigt den Schritt, wenn ihr im Umkreis des Schloßparks jemand nahekommt. Sie blickt scheu, fast ängstlich. Es ist kein Lächeln mehr um Mund und Kinn. Elisabeth ist zwanzig Jahre alt. Welche der Augen, die nach ihr spähen, sie be-

obachten, ihr neugierig, zärtlich oder lieblos folgen, vermögen dem Rätsel näherzukommen? Ist Elisabeth ein Rätsel? Die kalten Augen des Hofs schauen erstaunt auf die bayrische Prinzessin, die ihre Erhöhung nicht zu schätzen weiß, die sinnend und denkend an ihrem Glück vorbeigeht, trauernd die Pracht ihrer Schlösser durchschreitet, um mit einem Seufzer in die Einsamkeit zu entfliehen. Ist es Stolz, ist es Hochmut, ist es eine kühne Herausforderung des Schicksals? Die Frauen werden Elisabeth verstehen, alle Frauen, die hinter den Türen des Ehegemachs die große Enttäuschung erlebten. Wann wird der Dichter dieser Frauen kommen, die täglichen Dramen der Enttäuschten sichtbar zu machen? Wann werden sie selber sprechen? Hier ist es die Tochter aus edlerem Haus, die sich voreilig an eine gewöhnliche Ehe band und nun den Sturz ins Banale erlebt; dort ist's ein stolzes Mädchen, von Eltern und Verwandten um des Vorteils willen zu einem Bunde verführt, der sie erniedrigt; daneben seufzt eine Frau, die zu spät erfahren, daß hinter der Larve des verliebten Helden ein Schwächling sein Gesicht verbirgt. Elisabeth ist Kaiserin, aber ihr Drama spielt sich hinter tausenden Fenstern der übrigen Welt ab, im Hause des Finanzmannes Wertheimer, in der Ehe des Fabrikanten Rentheim, beim Professor Schneiderhahn wie in der Familie des Dichters Halm. Ein einziges Haus birgt vier Tragödien, eine Straße viele Dutzend, die Stadt zehntausende. Die Sitte verbietet es, davon zu sprechen; die Frauen haben nicht das

Recht, anklagend vor die Öffentlichkeit zu treten. Es gibt junge Frauen, die nach den ersten Erschütterungen der Enttäuschung sich gegen alles Kommende wappnen. Es ist das Talent des Stoikers, der sich darin übt, Steine und Würmer, Glassplitter und Fliegen ohne Ekel zu schlucken; der Magen wird allmählich gleichgültig gegen alles, was der Zufall in ihn schüttet. Ein solches Talent fordert die Ehe des Zufalls: Beherrsche dich, unterwirf dich, passe dich an, resigniere! Es gibt aber Naturen, denen mit keinem Zureden geholfen ist; sie haben nicht das Talent zum Stoiker, sie wollen nicht auf ihr Lebensglück verzichten, sie vertragen das Dasein in der Lüge nicht, ihr Leib wehrt sich dagegen, die Steinchen und das Gewürm zu schlucken, wozu die Ehe ihn täglich verurteilt. Sind es unverstandene Frauen, seltenere Exemplare, die sich in den Zwang gesellschaftlicher Einrichtungen nicht fügen wollen? Sie sind nicht unverstanden, sie sind ungeliebt. Ihr Liebesbedürfnis bleibt ungestillt. Sie können cynisch werden und, das Glück bei Andern suchend, sich für die Enttäuschungen der Ehe rächen; sie werden, wenn sie stark und rein geblieben, aus der Gemeinschaft fliehen.

Auf der Höhe des Throns bekommt das Gebot der Ehe einen imperativen Klang: Es sind wichtigere Dinge im Spiele als dein Glück; du hast Pflichten auf dich genommen, die dein Schicksal überragen! Das Ohr einer enttäuschten Frau hört nur den Befehl zum Entsagen, nicht den Appell an das soziale Gewissen.

Was man der Königin zuruft, das vernimmt mit andern Worten auch die Bürgersfrau: Ehre und Ansehen des Hauses sind wichtiger als dein Lebensglück; der Ruf der Firma verträgt keinen Eheskandal; der Name und der Kredit des Gatten fordern, daß du verzichtest! Die zwanzigjährige Kaiserin wird vom Hofe mißverstanden; der Adel, der seine eignen Freiheiten hat, Ehen zu erhalten, ohne sie zu halten, belächelt den Schmerz der Enttäuschten als sentimentale Romantik; sie selber ahnt nicht in ihrer Einsamkeit, daß sie das große Symbol aller unfreien bürgerlichen Frauen ist, die in liebesarmen Ehen ihre Tage und Nächte vertrauern.

Elisabeth hat sich ihrer Mutter anvertraut, doch die Herzogin, zu der resignierenden Meinung bekehrt, ihr eignes Schicksal als die Regel anzusehen, antwortet mit einem Satz der praktischen Vernunft: „Über solche Dinge darfst Du nicht grübeln, mein Kind..." Es ist, als ob man einem von physischen Schmerzen geplagten Menschen sagte, er dürfe die Qual nicht beachten. An manchen Tagen wird es um Elisabeth ganz hell, dann sieht sie alles mit visionärer Klarheit, sich selber, den Kaiser, die Umgebung, Österreich: Man hat ihm die Seele genommen; er kann sich nicht liebend verschenken, er kommt keinem Menschen, keiner Sache nahe. Zwischen ihr und ihm ist eine Glaswand, und zwischen dem Hof und Österreich ist dieselbe Glaswand. Auch Österreich braucht liebevolles Verstehen; nur Hingebungsfähigkeit macht sehend.

Es kommt eine große Unruhe über Elisabeth, da sie sich zum dritten Male Mutter fühlt. Sie weiß es, was man von ihr erwartet, was man zart oder deutlicher zu verstehen gibt, wovon man spricht. Ihr steigt das Blut zu Kopf, wenn sie daran denkt und sich jener abscheulichen Mahnung erinnert, die man ihr auf den Tisch gelegt. Kann man dem Unergründlichen befehlen, läßt sich die Natur den Wünschen des Throns gefügig machen? Sie selber sehnt den Sohn herbei, der den kommenden Tagen einen Inhalt, dem Leben einen Sinn geben wird. Bei den einsamen Wanderungen durch den Laxenburger Park, in den stillen Nachtstunden, wenn das letzte Geräusch im düstern Schloß verstummt, denkt sie unaufhörlich daran. Es wird ihr Kind sein, dieser Sohn, ihr gleich im Denken und Empfinden, ihm will sie eine Seele und den Stolz ihrer Seele geben.

Am Morgen des zweiundzwanzigsten Augusttags 1858 verkünden einhundertundein Kanonenschüsse, daß am Abend vorher Österreich einen Thronerben erhalten hat. Der glückliche Vater legt dem zarten Knaben den Orden des Goldenen Vließes in die Wiege. Die Mutter ist sehr erschöpft. Zu ihr dringt nichts von dem Getöse der Wiener Straßen, nichts von dem festlichen Lärm, mit dem die Hauptstadt das Ereignis feiert. Sie fühlt sich in eine Wolke von Liebe, Wohlwollen, Sympathie eingehüllt; die Mutter des Kaisers ist wie verwandelt, da sie am Bett Elisabeths erscheint. Die zarte Rücksicht, das plötzlich erwachte Wohlwollen tun weh; die Mutter sieht, wie fremde Hände nach dem Kinde greifen, wie sie den Sohn an sich nehmen, ihn entführen. Sie hat ihn geboren, er gehört aber nicht ihr. Das Gesetz des Hauses reißt ihn an sich. Elisabeth überkommt ein Gefühl der Ohnmacht. Sie ist nicht stark genug, einen Kampf um den Sohn aufzunehmen, sie kränkelt. Der kleine Rudolf wächst bei seiner Aja „Wowo", der Baronin Welden, auf.

In die Zimmer der habsburgischen Familientragödie fallen die Schatten der großen Geschichte. Auf Franz Josephs Arbeitstisch häufen sich die Nachrichten der österreichischen Spione aus Turin. Piemont rüstet; in seinen Arsenalen und Pulvermagazinen wird Tag und Nacht gearbeitet. Der Kaiser erfährt viel, doch das Wichtigste bleibt ihm verborgen. Im Mai war General Mac Mahon, der Stratege Napoleons III., unter der Maske eines einfachen Touristen in Mailand, Brescia, Verona und Mantua, die Verteidigungswerke Österreichs zu erkunden. Franz Joseph verachtet und fürchtet den unruhevollen Gegenspieler, von dem Lord Palmerston eben gesagt hat: „Der Kopf Napoleons III. gleicht einem Kaninchenstall; die Ideen pflanzen sich beständig fort wie die Kaninchen." Napoleon selber hält sich an die Worte des großen Onkels, der auf Sankt Helena schlummert: „Der erste Herrscher, der sich die Sache der Völker zu eigen macht, wird an der Spitze Europas stehen." In seiner

Geschichte Cäsars fühlt er sich als Nachfolger der großen Helden: „Wenn die Vorsehung Männer wie Cäsar, Karl den Großen und Napoleon hervorbringt, so geschieht es, damit sie den Völkern den Weg weist. Glücklich die Völker, die sie verstehen; wehe über jene, die sie verkennen und bekämpfen." Franz Joseph weiß nicht, daß Napoleon vor wenigen Wochen in Plombières den Pakt mit Cavour geschlossen hat. Es ist die von Piemont schon lange herbeigewünschte Verschwörung gegen Österreich. Um den Krieg zu gewinnen, fehlt jetzt nur noch der „edle, ehrliche Grund".
Cavour wird ihn finden. Als er Plombières verläßt, hat er nicht nötig, den Hut in die Augen zu drücken, wie er es bei der Ankunft getan. Er zerreißt den falschen Paß, er ist nicht mehr Signor Giuseppe Benso, er ist „Seine Exzellenz Graf Camillo von Cavour, Minister der auswärtigen Angelegenheiten bei Seiner Majestät dem König Viktor Emanuel II." Im Herbst ist Cavours Plan fertig. Man wird das Fürstentum von Massa und Carrara, das dem Herzog von Modena gehört, in Aufruhr bringen, die Revolte nach Parma, Reggio, Modena und Bologna tragen und nun, unter dem Vorwand, sich gegen die Revolution zu schützen, Massa und Carrara besetzen. Cavour verhandelt mit dem General Klapka, dem ungarischen Rebellen. Am Weihnachtstag 1858 liegt der Vertrag mit Napoleon III. zum Unterschreiben vor. Beim Neujahrsempfang 1859 spricht Napoleon III. zu Baron Hübner, Österreichs

Gesandten, die Worte: „Ich bedauere, daß die Beziehungen zwischen unsern Ländern nicht mehr so gut sind wie früher; wollen Sie indessen Kaiser Franz Joseph versichern, daß sich meine persönlichen Gefühle ihm gegenüber nicht verändert haben." Cavour darf an diesem Tage sagen: „Nun haben wir Österreich endlich in der Sackgasse, aus der es nicht herauskann, ohne die Kanonen abzufeuern." Doch des großen Korsen Neffe ist nicht der Mann, der furchtlos einen Plan zu Ende führt. Als im März England vermitteln will, läßt er durch russische Hände einen Kongreß vorschlagen. Cavour hat nur ein Mittel, Napoleon den Rückzug abzuschneiden: er rüstet weiter. Während sich die Kanzleien der Mächte bemühen, den Kongreßplan zu retten, hat Franz Joseph die Geduld verloren. Er läßt durch den Baron Kellersperg in Turin ein Ultimatum überreichen, welches von Piemont fordert, binnen drei Tagen die Armee auf den Friedensstand herabzusetzen. Es ist Franz Josephs erstes Ultimatum. Piemont weist es zurück. Am 27. April gibt der Kaiser dem General Gyulay den Befehl, die Grenze zu überschreiten. Graf Gyulay wehrte sich, das Oberkommando zu übernehmen. Er ließ sich erst von dem Generaladjutanten des Kaisers, dem Grafen Grünne, umstimmen, der ihm schrieb: „Was fällt Dir denn ein? Was der alte Esel Radetzky gekonnt hat, das wirst Du auch noch zustande bringen."
Gyulay bringt es nicht zustande. Der Krieg wird zu einem Duell zwischen dem neunundzwanzigjährigen

Franz Joseph und dem einundfünfzigjährigen Louis Napoleon. Franz Joseph eilt nach den ersten schlimmen Nachrichten selber auf das Schlachtfeld; er will Soldat, will Feldherr sein. Er macht ein Testament, bevor er Wien verläßt. Als er den Kriegsschauplatz erreicht, ist die Lombardei bereits verloren. Am 8. Juni zieht Napoleon in Mailand ein. In der folgenden großen Schlacht bei Solferino, am 24. Juni, ordnet Franz Joseph unter dem Eindruck fliehender ungarischer Truppen voreilig den Rückzug an. Ebenso schnell schließt er einen Waffenstillstand, und am 11. Juli in Villafranca den Frieden. Zum Prinzen Napoleon, der die endgültige Fassung des Vertragsentwurfs nach Verona bringt, sagt Franz Joseph: „Ich bringe ein großes Opfer; die Lombardei war meine schönste Provinz."

Das Bild ist nicht erhebend, das Österreich nach Solferino bietet. Das Reich hat keine Öffentlichkeit; um so zürnender klingt der verborgene Chor der Anklagen, der Vorwürfe und des Hohns. Mit der Lust an der Selbstbeschimpfung, mit der Freude am eignen Unglück nehmen Wien und Österreich die Niederlage auf. Alles hat versagt: die Diplomaten, die Generale, die Intendanten, die Bureaukraten. „Löwen von Eseln geführt", so spricht man von der eignen Armee. „Der Absolutismus der Dummköpfe", „die Niederlage der nichtswissenden Arroganz" — das sind die Schlagworte des Tages. Anders als in den politisierenden Zirkeln, im Café und beim Wirtstisch, spiegelt sich im Kaiserhaus die Katastrophe. Auch hier aber ruft man nach dem Schuldigen. Franz Joseph ist in seinem Stolz, in seiner Waffenehre tief verletzt. Er sieht sich enttäuscht, von seiner Umgebung verraten. Er entläßt Bach, den allmächtigen Polizeiminister Kempen, er streicht Generale aus der Liste der Armee, er ordnet die strengste Untersuchung an. Da die Anklagen sich gegen ihn richten, unverschleiert auch im eigenen Haus unter den Erzherzögen an ihm Kritik geübt wird, verschließt er jedem Rat das Ohr. Der jüngere Bruder, Ferdinand Max, der liberalisierende Schöngeist, ist der Wortführer der Opposition. Franz Joseph wird trotzig. Graf Grünne, der Hauptschädling, für Gyulay und Clam-Gallas verantwortlich, bleibt im Amt. Franz Joseph ist nicht gewillt, die Stimme der Gasse zu hören. Er läßt sich zu keiner Konzession bewegen. Graf Rechberg mahnt vergebens. Solferino ist die erste schmerzvolle Niederlage Franz Josephs. Er wird reicher an Erfahrung, aber verschlossener als bisher. Er entfernt sich von der Mutter, auch von Elisabeth.

Die Kaiserin hätte ein Recht, ihm anklagend entgegenzutreten. Sie hat trotz ihrer Jugend tiefer unter die Haut der Dinge gesehen als er und der Kreis der bevorzugten Ratgeber. Ihr naives Auge besitzt die Gabe, von der Physiognomie auf den Charakter zu schließen; ihr Mädchenverstand war hellsichtiger als die von Vorurteilen geblendete Weisheit ihrer Umgebung. Gerade vor ihr aber ist der Kaiser am empfindlichsten. Er gesteht die Niederlage nicht zu, als

ob es sein Stolz nicht ertrüge, begangene Fehler einzusehen. Es wird sich nichts ändern in seinem Reich, auch nichts im Dasein der Kaiserin.
Franz Joseph hat seine schönste Provinz verloren; er verliert mehr: die Liebe Elisabeths.

Auf dem Schiff, das sie nach Madeira trägt, kommt Elisabeth zu sich. Sie ist in jenem Zustand völliger Erschöpfung, da man willenlos mit sich geschehen läßt, was Ärzte und Ratgeber anordnen. Nach der gewaltsamen Entfernung aus der peinigenden Umgebung stellt sich ein Gefühl wohliger Ermattung und Erleichterung ein, zugleich aber auch die erschreckende Klarheit über das Maß der Zerstörung, der sie verfallen ist. Das letzte Jahr hat Elisabeth zu einer kranken Frau gemacht. Es war ein langer Kampf mit den Ärzten. Sie weiß, daß sie krank ist; der Körper hat seine Kraft verloren, die Lunge ist geschwächt, Elisabeth spürt es an dem Fieber, das sie täglich befällt, an der Mattigkeit der Glieder und an dem gänzlichen Versagen des Magens. Dennoch hat sie sich gegen die Ärzte gewehrt, deren Kunst an der Oberfläche sucht, rät und tastet, ohne Ahnung, wo der Sitz des Übels ist. Es war nur eine Qual mehr, dieses tägliche Befragen und fürsorgliche Anordnen. Wo war der wirkliche Arzt, der die erkrankten Nerven zu heilen vermochte? Und wie sollte er sie heilen, ohne an die wunden Stellen der Mißverständnisse und Verstrickungen zu rühren, die ihr Dasein qualvoll machen? So sehr sie sich auch mühte, sie fand keinen Weg, dieser Finsternis zu entfliehen.

Nur das Bild eines Traumes trat aus dem Dunkel hervor. Sie lag, so träumte ihr, von Angst und Erwartung seltsam bewegt; sie hatte Angst bei dem Gedanken, mit ihm sprechen zu müssen, ihm einmal alles zu sagen und es anders als sonst, in der Sprache der letzten Aufrichtigkeit zu sagen. Und doch erwartete sie mit Unruhe und Erregtheit den Augenblick, da sich die Türe öffnen würde. Da der Kaiser zu ihr trat, sie sich in den Pölstern aufrichtete, um zu sprechen, würgte sie es eiskalt: sie hatte die Sprache verloren. Er blieb, und er ging, ahnungslos, von ihr. Angst zerriß das Traumbild. Seither aber schien es ihr, als sei es wahr, daß sie nie würde sprechen können. So oft sie es versuchte, aus dem Kreis der fünfzig Sätze zu treten, die ihre gemeinsame Sprache waren, verstanden sie einander nicht. Ihrer Rede antwortete ein Echo, das nicht dazugehörte. Stets wieder nahm sie sich vor, von dem vielen, das sie mit sich trug, etwas zu sagen, doch jedesmal zerbrach der Vorsatz an der ersten Antwort, die sie erhielt.

Es gibt eine Art zu antworten, die den Partner unbesiegbar macht: mit Höflichkeit mißzuverstehen. Die Mutter des Kaisers drang nicht bis zu dieser Wand vor, die sich zwischen Elisabeth und Franz Joseph aufrichtete, sie hätte aber Elisabeths Verlangen als eine von schlechter Literatur angenommene Neigung ausgelegt und es an ihrem Sohne gelobt, daß er auch im intimsten Kreise der Kaiser bleibe. Es war Elisabeth nicht möglich, die goldenen Gitterstäbe ihres Gefangenseins zu durchbrechen. Sie hätte einst Scham und Schrecken davor empfunden, daß die Gemeinsamkeit der Ehe an Bedingungen geknüpft ist; niemals aber hat sie die Gefangenschaft des Schweigens geahnt. Sie fühlt es jetzt wie einen physischen Schmerz, welche aufreizende Vergröberung darin liegt, daß man das Märchen von der trotzigen Prinzessin erfand, die sich der Etikette nicht beugen will. Ihr war vieles lästig an der höfischen Tyrannei der Formen, es war unbequem und unangenehm, die Freiheit der Bewegung von tausend Zwirnsfäden beengt zu sehen; doch dieser Zwang entwürdigt nicht, verletzt nicht. Ihn hätte sie ertragen. Was sie nicht ertrug, war die Quarantäne, die man über sie verhängte. Vor ihr, vor ihrem Denken und Empfinden, vor ihrer Lebensart und ihrem Geschmack bauten sie eine Mauer. Die Kinder wurden ihr nicht entzogen, weil es die Etikette so gebot; die Etikette wurde vorgeschoben, um ihr die Kinder zu entziehen. Man degradierte sie selber zu einem Kind, zu einem unfertigen, unerzogenen, zu einem krankhaft veranlagten Menschen, weil man sich weigerte, ihr Wesen und ihr Urteil als gleichbedeutend anzuerkennen. Man machte es ihr unmöglich, sich auf der gleichen Ebene mit den Andern zu treffen. Der Kaiser hat diese Art angenommen; die Geste der Bereitwilligkeit und Bejahung, die dennoch verrät, daß man dem Andern nicht die Ernsthaftigkeit zugesteht, ist viel

Helene Fürstin Thurn und Taxis

verletzender als ein Bekenntnis der Abneigung. Was liebt er eigentlich an ihr, da ihr Wesen, ihr Geschmack, ihr Urteil wie die Launen eines Kindes, einer Kranken behandelt werden? Es gibt eine Methode, den Andern mit Zuneigung und Courtoisie in Distanz zu halten, die diesen an den Rand des Wahnsinns bringen kann: behandle ihn ausdauernd zärtlich, zuvorkommend, artig, aber so, als ob er einem Wahn verfallen wäre; sei wie der Arzt, gütig, ja sagend, doch keinen Augenblick wie mit deinesgleichen — der Arme muß dem Wahn verfallen, er wird krank.
Elisabeth ist daran krank geworden. Es ist nicht wahr, was die Höflinge erzählen, daß ihre Lebensweise: geringe Nahrung bei viel körperlicher Bewegung; wenig Schlaf; die kalten Bäder; das Turnen im Freien; die Lust am Reiten, den Körper übermäßig geschwächt und dadurch der Krankheit zugänglich gemacht hätte. Das Übel kam nicht aus dem Körper, es kam aus der Seele. Jene Morallehre allein, die einem freien, ungezwungenen Menschen anbefiehlt, sich in Gewalt zu nehmen, so als ob er von besonderer, gefährlicher Art wäre, bringt eine eigentümliche Krankheit über ihn: eine beständige Reizbarkeit bei allen natürlichen Regungen und Neigungen; er dürfte sich, folgte er dem Gebot, keinem Instinkt, keinem freien Flügelschlag mehr anvertrauen, er müßte sich ständig vor sich selber schützen, scharfen und mißtrauischen Auges, der ewige Wächter seiner eignen Burg. Die Zerstörung der Selbstsicherheit macht die Nerven krankhaft

reizbar. Die Abwehr der Andern, dieser Selbstschutz der Gewöhnlichen, beschleunigt die Zerstörung. Es ist umgekehrt: trotz der besondern Lebensart, trotz der heroisch-spartanischen Pflege des Körpers wurde Elisabeth eine kranke Frau.

Es hat auch daran nicht gefehlt, der isolierten jungen Kaiserin das banalste Gift der Eheküchen durch die verschlossenen Türen zu träufeln: der Kaiser hat sein Leben von einst wieder aufgenommen; er entflieht der Atmosphäre seines Heims; er meidet nicht mehr die frühere Gesellschaft; er ist viel auf der Jagd; er ist nicht allein. Dieses Gift ist wirkungslos. Elisabeth wird nie eifersüchtig sein. Als sechzehnjähriges Kind wie von einem Blitz in die Wirklichkeit und in das Wissen der Ehe geschleudert werden, Hingebung und Scham im Widerspruch erleben, Pflicht, Mitleid und Schrecken über die unerwartete Nachbarschaft von Gott und Tier und was alles sonst noch in Einem empfinden müssen — die mitleidige Neugier des weisesten Menschenkenners reicht nicht aus, zu erraten, wie sich ein edles kindhaftes Geschöpf in die Lösung des Rätsels und dies Rätsel von Lösung zu finden weiß, was sich in der armen aus den Fugen geratenen Seele regen mochte. Es sind sieben Jahre her. Elisabeth blickt aus ihrer Vereinsamung nach München, sie fühlt die Wittelsbacher Sehnsucht, sie weiß, warum sie allein ist. Gibt es Einen, der neben ihr, in derselben Phantasielandschaft zu leben wagte, in dieser hellen dünnen Luft, tausende Meter über den Menschen, der hier allein sich wohlfühlte ohne schwindelig zu werden vor den Abgründen und steilen Wänden? Elisabeth weiß, daß sie einsam bleiben wird.

Sie hatte Mitleid mit sich und mit den Andern, ein Gefühl der Beschämung und der Traurigkeit, als das Schiff Triest verließ. Wie arm und kleinselig erschienen ihr die Nahen, die sich nun um sie bemühten. Wie merkwürdig sind doch diese Zärtlichkeit und diese Liebe, hinter der die Entschlossenheit steht, nicht einen Schritt aus dem eigenen Gehäuse zu tun! Wie inhaltlos klingen die Worte der Besorgten! „Gib nur acht auf Dich!"; „Die Sonne, das südliche Klima werden Dir wohl tun!"; „Und schone Dich!"; „Und pflege Dich!" Elisabeth weiß, die Sonne und das Klima werden ihr nicht wehe tun. Ein Wort hätte ihr die südliche Sonne ersetzt, ein wirkliches Herz ihr Wärme gespendet. Wie bequem, zu nichts verpflichtend ist diese Weisheit, die den Ruinierten der Mildtätigkeit der Sonne überläßt! Die Sonne wird heilen, die südliche Luft wird wohl tun — sind damit die Ursachen der Zerstörung entkräftet? Graf Grünne hat gegen Melancholie Tokayer empfohlen, die Mutter des Kaisers Tee aus gemischten Kräutern. Jetzt wird Madeira die Arznei sein.

Es ist ein Sanatoriumsdasein, das Elisabeth auf Madeira führt; sie ist allen üblen Dingen entrückt, nun endlich wieder ganz allein, aber die Einsamkeit von heute ist von jener ihrer Mädchenzeit verschieden. Sie hat nicht mehr die einfache Freude an den Dingen der nächsten Umgebung, die Tage sind viel länger als einst, sie fühlt eine große Leere um sich. Sie ist nicht Prinzessin Sisi von Possenhofen, nicht die Kaiserbraut von Ischl, sie ist keine Kaiserin, nicht Gattin, nicht Mutter. Womit diese ungeheure Leere ausfüllen? Sie liebt die Natur, sie spürt diesmal zum ersten Male die unheimlich anziehende Macht des Meeres, aber er beunruhigt sie auch, dieser unaufhörliche Wellenschlag, dessen Kraft und Schönheit am Ufer zerschellen. Sie liest. In Wien hatte sie nicht die Ruhe, bei einem Buche zu bleiben. Anfangs schämte sie sich fast, wenn sie der Kaiser bei der Lektüre überraschte. Sie versteckte ihre Bücher. Er las nie ein Buch, er hat nicht die Art seiner Mutter, Zensur zu üben, er blickte weg, wenn er Elisabeth lesend fand, aber er sprach niemals über Bücher. Jetzt darf sie ungehindert lesen. Sie hat Rousseaus Bekenntnisse, ein Bändchen Lamartine, Heinrich Heines Gedichte und Reisebriefe mitgenommen. Sie lernt Ungarisch. Sie empfindet es als neu, was ihr früher selbstverständlich gewesen, sich die Zeit innerhalb der vierundzwanzig Tagesstunden nach eigenem Belieben einzuteilen. Die Vorsorge für ihren Tisch verbittet sie sich. Sie ißt, wann sie will und wie es ihr gefällt. Sie hat Zeit, Briefe zu schreiben. Sie schreibt Ludwig, dem siebzehnjährigen Cousin. Eines Tags kommt Helene nach Madeira. Elisabeth ist tief gerührt von der Güte und Herzlichkeit der Schwester. Helene hat geheiratet, sie ist die Gattin des Fürsten Thurn und

Taxis. Sie hat dem Wunsch der Mutter entsprochen, so wie sie vor acht Jahren entschlossen war, der Mutter zu gehorchen. Elisabeth verwandelt sich vor Helene in Sisi, das Kind. Es gab Zeiten, da sie sich der ältern Schwester überlegen wähnte, niemals mit ihr hätte tauschen mögen; sie hat Helene manchmal bedauert. Jetzt, bei der Umarmung, empfindet sie, wie nahe sie Helenen ist, wie sehr sie die Schwester versteht. Helene ist weiser als Sisi, sie weiß, daß alles anders wird, als man es geträumt hat, sie ist ruhig und wird von nichts überrascht werden. Dem Beisammensein mit Helene ist es mehr als der milden Sonne Madeiras zu danken, daß Elisabeth an die Heimkehr denkt. Auch sie ist ruhiger geworden, sie liest die Briefe des Kaisers mit andrem Auge, sie hat Sehnsucht nach den Kinderzimmern der Burg, nach dem Sohne. Am achtzehnten Mai 1861 begegnet die Jacht „Viktoria und Albert", die Königin Viktoria der Kaiserin überlassen hat, den Schiffen des Kaisers. Franz Joseph war, von fünf Dampfern begleitet, Elisabeth entgegengefahren. In Miramare steigen sie ans Land. Es ist der gute Wille deutlich, Elisabeth Brücken zu bauen. In Baden sieht sie ihre Kinder wieder. Sie sind bei der Mutter des Kaisers. Wien bereitet der Kaiserin einen demonstrativ-lauten Empfang.

Elisabeth folgt Helenens Rat; sie will, ihre kleinen privaten Reservatrechte schützend, sich dem Hofe mehr anpassen als bisher; der Hof mit seiner Ordnung soll durch ihre Gegenwart nicht gestört werden. Der

Vorsatz kommt nicht zur Reife. Hat Elisabeth bisher die Ärzte abgelehnt, so muß sie jetzt selber nach ihnen rufen. Sie meinte wieder hergestellt zu sein, und muß nun erkennen, daß sie leidend ist. Diesmal hat sie die Gewißheit: es ist eine ernste Krankheit, die in ihrem Körper wühlt. Ihr erster Weg in Laxenburg war zu ihren lange entbehrten Lieblingen, zu den Pferden. Beim Reiten wird sie von Schmerzen befallen. Ein Verdacht, den sie früher von sich gewiesen, meldet sich von neuem. Die Schmerzen sind im Unterleib. In ihrer Angst ruft sie den Arzt der Eltern, ihren Jugendarzt, nach Wien. Sie hat kein Vertrauen zu den Männern, die sie nach Madeira geschickt haben. Der alte Herr, der Elisabeth von ihrer Kindheit an kennt, bestätigt den Verdacht. Elisabeth hat ein Unterleibsleiden. Die Diagnose ist unanzweifelbar. Der alte Arzt will die Behandlung selber übernehmen. Elisabeth entschließt sich, Wien sogleich zu verlassen.

Es sind noch nicht drei Wochen vergangen, daß sie von Madeira zurückgekehrt ist, aber das hindert nicht, den Entschluß sofort durchzuführen. Sie selber wählt das Ziel der Flucht: es ist Korfu, die Insel, vor der sie bei der ersten Begegnung ein tiefes Verlangen des Bleibens verspürt hat. Im Juni ist sie auf dem Boden des homerischen Scheria, sie findet in der Nähe der Stadt einen weiten Park und ein Haus, die ihr gefallen. Ihr Jugendarzt bleibt bei ihr, Helene kommt, sie ist nicht allein. Ihre Sorge gilt dem Körper. Sie erschauert bei dem Gedanken, von einem Leiden umschlichen zu werden, das sich nicht fassen läßt. Man hat es ihr oft verargt, hat den Fanatismus, mit dem sie auf ihren Leib bedacht war, Eitelkeit genannt; es war nicht die gewöhnliche Eitelkeit der Frau, die am eignen Bilde haftet, sie liebte ihren Körper als den Spender der Leichtigkeit und Ausdauer, sie hütete die schlanke Linie als den Ausdruck ihres Wesens, sie will die Kraft ihrer Lungen, die Härte der Schenkel wieder haben, ohne welche sie die Beweglichkeit zu Fuß und die Herrschaft über das Pferd zu verlieren fürchtet. Von dieser Sorge getrieben, in der Nähe der Schwester und des vertrauten Arztes, gewinnt sie ihre jugendliche Energie wieder. Ihr Zustand bessert sich. Sie kann vor dem Winter Korfu verlassen. Den letzten Teil des Jahres verbringt sie in Venedig, den Frühsommer in Ischl und Kissingen. Im August 1862 kehrt sie nach Wien zurück.

Es ist nicht möglich, den politischen Ton des Beifalls zu überhören, der Elisabeth in der Hauptstadt empfängt. Das Wien von 1862 ist untertänig und gehorsam, das Bürgertum hat die Lust am Opponieren eingebüßt, es fügt sich der Allmacht der Krone, die unerschütterlich scheint. So ruhig jedoch die Oberfläche Wiens geworden, so lebhaft ist die heimliche Kritik der liberalen Intelligenz an der Regierung Franz Josephs, so ungebunden die Sprache der privaten Zirkel, wo alles frei wird, was öffentlich zum Schweigen verurteilt ist. Der dichte Vorhang, hinter welchem sich das Leben des Hofs verbirgt, hindert nicht, daß sich Wien seit zwei Jahren mehr als ehedem mit der Familie des Kaisers beschäftigt. Es gibt kein politisches Leben, das den Sinn des Bürgers auf die großen Angelegenheiten des Staates lenkte, kein Parlament und keine Parteien, an denen die Verkörperung der Ideen sichtbar würde; so wenden sich Neugier und allgemeines Denken dem Persönlichen zu, vor allem den Personen des Hofs, die über den Menschen thronen. Es ist kein Geheimnis in Wien, welche Vorherrschaft die Mutter des Kaisers übt, wie sie den Sohn zu lenken weiß, wie stark ihr Geist dominiert, und es gehört nicht viel Phantasie dazu, sich ein ungefähr richtiges Bild vom Dasein der Kaiserin zu zeichnen. Mag sein, daß das Volk die Vorgänge bei Hofe in seine eigene Welt und Sprache übersetzt, wobei es dann manchen bösen Zug der Erzherzogin Sophie vergröbert, die Leiden der jungen Elisabeth in eine Höllenpein verwandelt. Der Instinkt des Volks aber ist auf der richtigen Fährte, wenn er Elisabeths Flucht bei Namen nennt. Die politisierenden Männer reimen sich die Dinge zusammen: wie die Mutter des Kaisers den Sohn bei den Methoden der siegreichen Gegenrevolution festhält, wie sie ihn mißtrauisch macht vor allen Regungen des Geistes, so verhält sie sich auch zu Elisabeth, der sie das Zeichen der „Liberalen" aufgedrückt hat. Den Frauen greift Elisabeths Schicksal ans Gemüt, sie fühlen den Schmerz und die Erbitterung der Mutter, der man die Kinder genommen, sie glauben nicht mehr an das Märchen

Franz Joseph I. mit Kronprinz Rudolf und Erzh. Gisela 1861

von der „exzentrischen" Prinzessin. Elisabeth fliegen die Sympathien der stummgemachten Menge zu, sie ist das Symbol der leidenden Frau, des bevormundeten Volkes. Die Begrüßung am vierzehnten August 1862 zeigt nur an begrenzten Stellen den Charakter loyaler Ergebenheit; es ist eine politische Kundgebung. Der Kaiserin entgeht nicht die Wärme echten Empfindens, nicht der hörbare Unterton dieser spontanen Ovation. Man hat ihr vor der Ansprache des Wiener Bürgermeisters Zelinka den Wortlaut einer Antwort gegeben, die in der Kanzlei des Kaisers verfaßt wurde; Elisabeth dankt mit eigenen Worten, die einfach sind, aber herzlicher klingen als das Konzept des Hofes.
Der Volksinstinkt hatte mit intuitiver Sicherheit den wunden Punkt erkannt. Es ist schlimmer, als man's ahnt. Die Mutter des Kaisers hat sich während Elisabeths Fernsein völlig daran gewöhnt, nun auch nicht vom geringsten Widerspruch in ihrem Walten gestört zu werden. Die Kinder des Kaisers gehören ihr; sie leitet die Erziehung. Sie fordert, daß dies in aller Form festgelegt werde und auf Jahre hinaus so bleibe. Elisabeth merkt bei den ersten Schritten, die sie auf dem gefahrvollen Terrain versucht, daß es noch schwieriger geworden ist, sich zu verständigen. Sie will ihren Vorsatz befolgen, in den äußerlichen Dingen der Hofhaltung den Wünschen des Kaisers entgegenkommen, sie möchte die Aufgabe Franz Josephs erleichtern wo sie es vermag, sie ist aber entschlossen, den kleinen Kreis der natürlichen Rechte für sich zu verlangen,

ihn zu erkämpfen und zu verteidigen. Elisabeth kann sehr liebenswürdig sein; vor der Mutter des Kaisers versagt diese Gabe. Es hilft kein Mittel, die zähe Frau zu überzeugen und für sich zu gewinnen. Es ist ihr Glaube, daß sie eine Mission zu erfüllen habe; sie hat den Kaiser erzogen, sie wird auch dessen Kinder erziehen. Sie wird hart, da Elisabeth ihr Recht begehrt. Sie wird böse, verletzend, als die Kaiserin den Versuch wagt, sich dieses Recht zu nehmen. Es kommt zu einer Szene, nach welcher Elisabeth weinend die Zimmer der Kinder verläßt. Man hat die Stimme der Erzherzogin Sophie durch die Türen bis auf den Gang gehört. Elisabeth wankt wie im Fieber. Nie in ihrem Leben hat jemand gewagt, sie zu verletzen. Sie hat das Gefühl, als ob sie geschlagen worden wäre.
Nach einer schlaflos verbrachten Nacht, in der sie mit fiebernden Pulsen zu schreiben versuchte, das Geschriebene zerriß, um neuerlich zu beginnen, mit sich selber rang, die Empörung niederzukämpfen, und unter dem Unrecht, das ihr angetan wurde, furchtbar litt — nach dieser Nacht steht sie mit einem unerschütterlichen Entschluß vor dem Kaiser. Alles Zaghafte ist von ihr gewichen, sie ist stark in diesem Augenblick und wird, das weiß sie, so unerbittlich klar sein wie die Stunden, die sie eben erlebt hat. Der Kaiser erschrickt vor ihrem Ernst, vor der veränderten Stimme. Er will mit seinen kurzen Sätzen die ihm peinliche Aussprache hemmen, er steht betroffen auf, als Elisabeth, von den erregten Nerven gejagt, über alle Unter-

brechungen hinwegeilt und ihre Anklage gegen ihn richtet. Diesmal sagt Elisabeth alles. Franz Joseph, im Innersten verletzt, ist wie versteinert.
Es ist alles aus.

III.
DIE FLUCHT

ALS SIE DIE KRONE VON SICH WIRFT, IST ELISABETH vierundzwanzig Jahre alt. Nichts vermag sie zurückzuhalten; nicht die Bitten des Kaisers, der, aus der Erstarrung erwachend, Elisabeth nacheilt und den durchschnittenen Knoten zu binden sucht; nicht das eiligst zu Hilfe gerufene Aufgebot der Verwandten; weder der Hinweis auf die beschworenen Pflichten, auf den Thron und die Würde des Hauses, noch die Bereitschaft zu Kompromissen. Elisabeth hat sich wiedergefunden, eine Nacht hat sie von allen Fesseln befreit. Wie war es möglich, acht Jahre dieses Dasein zu ertragen? War's ein Traum, eine Betäubung, eine Lähmung? Wie konnte es so lange währen, dieses fremde Leben? Sie dankt der verborgenen Stimme ihres Innern, die im Augenblick der höchsten Not das rettende Wort rief. Sie denkt an die Abschiedsstunde in Possenhofen, damals, als sie vor dem Gärtner und seiner alten Frau, vor den Jägern und dem Bootsmann so heftig weinen mußte. War's vor acht Jahren nicht dieselbe Stimme, die wie von weither zum Abschied rief vom See, von den weißen Bergen, von den Sommertagen, vom alten König und den Prinzen des Hofs?

Elisabeth sieht sich als die verirrte Tochter, die nach langem erlebnisschweren Fernsein wiederkehrt auf den Boden ihres Bluts, in die Landschaft und zu den Menschen, denen sie angehört. Es mußte vieles geschehen, bevor sie, eine Nebelwand nach der andern zerreißend, endlich wieder festen Fuß fassen und zu sich selber finden konnte. Zurückblickend sieht sie, wie sehr sie diese acht Jahre verändert haben. Sie kann das unfaßbare Erlebnis, das mit der Überraschung, mit den traumhaften Sommertagen in Ischl begann, sie in Wolken hob und dann furchtbar fallen ließ in die Abgründe einer nie geahnten dunklen Welt, sie kann dieses Erlebnis nicht austilgen, sie kann nicht zurückkehren und das Band ihres Lebens dort anknüpfen, wo es zerriß. Sie kann nicht zu den Eltern. So gern sie den Vater sähe und die Schwestern, sie könnte unter ihnen nicht mehr sein. Wer von den Nächsten vermag sie schweigend zu verstehen? Sie wird allein sein.

Noch vor wenigen Wochen, in Madeira, zwischen dem Meer und den Büchern, überfiel sie ein Frösteln bei dem Gedanken, allein bleiben zu müssen. Jetzt blickt sie standhaft dieser uferlosen Einsamkeit entgegen. Sie beneidet, an die kommenden Tage denkend, die einfachen Menschen, deren Wege kein Gespenst kreuzt. Niemand kennt sie, die Luft um sie ist frei von jenen neugierigen Augen, die wie ein Schwarm böser Vögel ihr Opfer suchen. Sie leben in einer reinen Wolke des Ungekanntseins. Elisabeth fühlt sich verfolgt. War's nicht auch ein Traum, die Bilder der vielen Köpfe, die ihr zujubelten, ihr Blumen streuten, sie besangen? Morgen wird es ein Haufe mit boshaft neugierigen Augen und giftigen Zungen sein, der hinter ihrem Wagen herjagt, jeden Schritt bewacht, in die Fenster schaut. Sie muß sehr weit weg, diesem Gespenst zu entfliehen. Wo aber findet sie ein ruhiges Gestade, unerreichbar der Neugierde und der Bosheit? Die Welt ist eng geworden, seitdem man sie mit den Drähten umspannt, die der Neugierde dienen. Es gibt in dem Kreis, den sie zu überblicken vermag, kein Fleckchen, wo sie sich verbergen und unbelästigt leben könnte. Sie muß dorthin fliehen, wo es es keine Wege und erreichbaren Ruhepunkte gibt: aufs Meer. Im Unbegrenzten wird sie vor der Verfolgung sicher sein.

Elisabeth hat, um sich jedem Bemühen der Mittler zu entziehen, Wien verlassen. Die Post des Kaisers eilt ihr nach. Franz Joseph hat erkannt, daß es keine Macht mehr gibt, Elisabeth zur Umkehr zu bewegen; er wirbt um die Erhaltung ihres Vertrauens, er bietet seine Freundschaft, den Schutz der Krone, seinen Reichtum an. Die Pläne Elisabeths sind von ihrem Wunsch begrenzt, auf dem Meere leben zu wollen. Sie lehnt das Anerbieten ab, unter den Schlössern des Kaisers zu wählen oder nach eignem Geschmack zu bauen. „Der Gedanke, an einen Ort gebannt zu sein, könnte mir das Paradies in eine Hölle verwandeln . . . Man darf nicht längere Zeit an einem Orte verbringen. Nur wenn ich weiß, daß ich den Ort bald

verlassen muß, gewinne ich ihn lieb... Ich will ans Meer. Den Menschen zu nahe zu sein, ist eine Qual..."
Nur eine Jacht kann diese realen Träume erfüllen. Es gibt keine Vorbilder für ein Hotel zu Wasser, wie sie es wünscht. Elisabeth kennt nur eines, das Schiff der Königin Viktoria. Danach macht sie die Entwürfe. Ihre Schiffswohnung soll einfach und praktisch sein. Ungewöhnlich ist nur ihr Bad; verschwenderisch in den Maßen, nicht als Zweckraum gedacht, den man rasch wieder verläßt, sondern als Salon, mit Spiegeln, Blumen, weiten Diwans und Pölstern. Dieser Saal im Innern des Schiffs dankt seine reiche Ausgestaltung einem lange unterdrückten Wunsch. Als Elisabeth nach Wien kam, fand sie in keinem der Prachtbauten ein Bad. Dem Wiener Hof war die englische Einrichtung unbekannt, und es kostete Elisabeth viel Mühe, ihr Verlangen danach erfüllt zu sehen; der konservative Sinn des Wiener Hofs lehnte auch bei den einfachen Dingen des täglichen Lebens Neuerungen ab. Der Widerstand gegen Elisabeths Wunsch blieb als Erinnerung in ihren Nerven zurück; um so freigebiger gestaltet sie den Baderaum ihrer Jacht.
Elisabeth entschwindet den Blicken Wiens, sie sieht „Europa nur als Profil von der Ferne". Die Flucht, dieses plötzliche Verlassen des Hofs, so bald nach der Rückkehr aus Korfu, ist in der Hauptstadt und im Reiche nicht unbemerkt geblieben. Elisabeths letzter Einzug in Wien und der Empfang hätten erwarten lassen, daß die Kaiserin den ihr gebührenden Platz

einnehmen und ständig in der Mitte des Hofes bleiben werde. Bisher waren die Reisen Elisabeths, jedes längere Fernbleiben motiviert worden; jetzt schweigt der Hof. Das Schweigen scheint zu bestätigen, was die Menge raunt. In diesen Tagen entsteht das Bild von der unglücklichen Kaiserin, die auf fernen Meeren Ruhe sucht. In dem Bild sind Wahrheit und Dichtung bunt verwoben. Es ist ein seltsames Schicksal, das die vierundzwanzigjährige Kaiserin erlebt; auch eine weniger empfindsame Natur liefe Gefahr, davon eine Wunde für immer zu empfangen — doch diese erste Flucht bereichert Elisabeth auch um einen großen Gewinn: sie gibt ihr die innere Freiheit wieder. Das Auge der kleinen Menschen, das der fliehenden Kaiserin folgt, ist nur allzusehr daran gewöhnt, das Maß der eignen Übel und Beschränkungen an alles Fremde zu legen. Man urteilt nach sich, wenn man diese Einsame in Mitleid einhüllt. Elisabeth ist nicht zu bemitleiden. Die junge, zwar sehr leidensfähige, aber stolze, adlige Elisabeth hat einen großen Sieg errungen. Anders als die anpassungsfähige Frau, die das Ungemach einer leichtsinnigen oder frevelhaften Ehe wie eine schwere Kette durchs ganze Leben schleift, ist Elisabeth jetzt wieder frei, souverän in ihren Wünschen, unbehelligt von der Tortur, die einem die Nähe grobnerviger tyrannischer Naturen auferlegt. Sind ein solcher Sieg und das Glück dieses Siegs gering? Wiegen sie nicht alles auf, was Elisabeth hinter sich gelassen hat? Das Auge der Kleinen ist vom Anblick des verwaisten Throns gebannt, es haftet an verlornen Schätzen, die Elisabeth nie gewürdigt hat, und schaut gerührt in die Kinderstube, die ohne Mutter bleibt. Auch die Einsamkeit, das Schreckbild der Familiären, wird zum Gewinn, wenn man sie im Kampf gegen lästige Gemeinsamkeit erobert.

Es sind Tage der Ruhe, der Entspannung und des Wohlbefindens, die Elisabeth auf ihren stillen Meeresfahrten genießt. Auf dem Meere, so unbeschränkt wie die Wellen, die sie befährt, frei in allen Entschlüssen, keiner als der eignen Seele gehorchend, kommt sie den Träumen ihrer Jugend nahe. Das Meer wird zum heimatlichen See, wie ihr Heimatsee zum großen Meer wurde, wenn sie ihn in ihre Phantasie einschloß und nach ihrem Gefallen belebte. Einer versteht sie, ihr Cousin Ludwig, der schöne Jüngling mit den Märchenaugen. Es war bei der letzten Begegnung in München, daß der Achtzehnjährige, sonst scheu und verschlossen, sich Elisabeth eröffnete. Er hatte unter den Büchern und Noten ihres Vaters „Das Kunstwerk der Zukunft" gefunden, die Schrift seines Gottes Richard Wagner. Davon sprach er, und was er seither im Münchner Hoftheater bei „Tannhäuser" und „Lohengrin" empfunden. Ludwig geriet in einen Zustand holden Rausches, wenn er den Namen Wagner nannte, er schien übervoll von Enthusiasmus und von Sehnsucht danach, das Genie kennen zu lernen. Elisabeth wünschte mehr von Richard Wagner zu wissen. Sie schämte sich vor dem heiligen Feuer ihres schönen

Cousins und dessen verwunderten Fragen: Er lebt unter euch; er lebt in Wien; er sucht einen König, der edel genug wäre, dem Kunstwerk der Zukunft eine Stätte zu geben — ihr kennt ihn nicht? Das Vorwort zum „Ring" klingt in einen Ruf aus: „Wird der Fürst sich finden, der die Aufführung meines Bühnenfestspiels ermöglicht?" Der Hof der Habsburger hat kein Ohr für diesen Ruf? Die Kaiserin sieht nicht, daß ein Genie die Hand ausstreckt? Und der Kaiser? Es ist wichtiger, diesem Einzigen, dem Göttlichen sich zu weihen, als sich in jener lieblosen Sorge des Eigennutzes zu erschöpfen, die man Regentenpflichten nennt. Er, Ludwig, will dieser Fürst werden, den Wagner herbeisehnt; er wird als König dem Genie dienen ... Dieser vor innerer Erregtheit bebende Jüngling, schlank und edel wie ein Griechenknabe, zauberhaft, wenn die Glut der Worte die tiefen Augen glänzen macht und die Wangen mit zarter Röte überzieht — es ist der Märchenprinz, den Elisabeth erträumte. Seither wünschte sie ihm öfter zu begegnen. Ihre Briefe an ihn tragen die Aufschrift: „Von der Taube an den Adler"; er schreibt: „Der Adler an die Taube." Sie denkt an ihn, wenn sie von Achilleus sagt: „Er hat nur seinen eignen Willen heilig gehalten, und nur seinen Träumen gelebt, und seine Trauer war ihm wertvoller als das ganze Leben."
Als sie ihn wiedersieht, ist der Zwanzigjährige König. Es war das große Ereignis am Tage des Begräbnisses seines Vaters, an der Spitze des endlosen Trauerzugs,

hinter dem Sarge, den jungen König zu erblicken: „Inmitten unheimlicher Stille schritt ein junger Gott, ernst und erhobnen Hauptes, jedoch als gleite, kaum merklich, ein Lächeln über seine Züge. Ein Unbekannter, doch jedermann entsann sich, ihn schon gesehen zu haben ... Es war kein König von Fleisch und Blut, es war der Märchenprinz, der König der Gedichte, den die olympischen Götter herabgesandt... Alle Frauenherzen schlugen ihm sogleich liebestoll entgegen." Die erste Tat dieses Königs, vier Wochen nach dem Tode des Vaters: Er ruft Richard Wagner zu sich. „Unbewußt", so schreibt er ihm, „waren Sie der einzige Quell meiner Freuden, von meinem zarten Jünglingsalter an der Freund, der mir wie keiner zum Herzen sprach ..." Er ist wundervoll in der Treue zu seinen Träumen, ein König für Genies; er schiebt die Kanzlei beiseite, verschließt die Türe vor „dem verabscheuungswürdigen Geschwätz der Beamten", überläßt ihnen die „beharrlich wiederkehrende Fron im Dienste der Staatsfadaisen", er dient Wagner und lebt in seiner Märchenwelt.
Wer ahnt die Zwiegespräche von „Taube und Adler"? Das vollkommene Einverständnis der beiden Wesen vom gleichen Stamme, von gleicher Beschaffenheit der Seelen entzieht sich jeder Zeugenschaft. Es ist ein undurchdringliches Geheimnis um diese Seelenfreundschaft, um die Begegnungen Elisabeths und Ludwigs auf der Roseninsel des Starnberger Sees. Auf den ihnen allein vertrauten Wegen sind sie vor

fremden Augen geschützt, der Ort ihrer Begegnungen bleibt vor jeder Neugier verborgen. Auch der Kahn, der von Feldafing sich den Ufern nähert, gibt keinen Blick ins Innere der Insel. Sie ist am Rande von Buschwerk und hohen Bäumen umsäumt. Die kleine Landungsbrücke, an der „Tristan", Ludwigs schmale Jacht anlegt, ist von Seegras und Sträuchern umwachsen. Man erzählt, die Insel habe einst einen heidnischen Tempel geborgen. Es mag der Platz sein, wo jetzt die alte Kapelle steht. Den Garten hat Ludwigs Vater, Maximilian II., angelegt; die Pracht der Rosen stammt von Ludwig. Es war sein Wunsch, alle Edelrosen der Welt hier zu vereinen. Es sind fünfzehntausend Stöcke. Eine kleine Barockvilla und das Häuschen des Gärtners sind die einzigen menschlichen Stätten des phantastisch unheimlichen Eilands. Hier verbirgt sich Ludwig. Es ist die geschützteste Zufluchtsstätte. Hier trifft er Elisabeth. Sie haben eine Verabredung auch für den Fall, daß die vertraute Verständigung entgleist oder ein Hindernis die Begegnung vereitelt. Dann soll ein Brief im geheimen Fach des Schreibpults Nachricht geben. Dort ruhen die Botschaften „Von der Taube an den Adler". Niemand weiß, was sich Taube und Adler zu sagen haben.
Als die Taube entflieht, läßt sich der König zu einem seltsamen Benehmen verleiten, das keiner deuten kann. Es ist in den Tagen, da man verliebte Frauen, die sich in den Mauernischen des Münchner Königs-

schlosses verstecken, um den Anblick Ludwigs zu erhaschen, aus dem Palast vertreiben muß.
Elisabeths jüngste Schwester, Sophie, der Kaiserin ähnlich, schwärmerisch der Kunst Richard Wagners zugetan, erhält von Ludwig einen Brief, worin er von seiner Todesahnung spricht: „... Du weißt, daß ich nicht viele Jahre mehr zu leben habe, daß ich diese Erde verlasse, wenn das Entsetzliche eintritt, wenn mein Stern nicht mehr strahlt, wenn Er dahin ist, der treugeliebte Freund... Der Inhalt unserer Freundschaft war, Du wirst es mir bezeugen, R. Wagners merkwürdiges ergreifendes Geschick. O, zürne mir nicht, bleibe mir gut, bedenke, Dein Freund hat nur wenige Jahre noch zu leben; soll seine karg bemessene Lebenszeit ihm durch die Qual verbittert werden, daß eines der wenigen Wesen, die ihn verstanden, ihn nun im stillen haßt? — Lebe wohl, meine liebe Sophie..." Drei Tage danach, nach einem Ball, den er an ihrer Seite verbracht, um sechs Uhr morgens, weckt er den Herzog Maximilian aus dem Schlaf, die Hand Sophies zu erbitten. Er erhält sie. Vier Stunden später wird die Verlobung des Königs lautgemacht. Er läßt einen prunkvollen Brautwagen bauen. Er entführt auf Tage Sophie dem Elternhaus, richtet im Schloß ihre Gemächer ein, holt die Krone aus der Schatzkammer und setzt sie der Braut aufs Haupt. Der Tag der Vermählung ist bestimmt. Er verschiebt ihn zwei Monate weiter und verbirgt sich auf der Roseninsel. Er läßt den reich

Ludwig II. mit seiner Braut Herzogin Sophie

vergoldeten Hochzeitswagen durch Münchens Straßen rollen; als der Tag der Hochzeit naht, entflieht er nach Paris. Zurückgekehrt, vertagt er die Hochzeitsfeier aufs neue. Er überrascht die unglückliche Braut, kommt eines Nachts mit sechs Schimmeln vor Possenhofen an; doch während sie, aus dem Schlaf gerüttelt, dem Bräutigam entgegeneilen will, legt er einen Rosenstrauch auf ihr Klavier und flieht. Wer findet den Faden dieses verworrenen Adlerflugs? Hat er in der Schwester die Taube gesucht? Nur Elisabeth kann es wissen.

Elisabeth lebt wie eine geschiedene Frau, die mit ihrem Gatten in gutem Einvernehmen geblieben ist. Sie hat ihre Entschlußfreiheit, willfahrt aber den Wünschen des Kaisers, vor der Welt und bei den seltenen Anlässen der Repräsentation den Schein der Ehe aufrecht zu erhalten. Sie trifft mit Franz Joseph in Kissingen und an der Riviera zusammen, sie kommt nach Wien, besucht die Kinder, ein Gast im eignen Hause. Vier Jahre lang ändert sich nichts an diesem Leben: Elisabeth steuert im Mittelländischen Meer, sie besucht Paris, wo sie allein oder mit der Schwester Helene unerkannt Wochen verbringt, sie entdeckt für sich das ganze westliche Europa, die Nordküste Afrikas. Dazwischen sucht sie immer wieder München auf und die eigentliche Heimat am Starnberger See. In die Ferne, zur Unbeteiligten kommt nur ein ungefähres Bild von alledem, was sich auf Franz Josephs

Arbeitstisch zusammendrängt. Der Kaiser hatte es vermieden, mit Elisabeth von Politik zu sprechen. Manchmal fragte er, ihr Urteil über Personen zu hören. „Ich habe", sagt sie einmal, „nur wenig Interesse für Politik; die Politiker meinen die großen Begebenheiten zu leiten, während sie doch von den Ereignissen stets überrascht werden. Jede Regierung trägt vom ersten Augenblick an den Keim zu ihrem Fall in sich. Was an geschichtlichen Ereignissen geschieht, es geschieht aus innerer Notwendigkeit, weil die Zeit dazu gekommen ist." Diese Geschichtsphilosophie, vom Hauche historischer Erkenntnis umweht, läßt dem Glauben an die Allmacht der Persönlichkeit nur einen sehr engen Raum. Dachte die Kaiserin an Wien, als sie so sprach? Kommt diese Skepsis nicht daher, daß Elisabeth den geschichtemachenden Personen Österreichs zu nahe stand? Ahnt sie die Notwendigkeit jenes Geschehens, das die Minister Franz Josephs diplomatisch zu lenken meinen? Hört die sensitive Frau das Donnerrollen des herannahenden Gewitters?
Franz Joseph hat einen Teil der Vormacht seines Hauses in Italien verloren; wird er die alte Geltung Habsburgs in Deutschland aufrecht erhalten? Es ist ein gefahrvolles Ringen, seit hinter Preußens Willen zum Aufstieg Herr von Bismarck steht; es wird gefährlicher mit jedem Tage, als die herrenlosen Herzogtümer Schleswig-Holstein eine Entscheidung fordern. Im August 1864, mit seinem König in Schönbrunn, hat Bismarck sich dem Kaiser eröffnet. Er hätte am liebsten

beide Herzogtümer annektiert; Österreich wäre mit Geld, mit einer Garantie für Italien entschädigt worden; er sprach das Wort von der „Jagdgesellschaft", die gemeinsam Beute macht, ohne doch die Beute nach Prozenten zu verteilen. Franz Joseph mißtraute diesem Plan. Da er Preußen die Beute nicht lassen wollte, marschierten beide, Österreich und Preußen, in Schleswig ein. Die Frage der Zukunft, was nachher mit den Ländern zu geschehen habe, ließ man offen. Durch dieses offene Fenster zog der Streit ein. Der Vertrag, den Franz Joseph 1865 zu Gastein mit dem Gegner schloß, verklebt nur notdürftig „die Risse im Bau".

Im neuen Jahre, 1866, schwebt ständig die bange Frage über dem Arbeitstisch des Kaisers: Krieg? Im März erhebt Preußen öffentlich den Vorwurf, Österreich sammle seine Truppen in Böhmen. Franz Joseph versucht dem Gegner auszuweichen. Auch König Wilhelm will nicht der Angreifer sein. Als der Kaiser aber die Nachricht von Piemonts Kriegsrüstungen erhält, läßt er, am 21. April, die Südarmee mobilisieren. Bismarck hat es nun leichter, seinen Herrn zu überzeugen. Im Mai rollen auf Österreichs Bahnen Militärzüge nach Olmütz und Verona. Am 21. Juni tauschen die Vorposten bei Zwickau und bei Oswiecim die Kriegserklärungen aus. Mit der Gewalt und der Schnelligkeit eines Orkans spielt sich alles Folgende ab. Sieben Tage nur währt das ungeheure Ringen. Am Abend des dritten Juli 1866 fällt bei Königgrätz die Entscheidung: Franz Joseph hat die Schlacht und den Krieg verloren. Habsburgs historische Rolle in Deutschland ist ausgespielt, es wird aus Deutschland, es wird aus Italien vertrieben — der schwerste Schlag, den der sechsunddreißigjährige Kaiser erleidet. Vor sieben Jahren hat er die Niederlage rasch und eigenwillig überwunden; dieses Ereignis erschüttert sein Selbstbewußtsein. Er sieht das übernommene Erbe in seiner „unglücklichen Hand" zerbröckeln. Der Glanz der jungen Selbstherrschaft ist erloschen. Abermals hat alles versagt; keiner der Ratgeber erwies sich des Vertrauens wert. In der Hauptstadt regen sich Kritik und Opposition. Kecke Hände beschmieren die Wände der Burg mit Spottversen. Bei einer Fahrt von Schönbrunn nach der Stadt tönt dem Kaiser der Ruf entgegen: „Es lebe Maximilian!" Wien fürchtet Franz Joseph nicht. Der Bürgermeister hat dreimal von einer Änderung der Verfassung zu sprechen gewagt; der Kaiser antwortet mit der Verhängung des Belagerungszustandes. Doch Ungarn fürchtet er. Der Verrat schleicht durch das Land. Die Fäden, die Bismarck mit den ungarischen Emigranten verbinden, reichen bis Pest. Man spürt überall die Arbeit der piemontesischen Agenten und ein noch gefährlicheres Element, den Enthusiasmus der Jugend, die für den Abfall von Habsburg agitiert. Eine neue revolutionäre Welle kann morgen das ganze Land überschwemmen. In dieser Not ruft Franz Joseph die Kaiserin zu Hilfe.

IV.
RÜCKKEHR

ELISABETH KOMMT. JETZT ERST, IN DER STUNDE des Unglücks, findet der Kaiser die Kraft, den Wunsch Elisabeths zu erfüllen: sie darf ungestört mit ihren Kindern sein. Die ersten unruhevollen Tage nach der Katastrophe verbringt sie in Ischl. Österreichs Debakel hat auch die Macht der Erzherzogin Sophie gebrochen. Franz Joseph hatte vor allen wichtigen Entscheidungen ihren Rat gehört; was er tat, geschah niemals gegen ihr Wort, zumindest mit ihrer Zustimmung, was sie bejahte, war von gutem Geiste; dieses Österreich, das in den Krieg zog, war ihr Österreich: mit dem Ministerium der drei Grafen Mensdorff, Belcredi, Moriz Esterházy an der Spitze, mit den Korpschefs aus alten Adelsfamilien als den Führern der Truppen, mit den Untertanen der Selbstherrschaft, die nicht wußten, wofür sie kämpften, von der Beseeltheit eines Volksheers keinen Hauch verspürten. Nicht nur Franz Josephs unglückliche Hand hatte versagt, auch Sophies Geist wurde geschlagen. Die zweiundsechzigjährige Frau sucht vergebens diese Fügung des Himmels zu enträtseln. Die Mißerfolge zerbrechen den Glauben an die Vortrefflichkeit des mütterlichen Rats. Elisabeth

gewinnt ihre Kinder, und der Traumwelt entrissen, auf den Boden der Wirklichkeit gestellt, wird sie tätig, in der Hilfsbereitschaft produktiv. Sie sieht in den Wiener Spitälern das wahre Gesicht des Kriegs; auch hier erhebt sie sich über die Frauen ihres Ranges. Sie selber nennt es eine Blasphemie, den „tröstenden Engel" spielen zu wollen, wo nur geregelte Pflege und ein ernstes Bemühen gewissenhafter Ärzte helfen können. Sie dringt auf Verbesserungen der Verwundetenfürsorge, und da das sehr vernachlässigte Sanitätswesen nur im Schneckentempo der österreichischen Armeeverwaltung sich zu rühren vermag, lehnt sie es ab, „die Leidenden durch Besuche weiter zu belästigen". Wo kann sie wirklich nützlich sein? Franz Josephs angstvoller Blick nach Ungarn weist ihr den Weg.
Nichts kann ihr erwünschter sein als diese Aufgabe. Sie verhehlt sich nicht die Schwierigkeit der Mission, weiß sie doch, daß der ungarische Adel und die Gentry, als die Herren des Landes, bei aller Ritterlichkeit in den Lebensformen, doch die Treue zum politischen Prinzip wahren werden — sie ist aber entschlossen, das Vertrauen der führenden Männer zu gewinnen und eine Verbindung zwischen ihnen und dem Kaiser herzustellen. Es ist Franz Josephs glücklicher Gedanke gewesen, die Kaiserin mit dieser Vermittlerrolle zu betrauen. Sie wächst, von ihrer Sympathie für Ungarn getragen, an dieser Aufgabe empor, sie wird Franz Josephs bester, sein einziger Diplomat. Nicht einer der

Graf Julius Andrássy

Räte des Kaisers hat das Talent der achtundzwanzigjährigen Elisabeth, den enttäuschten und getäuschten, verbitterten und trotzigen Ungarn den Glauben an die Aufrichtigkeit des Wiener Hofs wiederzugeben. Von ihnen gilt das Wort, das Julius Andrássy einmal seiner Frau schreibt: „Nicht umsonst habe ich es immer wiederholt: Der größte Fehler der Minister des Kaisers ist es, daß sie Esel sind..." Elisabeths Genialität des Herzens siegt, wo das dumpfe Unvermögen der kleinen Geister versagt hätte. Es ist schade, daß der Hof die Briefe Elisabeths an den Kaiser verloren oder verborgen hat; sie wären das schönste Denkmal dieser Frau. Sie verschweigt dem Kaiser nichts, sie berichtet von der wahren Stimmung des Landes.

Als sie am 9. Juli mit den Kindern in Pest ankommt, wird sie von Franz Deák, von dem Grafen Julius Andrássy und einigen Freunden der beiden empfangen. „Ich würde es", sagt Deák später, „als eine Feigheit empfunden haben, der Königin im Unglück den Rücken zu kehren, nachdem wir ihr gehuldigt hatten, als es der Dynastie noch gut ging." Es ist die ritterliche Gesinnung, die Elisabeth gefällt; Franz Deák ist der Mann, auf den es ankommt. Und Andrássy, ihm zur Seite? Ein Rebell von 1848, Major der Revolutionsarmee, Gesandter der Kossuth-Regierung von 1848, von Franz Joseph zum Tode am Galgen verurteilt, vom Hofe tief gehaßt, von der Mutter des Kaisers verflucht — der schlanke Aristokrat mit dem zigeunerhaften Künstlerkopf steht als der Mann der

Tat vor der Kaiserin. Elisabeth handelt rasch. Ehe ihr Deák den Rat gibt, Andrássy als Vertrauensmann und Unterhändler dem Kaiser zu empfehlen, hat Elisabeth Franz Joseph bereits dringend gebeten, Andrássy zu empfangen. Am 16. Juli schreibt sie dem Grafen: „Soeben habe ich die Nachricht erhalten, daß der Kaiser Sie in Wien erwartet. Alles übrige mündlich, heute nachmittags, wieder bei der Gräfin Königsegg." Das Schwerste ist getan. Es war ein Wunder, den Kaiser zu dieser Zusage zu bewegen; wie vieles mußte Franz Joseph vergessen, um Andrássy die Hand reichen zu können! Der Kaiser ist von der Noblesse der Ungarn überrascht; sie nützen die Schwäche der Dynastie nicht aus, ihre Forderungen sind dieselben wie vor dem Kriege. Dennoch beginnt jetzt erst der eigentliche Kampf.

Es ist ein seltsamer Parallelismus: In dem Lande des Siegers ringt das realistische Genie Bismarcks unter dem Aufgebot der letzten Nervenkraft mit dem König um den Preis des Krieges; hier muß eine zarte, aus ihren Träumen geweckte Frau gegen eine Front blinder Gehirne, gegen die Flügellahmheit des Kaisers kämpfen. Es ist eine mühevolle, zermürbende Arbeit, das Mißtrauen des Kaisers, seine Zweifel zu besiegen. Die furiose Überredungskunst Andrássys allein vermag es nicht; er selber gesteht es in seinem Tagebuch: „Sicher ist, daß, wenn ein Erfolg erzielt wird, Ungarn der schönen Vorsehung, die über ihm wacht, mehr zu danken hat, als es ahnt..." Mit der ganzen Wärme, deren er fähig ist, beschwört er den Kaiser, sich von den Vorurteilen des Absolutismus zu befreien und dem Reiche zu geben, was die Zeit erfordert. Posa-Andrássys Bemühen ist vergebens. Zweimal reißt der Faden ab, zweimal wird er von Elisabeth wieder geknüpft. Es sind die Geburtsstunden des neuen Österreichs. Alles scheint verloren. Da gelingt es Elisabeth, den Kaiser dafür zu gewinnen, daß er Andrássy ein drittes Mal empfängt. Der ausdauernde, in seiner Überredung nicht erlahmende Mann steigert seine Fähigkeiten aufs höchste: „... Ich wage es zu sagen, der Stern Eurer Majestät wird von dem Tage steigen, da dieser Schritt erfolgt! Gedenken Majestät dieses Satzes!..." Es ist vergebens. Aus hundert heisern Kehlen kreischen dem Kaiser Warnungsrufe entgegen. Die Geschlagenen wollen sich nicht ergeben. Der Rabenchor ihrer Stimmen weiß keinen Plan, keinen Gedanken zu melden, um so sicherer aber die Saiten des Schwachmuts, des Mißtrauens, des Zweifels im Kaiser erklingen zu machen. Die Konsorterie des Untalents und Ungeistes schrickt vor vergifteten Waffen nicht zurück, wo es die bedrohten Plätze der Macht zu verteidigen gilt. Das Pathos, womit sie Franz Joseph beschwören, sich von einem Manne zu wenden, der die Absetzung der Dynastie gutgeheißen hat, zündet nicht vor dem nüchternen Sinn des Kaisers. So versuchen sie auf andern Wegen Elisabeths Mission zu trüben. Damals wird der Keim gelegt zu der Legende, die Elisabeth viele Jahre verfolgt. Der unter der Depossedierung ächzende Graf Grünne hat, da ihn schwere Krankheit befiel, Verzeihung für die Miturheberschaft an der Legende erbeten; Elisabeth verzieh. Die Episode gehört zu den dunkelsten Partien des Kampfes um das neue Österreich.

Es gibt Momente in dem monatelang währenden Ringen, da auch Elisabeth verzagt. Jeder Kenner der Seele weiß die Erklärung dafür, warum sich Elisabeth, die „Träumerin", so sicher und gewandt auf dem Boden der Politik zurechtfindet. Vor der großen Aufgabe, von niemand gestört, braucht sie sich nur der eignen Natur zu überlassen, ihrem Urteil und Instinkt, um des Sieges gewiß zu sein. Es ist nur ein Schritt vom Träumen zur Tat. Sie hat den Glauben an die gute Sache zur Seite. Sie verständigt sich mit Deák und Andrássy. Sie ist allein stärker, als wenn ihr die Routine der Diplomaten assistierte. Sie überschreitet nicht ihr Mandat, wenn sie der Anwalt Ungarns wird. Wie verständlich, daß sie es wird! Auf der einen Seite ein klares Wollen und die faszinierende Persönlichkeit Andrássys; auf der andern Seite unsicheres Schwanken und eine Diplomatie, die nur in den Momenten der Angst und Schwäche verhandlungsbereit ist; in Pest der Glaube an den zivilisatorischen Segen liberaler Ideen, in Wien das kleinliche Mühen, den bankerottierten Absolutismus zu retten. Elisabeth ist standhaft, aber manchmal sehnt sie sich nach ihrer Einsamkeit zurück.

Es ist Herbst. Der Kaiser versprach, sich in Ischl zu

entscheiden. Er überrascht die Welt durch die Berufung des Freiherrn von Beust. Franz Joseph und Sachsens ehemaligen Ministerpräsidenten, den Gegenspieler Bismarcks, vereint die gemeinsame Niederlage und der Gedanke an Revanche. Immerhin, die Wahl bringt einen Vorteil: sie fegt die Männer des Widerstandes weg. Beust ist klug genug, den Ausgleich mit Ungarn zu fördern. Der Faden, den Elisabeth spann, reißt nicht mehr ab. Am achtzehnten Februar 1867 wird das selbständige Ministerium Ungarns ernannt; Andrássy ist Präsident. Die Wandlung vollzieht sich so rasch, daß sich ihr der ganze Hof fügt. An dem Tage, da Andrássy den Eid in die Hand des Kaisers legt, kapituliert auch Franz Josephs Mutter: sie lädt den Todfeind von einst zu Tisch.

Der achte Juni 1867, der Tag der Krönung in Pest, ist der Triumph Elisabeths. Ungarns alten Krönungsgebräuchen ist eine gemeinsame Krönung fremd; der Wunsch der Notabeln, die Königin an der Seite Franz Josephs zu sehen, hebt diesen Brauch auf. Elisabeth, im gläsernen, reich vergoldeten Krönungswagen, von acht Schimmeln gezogen, ist der Mittelpunkt des großartigen Schauspiels. Hinter ihrem Wagen folgt, auf den edelsten Rossen, die adlige Jugend des Landes, in der fellgeschmückten, edelsteinbesetzten Tracht. Die Krönung in der Matthiaskirche erreicht ihre dramatische Höhe in dem Augenblick, da Graf Andrássy dem König die Stephanskrone aufs Haupt setzt. Elisabeth, „schöner denn je", erzittert beim Empfang der

Krone. Ein Stimmenorkan umbraust sie: „Eljen Erzsébet!" Auf der Straße ist der Tumult der Ovationen so gewaltig, daß die Rosse scheuen. Zwei Bischöfe fallen zu Boden.

Franz Josephs Ausgleich mit Ungarn ist der Auftakt zur Europäisierung Österreichs. Königgrätz zwang den Kaiser zum Frieden mit Ungarn, der Friede mit Ungarn verhilft Österreich zur konstitutionellen Verfassung. Franz Joseph wird vertrauensvoller. Andrássys Nachrichten aus Ungarn, Beusts kluges Regiment geben ihm das Gefühl der Sicherheit. Nach sieben düstern Jahren scheint sich der Himmel aufzuhellen.

Es ist Franz Joseph nicht gegeben, den Veränderungen in Elisabeths Wesen nachzuforschen. Die Männer, die Gelegenheit hatten, in diesen Tagen der Kaiserin nahe zu sein, vor allem Deák und Andrássy, schildern übereinstimmend die faszinierende Art ihrer Person. Ihre Darstellung entspricht nicht dem Bilde, das man von der Entflohenen entwarf. Die junge schöne Frau, vom Kaiser mit der heikelsten Aufgabe betraut, zeigt keine Spur eines verträumten, menschenscheuen Wesens. Sie ist zart, tastend beim ersten Gespräch, ihre Feinfühligkeit versucht den Menschen zu erraten: sobald sie jedoch Kontakt gewinnt, und ihr die Enttäuschung erspart bleibt, ihre Sprache vergröbern zu müssen, offenbart sich ihre in Liebenswürdigkeit gebettete Intelligenz. Wovor ist sie geflohen? Vor der Simplizität eines Hofs, der Elisabeths Geistigkeit als

Romantik, ihre Zartnervigkeit als Hysterie, ihren Geschmack als Schrullenhaftigkeit denunzierte. Erst der Bankerott dieses Hofs hat Elisabeths Wert erhöht; sie ist nicht mehr zu einem spielerischen Dasein verurteilt, sie hat einen Platz in der Wirklichkeit. Wäre Elisabeth die hysterische Frau mit der unerfüllbaren Sehnsucht im Herzen, dann fände sie nicht so rasch zu Franz Joseph zurück. Sie ist dankbar für die Anerkennung ihrer Person, sie tritt bescheiden in den Hintergrund, als sich Franz Josephs Selbstbewußtsein wieder aufrichtet. Sie schenkt ihm, zehn Jahre nach Rudolfs Geburt noch ein Kind, die jüngste Tochter Marie Valerie, die im April 1868 zur Welt kommt. Franz Joseph ist achtunddreißig Jahre alt, Elisabeth wird dreißig. Dieses Kind kann ihr niemand mehr entreißen; sie nimmt es, ohne zu fragen, an sich. Es ist, an der Wiege des überaus gebrechlichen Kinds, ein bescheidenes Mutterglück, das Elisabeth erlebt.
An dieser Wendung in ihrem Leben nimmt auch ihre Familie erhöhten Anteil. Die „Biedersteiner", wie der Münchner Hof Elisabeths Eltern und Geschwister nach dem von ihnen bewohnten Palais am Englischen Garten nennt, hatten die Ehe der Kaiserin verlorengegeben. Elisabeths Mutter seufzte, wenn man von dem Glück der Kinder sprach. Ihr ältester Sohn Louis hat auf die Rechte des Erstgeborenen verzichtet, um eine Schauspielerin, Fräulein Henriette Mendel, zu heiraten. Herzog Max nahm es dem Sohn nicht übel, aber die Mutter wird sich mit dieser Heirat niemals abfinden.

Das krause Schicksal Helenens, der ältesten der Töchter, begann mit der Enttäuschung in Ischl; sie ist Witwe des Erbprinzen von Thurn und Taxis, der 1867 starb. Fromm und kirchlich, aber „so unpünktlich wie möglich", sagt die Mutter. Helene, deren großes Vermögen und ebenso große Opferwilligkeit man im Vatikan sehr schätzte, hat auch den Papst warten lassen, und das hat man ihr nicht verziehen. Elisabeth liebt diese Schwester, der Bücher näher sind als Toiletten, die nie ordentlich frisiert und nie gut angezogen ist, obzwar die Schneider der Rue de la Paix die Garderobe mit den edelsten Werken ihrer Ateliers füllen. Ludovikas drittes Kind, Elisabeth... ist es das große Glück? Carl Theodor, der Arzt, in der Familie „Gackl" geheißen, ist der Mutter Lieblingskind. Er war mit seiner Cousine, der Prinzessin Sophie von Sachsen, vermählt. Das Jahr 1867 ist ein Todesjahr: es nahm Helenens Gatten, die Gattin Carl Theodors und Franz Josephs Bruder Maximilian. Auf der Reise nach Paris traf in Regensburg das Kaiserpaar die Nachricht: Maximilian in Queretaro standrechtlich erschossen. Die Kaiserin Charlotte war vorher, in der Angst um den Gatten, dem Wahnsinn verfallen. Es ist kein guter Stern über den Häusern Wittelsbach und Habsburg. Das fünfte Kind Ludovikas, Marie, Königin von Neapel, hat Land und Krone verloren. Sie ist so schön wie Elisabeth, schlank wie die Kaiserin, aber größer. Sie liest viel, raucht meist und schweigt. Wie alle Kinder des Hauses redet sie leise, was die Herzogin

Kaiserin Elisabeth im ungar. Krönungskostüm

oft ungeduldig macht. „Sie schnuseln alle so", sagt sie dann ärgerlich. Der König von Neapel soll in seiner Jugend auffallend häßlich gewesen sein; die Depossedierung hat diese Eigenschaft gemildert. Figur und Gang sind typisch bourbonisch. Er ist der Vertraute in allen heiklen Angelegenheiten der Familie. Mathilde, die sechste in der Reihe, im Munde der Verwandtschaft der „Spatz", hat den Bruder des Königs von Neapel zum Gatten, der sich Graf Trani nennt. Der Graf endet durch Selbstmord. Die jüngste Schwester Elisabeths, Sophie, Prinzessin Ferdinand von Bourbon-Orléans, Herzogin von Alençon, hat als Braut des Königs Ludwig den bösen Roman erlebt. Nur Max Emanuel, dem achten Kind, die Münchner nennen ihn „Maperl", ist bisher kein Unheil widerfahren. Maperl, Gackl und Spatz — auch die Spitznamen der Kinder zeichnen die Atmosphäre des Hauses. Die Kaiserin erzählt lachend die komische Geschichte, die sich in Ischl zugetragen hat. Die Herzogin-Mutter telegraphierte eines Tages: „Kaiserin Elisabeth Ischl. Komme abends Schnellzug mit Gackl und Spatz. Luise." Die Depesche ging anstatt in die Kaiservilla an das Hotel Kaiserin Elisabeth in Ischl. Das Hotel sandte einen Hausdiener mit zwei Käfigen zum Schnellzug aus München, die avisierten Vögel zu empfangen.

Elisabeth ist jetzt gern bei der Mutter in München, sie fühlt sich wohl im Hause Biederstein, unter den merkwürdigen Menschen ihrer Familie. Es gelingt der Herzogin zu besonderen Tagen der Familie alle Kinder des Hauses zu vereinen. Sie erzählt dann gern von vergangenen Zeiten, von der eigentümlichen Erziehung, wie sie als vierjähriges Kind mit ins Theater mußte und heimlich unter der Logenbrüstung mit den Puppen spielte, oder als Kind mit ihren Schwestern zu den Hofbällen geführt wurde, was sie alle nicht leiden konnten. Es hieß dann: „Il faut que les princesses aprennent à s'ennuyer avec grâce." Sie ist die lebendige Geschichte des Hauses. Sie weiß hundert Erinnerungen an den Vater aufzufrischen, den König Max Joseph, der bis zur Revolution Oberst eines französischen Grenadierregiments in Straßburg war. Bei der Geburt des ersten Sohnes übernahm Ludwig XVI. die Patenstelle. Die Grenadiere des väterlichen Regiments opferten Schnurr- und Backenbärte, um das Kissen für den künftigen Kriegshelden damit zu füllen. Das seltsame Geschenk wird in der herzoglichen Familie aufbewahrt.

Die Herzogin ist eine liebende Mutter, sie hat es mit jeder der Töchter gut gemeint. Hat man sie und ihre fünf Schwestern anders als nach der Staatsraison verheiratet? König Max Joseph ließ keinen Einwand, keinen Widerspruch gelten. Eine Prinzessin hatte den Mann zu nehmen, den die Eltern wählten. Napoleon, von dessen Gnaden Max Joseph die bayrische Königskrone empfangen hatte, sprach den Wunsch aus, daß sein Adoptivsohn Eugène Beauharnais eine Tochter Max Josephs heirate; des Kaisers Wunsch war dem

König Befehl: das zweite Kind aus der ersten Ehe Max Josephs, Prinzessin Auguste, mußte gehorchen. Der cäsarische Alliierte des Vaters bestimmt auch das Los der zweiten Halbschwester, Charlotte, die auf sein Geheiß dem Prinzen Wilhelm, dem späteren König von Württemberg, vermählt wurde. Diesmal sträubte sich der Bräutigam, der seiner schwärmerischen Neigung für die Großfürstin Katharina, die Tochter des Zaren Paul von Rußland, treu bleiben wollte und treu blieb. Die Prinzessin, die den ihr anbefohlenen Gatten liebte, mußte schwesterlich neben ihm leben. Nur einmal, so erzählt die Herzogin, sollen sich die beiden mit den Fingerspitzen berührt haben: als sie gemeinsam einem Papagei Futter reichten. Als man Prinzessin Sophie, Franz Josephs Mutter, anzeigte, daß der schwachgeistige Erzherzog Franz Carl von Österreich ihr zum Gatten bestimmt sei, warf sie sich weinend ihrem Vater zu Füßen. Er antwortete, der Wiener Kongreß wolle es so, sie habe sich zu fügen.
Die Erzählungen klingen wie eine Entschuldigung der Mutter, sie sind aber auch als Lehre für die Töchter gemeint. Die jüngere Generation freilich antwortet mit der Frage: Waren sie glücklich, die sechs Töchter des ersten Bayernkönigs? Elisabeths Mutter wird nicht verlegen, wenn man das Wort von den „sechs Unglücksschwestern" zitiert: sie haben das Schicksal getragen, wie es fiel, tapfer und mit Würde.
Elisabeth kommt nach solchem Beisammensein mit der Mutter beruhigter nach Wien. Sie ist entschlossen,

sich dem Gegebenen zu fügen, innerhalb der wirklichen Welt sich einen Bezirk der Freuden und der Pflichten zu schaffen. Sie sagt einmal: „Ich habe in Tölz eine Bäuerin gesehen, wie sie den Kindern und den Knechten die Suppe austeilte: sie kam gar nicht dazu, ihren eigenen Teller zu füllen. Es ist gut, so beschäftigt zu sein, daß einem keine Zeit bleibt, über sich nachzudenken, selbst wenn man dabei vergißt, den Himmel anzusehen, der auf unsere Blicke wartet." Elisabeth will beschäftigt sein. Sie begleitet den Kaiser nach Salzburg, wo sich beide mit Napoleon und Eugenie treffen. Die beiden schönen Frauen, so verschieden im Wesen, finden an einander großes Gefallen. Die Französin spanischen Geblüts ist entzückt von Elisabeths adliger Grazie, sie ist überrascht, an ihr „Eigenschaften des Geistes und der Seele zu entdecken", von denen sie sagt, „sie paßten viel besser unter Franzosen als zu den Deutschen". Elisabeth und Eugenie bleiben von dieser ersten Begegnung an durch Sympathien verbunden. Frankreichs Kaiserin genießt ihre Macht in vollen Zügen, Elisabeth kehrt von der großen Bühne stets wieder in das bescheidene Reich der Mütterlichkeit zurück. Wie gern hätte sie sich damit zufriedengegeben!
Hier wächst ein Sohn heran, vielversprechend, hellsichtig, „physisch und geistig mehr als Kinder seines Alters entwickelt, jedoch", so heißt es von dem Sechsjährigen in den Akten, „sehr vollblütig und nervös reizbar". Kein Wunder, daß der Knabe nervös wird!

Man hat ihm in diesem Alter einen alten Soldaten, den Generalmajor Grafen Gondrecourt, als Erzieher gegeben, von dem die ergebensten Hofdiener sagen, „daß die übertriebenen Abhärtungsmaßregeln den Nerven des Kindes zweifellos geschadet haben". Gondrecourt jagt bei Königgrätz, nach verlorner Schlacht, sinnlos Bravour zeigend, das erste Reservekorps ins Verderben. In den Jahren 1864 bis 1877 wird der junge Rudolf von fünfzig lehrenden, meisternden Personen gequält. Der General Latour, der 1865 Gondrecourt ablöst, macht dem kleinen Kronprinzen in einem Bericht an den Kaiser zum Vorwurf, daß Rudolf „zu optimistischen Anschauungen neige und Unangenehmes womöglich zu vergessen suche..." Und das mußte Elisabeth, die ihr Kind besser verstand als die fünfzig Lehrer zusammen, geschehen lassen! Nachher ist man erstaunt und an Großmamas Tafel peinlich berührt, als der vierzehnjährige Rudolf mit schöner Offenheit seinem Erzieher schreibt: „... In meinem Kopf sieht es wüst aus; es kocht darin und arbeitet den ganzen Tag. Ist ein Gedanke draußen, kommt ein anderer herein. Jeder sagt mir was anderes... Ich denke stets: was wird das Ende sein?... Sind wir höhere Geister, sind wir Tiere? Tiere sind wir. Doch, stammen wir vom Affen ab, oder haben Menschen stets bestanden neben den Affen?... Die Geistlichen, so scheint mir", das schreibt der Vierzehnjährige, „schaden am meisten dadurch, daß sie sehr gut verstanden, das Volk durch Aberglauben und übertriebene Frömmigkeit so niederträchtig und untertänig zu machen, daß sie sowohl wie der Adel leichtes Spiel hatten und mit den armen Leuten machen konnten, was sie wollten... Wenn ich richtig sehe", so fährt er fort, „hat das Königtum seine Macht eingebüßt. Es ist eine mächtige Ruine, die von heute auf morgen bleibt, doch endlich sinken wird. Solange das Volk sich blind leiten ließ, war's gut, doch jetzt ist's zu Ende, die Menschen sind frei, die Ruine bricht beim nächsten Sturm zusammen." Wer hat, so schreien Erzieher und Großmutter, die Keime solchen Denkens in die Seele des Kindes gelegt... Muß man noch sagen, daß Elisabeth dieses Kind mit der innigsten Liebe umarmt?

Verrät dieses radikale Bekenntnis des vierzehnjährigen Thronerben den Geist der Mutter? Elisabeth war bei der Wahl der Erzieher und Lehrer Rudolfs gänzlich ausgeschlossen worden, sie hat kaum einen Einblick in den Lehrplan, auch nicht wie Graf Latour Gelegenheit gehabt, viele Stunden des Tags mit ihrem Sohne allein zu sein. Wenn es auch nicht beabsichtigt war, so hat es sich doch ergeben, daß Rudolf seiner Mutter entfremdet wurde. Elisabeth mußte nach ihrer Rückkehr den Sohn erst für sich gewinnen. Man kann sie nicht als Erzieherin verantwortlich machen für die erstaunlichen Denkfrüchte Rudolfs, aber man macht sie dennoch verantwortlich: dieses kecke Rütteln an den Lehren der Kirche, die frühe Zweifelsucht und Unbotmäßigkeit des Verstandes — woher sonst kann dies kommen als von der Mutter? Man tut Elisabeth unrecht. Sie selber ist nicht freidenkerisch im Sinne einer methodischen Kritik an dem Glauben der Kirche; sie ist darin ein echtes Kind ihres Hauses, daß sie die Liberalität des Geistes vereinbar hält mit der Zugehörigkeit zum Katholizismus, ihre Kirche als eine alte sieggewohnte Macht begreift, die auf einer südländischen Freiheit der Anschauung ruht und sich den Luxus von Skepsis und Toleranz gestatten kann. Wer mag darüber entscheiden, was katholischer ist, die Sinnesart Elisabeths oder jene der Erzherzogin Sophie, die Auffassung des Katholizismus als einer selbstsichern, milden Herrschaft der *homines religiosi* oder die Vorstellung von der Kirche als eines unerbittlichen Richters, Aufpassers und Büttels? Elisabeths Bild des Katholizismus ist südländisch, Sophies eng umgrenzte Vorstellung hat den Geist Ferdinands II. in sich. Es ist mehr als ein Temperamentsunterschied: die selbstsichere, sieggewohnte, aristokratische Natur ist tolerant und milde; der unfreie, seiner Macht nicht sichere Mensch ist mißtrauend, böse und fanatisch. Elisabeths Denkungsart schließt den Geschmack an rationaler Erkenntnis aus. Sie hat nie darüber gegrübelt, welcher Art der Ursprung des Menschen ist, noch sich mit dem Gedanken der Gleichheit abgegeben. Ihr Denken wird von zwei Quellen gespeist: von ihrem ästhetischen Empfinden und von ihrer Sehnsucht nach Glück. Schön sein und glücklich sein — das sind die zwei Forderungen an die Welt; daß sie so selten erfüllt werden, ist die Tragik des Daseins, der Grund ihres romantischen Pessimismus. Das Verlangen nach Schönheit hat bei ihr einen ursprünglichen, primitiven Charakter; sie liebt es, schöne Menschen um sich zu sehen, sie schätzt die Natur und alles Naturhafte. „Ich fühle mich", sagt sie einmal, „nur dort wohl, wo die Zivilisation das Natürliche noch nicht verdrängt und nicht verdorben hat. Selbst im größten Gewühl der Lastträger und der Esel von Kairo bin ich weniger beengt als auf einem Hofball und fast ebenso glücklich wie im Walde. Die Zivilisation ist der Feind der Kultur. Kultur findet sich auch in der arabischen Wüste, vor allem noch im Süden und im Osten, wohin die Zivilisation nicht vorgedrungen ist, auf den Meeren und in den unberührten Gegenden. Zivilisation ist Ablenkung und Fälschung der natürlichen Ziele unserer Existenz. Zivilisation — das ist die Tramway, Kultur sind die organisch gewachsenen Lebensformen einfacher Menschen; Zivilisation ist Belesenheit, Kultur sind die Gedanken. Die Zivilisation beansprucht jeden einzelnen Menschen für sich und sperrt alle in einen Käfig ein; Kultur hat jeder Einzelne als Erbschaft seiner Vorfahren. Es gibt einen ununterbrochenen Kampf zwischen Kultur und Zivilisation; alte Völker mit einem reichen Vorrat an Kultur können dem Siegeszug der Zivilisation weit mehr Widerstand leisten als junge. Ich bin so gerne in Paris, und ich liebe es, unter der Menge durch die Straßen zu gehen, weil die Menschen dort nur soviel von der Zivilisation aufnehmen, als sich mit ihrer Kultur verträgt..." Vom Glück aber sagt sie: „Die meisten Menschen sind unglücklich, weil sie sich in fortwährendem Konflikt mit der Notwendigkeit befinden. Wenn man nicht nach seiner Art glücklich sein kann, so bleibt einem nichts übrig, als sein Leid zu lieben. Nur das gibt Ruhe, und die Ruhe ist die Schönheit auf der Welt. Die Schönheit ist die Ursache und der Zweck aller Dinge."

Man sieht, Elisabeths pessimistischer Romantizismus ist die Philosophie des schönheitstrunkenen unfreien Menschen. Sie hat, ohne Ibsen zu kennen, die Sehnsucht der Nora und der Hedda Gabler. Sie ist darin freier als diese Vorbilder der unfreien bürgerlichen Frauen, daß sie innerhalb ihrer Begrenztheit zeitweilig fliehen und das Ziel der Flucht wählen kann; sie ist unfreier durch den großen Druck, den Tradition und Stellung auf sie üben. Hier wie dort aber liegt der Grund des Leidens in dem Unvermögen, sich von lästigen Fesseln zu befreien und das Leben nach eigenem Willen zu formen. Eher noch vermag eine bürgerliche Frau aus dem Tal ihrer Vorurteile und Abhängigkeiten einen Weg ins Freie zu finden als diese leidende Königin; die anklagende Romantik der mißverstandenen Frau ist eine Umdeutung eigener Irrtümer und Schwächen in eine Schuld des Weltganzen, ihre ideale Forderung ein Versuch an untauglichen Objekten. Elisabeth ist zu geschmackvoll, solche Forderungen zu stellen, zu einsichtsvoll, als daß sie an-

klagen würde. Ihr bleibt die Klage. Sie hat kein Vorbild, kein Beispiel für sich. So wenig ein revolutionärer König vorstellbar ist, der aus Erkenntnis auf Rang und Würden verzichtete, so unmöglich eine habsburgische Kaiserin, die ihrer Welt gänzlich zu entfliehen vermöchte. Sie lebt von einem Kompromiß zum andern. Es ist das Äußerste an Rebellion, daß sie von Zeit zu Zeit dem „Notwendigen" sich durch die Flucht entzieht. Den letzten Schritt, den Bruch mit der Welt, der sie angehört, wird sie nicht wagen.
In dieser innern Unfreiheit ähnelt sie ihrem Cousin Ludwig von Bayern. Es ist ihr gemeinsames Leidensmotiv, das Gefangensein im Vorurteil, im Zwang der Sitte, als ein notwendiges Schicksal zu empfinden. Er entflieht der Wirklichkeit in die Arme Richard Wagners; sie sucht in einer illusionären Traumwelt aus Landschaftsbildern und Literatur die Erlösung vom alltäglichen Dasein. Das Bedürfnis der beiden nach Kunst entspringt der tiefen Unlust am Leben. Beide kommen als Leidende zur Kunst; es ist nicht die Romantik Lord Byrons, es ist ein Kranksein, was sie zur Kunst treibt. Ludwigs Flucht freilich wird produktiv: sein schöner Wahn macht ihn zum Mäcen Richard Wagners; Elisabeth, passiver als ihr Cousin, kommt über die platonischen Neigungen zum Künstlerischen nicht hinaus. Der Romantik des unfreien Menschen verschließt sich der tiefere Sinn des angebeteten Wesens. Ludwig sieht an Wagner nur eine Seite, er dringt trotz der Intensität des Erlebnisses

nicht zum Schopenhauer-Wagner vor; Elisabeth liebt an Heinrich Heine den sentimentalen Lyriker, ohne Ahnung davon, daß der larmoyante Sänger ein tapferer Mensch war, an dem Nietzsche Freude hatte. Der Kritiker des Romantizismus hätte Ludwigs und Elisabeths Flucht ins romantische Land ein Kunstbedürfnis zweiten Ranges genannt. Der Mangel eines ursprünglichen Verhältnisses zur Kunst kommt bei beiden zum Vorschein. Ludwig baut Traumschlösser nach den Plänen seiner ausschweifenden Phantasie. Kunst — das ist Entrücktsein vom gemeinen Dasein, mochte der Bau die Form eines zweiten Trianon mit allem Glanz und Pomp des Rokoko annehmen, oder als Burg auf felsiger Höhe über den Wolken erstehen. Immer strebt dieser König danach, seine Flucht aus der Wirklichkeit zu versinnbildlichen, ein Phantasiereich aufzurichten. Die Tragik dieses Versuchs ist, daß sich die Wirklichkeit rächt; die Wunschbilder des Romantikers geraten in ihrer irdischen Gestalt hart an die Grenze der Karikatur.
Auch aus Elisabeths Schöpfungen spricht deutlich der irreale Ursprung. Selbstherrliche, mit sich und der Welt zufriedene Könige und Fürsten haben anders gebaut als Ludwig und Elisabeth. Jedes Haus, das ein starker, dem Leben zugewendeter Wille erschuf, spricht: Hier bin ich, hier bleibe ich! Sie bauten, wenn nicht für die Ewigkeit, so doch mit der Absicht, sich möglichst lange wohl zu fühlen und dieses Wohlbefinden zur Schau zu stellen. Elisabeths unerfüllbarer Sehnsucht

kann kein Bau genügen. Sie fühlt sich nirgends wohl, weder in der Wiener Burg noch in einem der Schlösser des Kaisers. Ihrem Geschmack am nächsten rückt das Schloß Gödöllö, dessen herrliches Reitterrain sie für das Ungemach des höfischen Daseins entschädigt. Das Sommerschlößchen im Lainzer Tierpark bei Wien, nach Elisabeths Angaben gebaut, ist weder schön, noch angenehm. Auch hier scheint der Wunsch Planbereiter gewesen zu sein, das Haus allem menschlichen Getriebe zu entrücken. Es liegt, jedem fremden Blick verborgen, am Rande des meilenweiten Waldes, der ehedem das Jagdrevier des Hofs gewesen ist. Man lebt hier im innigsten Kontakt mit der Natur, mit dem völlig unberührten Wald und dessen Wild, zu dem auch der Eber gehört. Doch diese Abgeschiedenheit und Waldesnähe haben tiefe Schattenseiten: das Schloß ist bei gutem Wetter feucht, es wird an trüben Tagen zu einer Kulisse der Melancholie. Elisabeth spricht nicht gern von ihren körperlichen Leiden; als einmal ihr Arzt verwundert war, bei ihr in so jungen Jahren Anzeichen der Ischias zu entdecken und danach fragte, ob die Krankheit in ihrer Familie sei, antwortete sie lachend: „Nein, leider nur in meinen Beinen." Das Lainzer Schloß ist weder den Gelenken, noch dem Gemüt zuträglich.

Ist Elisabeth zu helfen? Ein Erlebnis, richtig verstanden, hätte Franz Joseph eine Antwort geben können. Wie deutete er die Veränderung im Wesen Elisabeths seit ihrer Rückkehr nach Wien, die Versöhnung mit dem „Notwendigen", ihre Kompromißbereitschaft und die Willigkeit, womit sie sich in ihr Los fügt? Elisabeths Verhältnis zu Franz Joseph wird jetzt von der Erkenntnis geleitet, daß jeder Mensch als Gefangener seines eignen Wesens in höherem Sinne unschuldig ist.

Der Kaiser hat seine angebornen und die erworbenen Tugenden zur Vollendung gebracht; Ritterlichkeit und Pflichtbewußtsein sind ihm zur Natur geworden. Den gänzlichen Mangel an Phantasie, seinen amusischen Sinn, das völlige Abschließen von der Welt des Geistes und andres mehr zu beklagen, hieße Forderungen an ihn stellen, die innerhalb der Grenzen seines Wesens nicht zu verwirklichen sind. Mit dieser Einsicht in das Gegebene ist Elisabeth des Kaisers bester Freund geworden. Es muß ein tiefes Gefühl des Mitleids gewesen sein, das sie in der schwersten Stunde seines Lebens, nach der Katastrophe von Königgrätz, für ihn empfand. Nun war er nicht mehr der jeder Kritik unnahbare, nicht der unbelehrbare stolze Sohn seiner Mutter. Das Schicksal hat den Stolz und die Einsichtslosigkeit gebrochen; Franz Joseph lernte das Leiden kennen. Auf der Brücke des Mitleidens kam Elisabeth zu ihm. Aktiv und schöpferisch aber wurde sie, weil sie der Kaiser zum ersten Male in seinem Leben als denkendes Wesen zu schätzen begann, ihr eine große Aufgabe zuwies, ihren Verstand brauchte, ihrer Kunst, Menschen zu gewinnen, den nötigen Spielraum ließ. Es liegt jedoch in Franz Josephs

Natur, die Stunden innerer Erschütterung mißzuverstehen. Er deutet sie als Momente des Schwachwerdens, er eilt, kaum erholt, über sie hinweg und bezieht wieder das Schneckenhaus: er panzert sich von neuem gegen die Umwelt und erkennt nur mehr sich selber an.

Ängstlich hütet er den Bezirk seiner Macht, auch nicht das Geringste davon abgebend. Ist dieses Bedürfnis nach Unteilbarkeit des Machtbesitzes eine Eigenschaft der Person oder liegt es im Wesen der Macht selber? Königin Viktoria von England, älter, erfahrener und in vielem weitblickender als Franz Joseph, hat dieses selbe eifersüchtige Streben, auch nicht den kleinsten Bissen von der süßen Frucht „Macht" herzugeben; der talentierte Sohn ist verurteilt, alles Temperament, seinen Geist und Witz völlig im privaten Leben zu verschwenden. Franz Joseph lernt, noch jung an Jahren, auf alles, was sonst das Leben lebenswert macht, zu verzichten — ist dieser Genuß der ungeminderten, unteilbaren Macht der geheime Quell seines Lebensgefühls und des unerschütterlichen Selbstbewußtseins? Es läßt sich denken, daß Elisabeth ein wertvoller, vortrefflicher Mitarbeiter wäre — dem Einfall, sie dauernd als Ratgeberin heranzuziehen, ihrer Intelligenz ein Betätigungsfeld zu geben widerspricht nicht nur Franz Josephs Begriff vom Selbstherrschertum; auch die banale Vorstellung des Hofs von dem Beruf der Kaiserin als der unbeweglichen Repräsentationspuppe auf dem Throne steht diesem Gedanken stets im Wege.

Vor Franz Joseph liegt aber ein andres weites Terrain, das wie geschaffen scheint, unter die Obhut der Kaiserin gegeben zu werden: das Reich der Künste. Franz Joseph ist der weitherzigste Mäcen seiner Bühnen und Kunstsammlungen, er hat sich niemals einem Wunsche seiner Kunststätten verschlossen, seine grandseigneurale Noblesse ist aber mit einer seltenen Gleichgültigkeit für die Werke der Kunst gepaart. Ist es ein zarter Takt, der ihn zurückhält, seinen Geschmack hervorzukehren und in den Dingen der Kunst ein Urteil zu sprechen? Franz Joseph ist darin merkwürdig zurückhaltend. Man hört nie ein Wort von ihm, das als Kritik gewertet werden könnte, er bejaht in artigkonventioneller Form, er gibt niemals ein abfälliges Urteil. Auch in den Tagen, da Wien ein neues Gesicht erhält, läßt Franz Joseph den Baukünstlern freie Hand. Während seine Vorfahren ihre eignen Bauherren gewesen sind, nicht darauf verzichtend, den eignen Geschmack verherrlicht zu sehen, sind die großen Bauten des neuen Wien, die Schaustücke der Ringstraße, ohne eine eigentliche Mitbestimmung Franz Josephs zustandegekommen. Vielleicht war diese Freiheit den Künsten förderlich, vielleicht war dies der Grund, daß sich Burgtheater und Oper lange Jahre hindurch als die ersten Kunststätten der deutschen Nation zu erhalten vermochten; jedenfalls aber blieb Franz Joseph dem Kulturbezirk seines Reiches fern. Es ist unvorstellbar, daß er, den bayrischen Königen gleich, bestimmten Künstlern Vorliebe und Gunst zugewendet,

oder gar wie Ludwig II. seinen ganzen Ernst dreingesetzt hätte, einen großen Mann und dessen Werk zu fördern. Er ließ die Künste, er ließ die Wissenschaft gewähren, ohne Anteil daran zu nehmen.
War hier nicht der Boden, auf dem Elisabeth völlig gesundet wäre? Sie hat es niemals ernsthaft unternommen, einen solchen Wunsch auszusprechen. Kam es überhaupt dazu, im Hause des Kaisers das Gespräch auf Dinge des Geistes zu lenken? Franz Joseph wich schon in jüngeren Jahren solchen Versuchen aus, wobei man das Gefühl hatte, daß er alles, was nicht unmittelbar in der Linie seiner eigentlichen Sorgen lag und nicht ausschließlich praktisch war, als verschlossenes Gebiet betrachtete. Es erscheint ihm taktlos, von der Religion zu reden, er verweigert auch dem Nächsten ein Gespräch von Dingen der Kunst, so als ob es dem Herrscher nicht zukäme, seinen Ernst an Gegenstände zu verschwenden, die als der schöne Luxus des Staats und der Gesellschaft von Natur aus unernst seien. Franz Joseph ist darin dem repräsentativen Typus seiner Zeit, dem kommerziellen Bourgeois, viel verwandter als den alten Adelsgeschlechtern, die doch zumeist durch schöngeistige Dilettanten zu den Künsten Beziehungen hatten. Nie zuvor war eine Zeit so amusisch und dem Geiste abgewendet wie jene Jahre des großen bürgerlichen Aufschwungs, da sich der Sieg des Kommerzes über die Feudalität in neuen Vermögen und neuen Palästen kundgibt. Der kommerzielle Bourgeois kommt traditionslos zu den Reich-

Kaiserin Elisabeth

tümern, er hat keinen eignen Geschmack, und wo er ihn hat, hindert ihn die Scham, sich dazu zu bekennen.

Drei große Einsame, Wagner, Schopenhauer, Nietzsche, leben, diese Gegenwart verneinend und verfluchend, ohne jeden Kontakt zur Mitwelt. Richard Wagner wird von Wiens Sozietät, von der großen Kritik als anmaßender Narr behandelt; Schopenhauer als stellenweise amüsanter Halbnarr; Nietzsche kennt man nicht. Wagners großes Glück ist Ludwig II. Elisabeth hat dem Vergötterten heimlich Geld gesandt. Würde sie es wagen, sich öffentlich zu ihm zu bekennen? Es ist unmöglich. Nicht nur Franz Josephs wegen, mehr noch wegen der Kritik. Neben dem privaten Absolutismus des Hofs, der eine Parteinahme in Kunstdingen als unstatthaft ablehnt, steht der Terrorismus einer banausischen Kritik, die zu solchem Bekennermut Skandal schlüge. Man sieht, mit welcher Bosheit sich der Geist des Kommerzes zu rächen weiß, wenn er vor Dinge gestellt wird, die sich seinem Ahnungsvermögen verschließen und ihm darum unangenehm sind. Als Richard Wagner, dem kalten Hohn der kommerzialisierten Welt entronnen, bei dem königlichen Mäcen Schutz, Hilfe und Rettung vor der banalsten Not findet, sendet man den ödesten Witzbold der Zeit, Paul Lindau, aus, den edlen Wahn des Königs und das Genie zu verspotten. Wie würde es Elisabeth ergehen!

Die Presse ist unter der notgedrungen gewährten

Freiheit eine Macht geworden. August Zang, ehemals Leutnant, dann Kipfelbäcker, nun Herausgeber des größten Blatts der Residenz, hat einen Vorgeschmack davon gegeben, was Elisabeth als Verehrerin Richard Wagners zu gewärtigen hätte. Es war Franz Josephs Bruder Maximilian im Spiel, als dem gemaßregelten Herausgeber die alte Freiheit wiedergegeben werden sollte. Zang hatte in einem Artikel der alten „Presse" auf Elisabeths Geistesart angespielt, so recht nach jenem Geschmack des beim Börsengewinn vergnügten Bürgers, der die Witzkanonade gegen Richard Wagner sehr amüsant fand. Damals stand Franz Joseph der Kaiserin ritterlich zur Seite; er wandte sich von der „Canaille" Zang so angewidert ab, wie von seines Bruders Eitelkeit, die stets auf eine gute Presse bedacht war. Ein Hervortreten Elisabeths aus dem Rahmen der Majestät, ein Bekenntnis zu dem oder jenem aber hätte er niemals verziehen. Die Kunst ist eine Spielerei — darin stimmte Franz Joseph mit jener zur Herrschaft gelangten Schichte überein, deren Wahlspruch es sonst war: Das Börsenspiel ist eine Kunst. Der kommerzialisierte Bürger überläßt die Künste der Frau, gewissermaßen als ein Stück der Inneneinrichtung des Hauses, dabei von der sicheren Überzeugung beherrscht, daß die Beschäftigung mit solchen Dingen des ernsthaften Mannes nicht würdig sei. Die zur Puppe degradierte, in ihren Instinkten unsicher gewordene Frau hat dann der Zeit das Gepräge gegeben: es ist die trostloseste Hinterlassenschaft des neunzehnten Jahrhunderts der nach Hans Makart benannte Stil, der nur allzudeutlich sagt, daß sein Geschmack von Wesen stammt, die sich selber nicht ernst nehmen durften, mit sich nichts anzufangen wußten, spielerisch das Dasein vertrödelten und den Sinn des Lebens in der Anbetung des entgeisteten Mannes sahen.

Elisabeth unterscheidet sich darin von ihren Schicksalsgenossinnen, daß sie sich der Anbetung des Ungeistes widersetzt. Sie muß die Freuden ihres Denkens, die Bekenntnisse und Zweifel ihres intellektuellen Gewissens wie ein kleines Mädchen, das ihre Heimlichkeiten ins Tagebuch vergräbt, vor dem Gatten, vor den Nächsten, vor dem Hof verbergen. Es ist weniger ihre Schuld — denn sie war ein entwicklungsfähiger Geist — als die Schuld der Zeit und ihrer Situation, daß sie in Heine nur den Klagenden, den Leidenden verehrt, an Schopenhauer nur die Mißverständnisse, nicht die unsterblichen Dinge liebt — doch wie immer es mit ihrer Beziehung zu Heine und Schopenhauer sein mag: es lag ein schmerzhafter Ernst darin. Franz Joseph, dem Bourgeois seiner Zeit verwandt, sieht auf diese Dinge herab, als ob es sich um eine Liebhaberei, um ein spielerisches Bedürfnis der Frau, etwa um das Sammeln von Briefmarken, das Aufspendeln von Käfern, um Klavierspiel oder Ähnliches handelte. Es ist, moralisch gesehen, eine große Sünde: die Verkennung und Mißachtung alles Geistigen. Der Bourgeois vermag mit einem gewissen Quantum an praktischer Vernunft sein Auslangen zu finden; in der Welt

des Mechanisch-Zweckmäßigen genügt das Talent des Abschätzens erfaßbarer Größen. Zum Regieren, und nun gar zum Alleinregieren, gehört mehr. Hat er es nicht bereits zweimal erfahren, bei Solferino und bei Königgrätz, daß in der großen Welt des politischen Geschehens auch andre als rein errechenbare Kräfte am Werke sind? Läßt sich das Leben der Nationen, von geistigen Elementen bewegt, in die nüchternen Formeln der praktischen Verwaltungskunst pressen? Man sieht das Reich der zwölf Völker nicht richtig, wenn man Auge und Ohr schließt vor den ideellen Kundgebungen der Menschheit. Die Begrenztheit des Wesens Franz Josephs, die ihn Elisabeth mißverstehen läßt, macht ihn auch blind vor der inneren Beschaffenheit seines Reiches.
Von der Natur mit einem genußfähigen Sinn begabt, optimistisch, geistig rege, zur Mitteilsamkeit geboren, intelligent, vorausschauend, die kleinen Eitelkeiten sehr gering achtend, das Wesentliche suchend, hilfsbereit, human — und mit allen diesen Eigenschaften zu einem Puppendasein verurteilt! Die Frau des Bankiers wird im gleichen Falle ein Schöngeist, veranstaltet Tees, lädt die Literatur ein, schreibt Aphorismen, läßt sich von der Presse schmeicheln und gibt sich als Rahel *en miniature* mit dieser Sättigung des Ehrgeizes zufrieden. Elisabeth ist zu stolz, als daß sie im kleinen Sinne eitel, ruhmsüchtig und beifallshungrig sein könnte; ihr sagt die Krone nichts, wenn sie nur eine Zier ist — wonach sollte es ihr gelüsten?

Sie ist gescheit und geschmackvoll, also davor gefeit, ganz in der Mütterlichkeit aufzugehen. „Sie wissen," sagt sie einmal, „wie sehr ich meine Kinder liebe, aber als Mutter stößt es mich ab, bei vielen Frauen zu sehen, daß sie außerhalb der Familie böse sind; die Liebe zur ganzen Natur auf den engsten Kreis beschränkt, es ist die niedrigste Stufe der Kultur." Wer diese Einsicht hat in die Dunkelheiten des bürgerlichen Egoismus, der vermag vor der Vergöttlichung des Familiensinns nicht zu knien. Elisabeth hat auch ihre eignen Gedanken über die Vererbung von Eigenschaften der Eltern auf die Kinder; sie ahnt den geheimen Zusammenhang von Liebesehe und Schönheit. Sie hat zu viel über den Ursprung der Schönheit der Menschen nachgedacht, als daß sie nicht wüßte, wo die Schuld an der Häßlichkeit liegt. Sie ist die zärtlichste Mutter, sie liebt den Sohn als den Träger mancher ihrer Eigenschaften, aber sie kann nicht nur Mutter sein. Was bleibt einer originalen Natur zu tun übrig, die zu einem Puppendasein verurteilt ist?

Elisabeth zieht sich in den privatesten Bezirk zurück. Sie wird eine Fanatikerin in allen Dingen ihres Geschmacks, eine Fanatikerin des Leibes vor allem. Sie verstärkt die Vorlieben der Physis zu einem unbezwingbaren Trotz. Sie liebt von Kindheit an das Pferd, aber aus der fanatischen Steigerung ihrer Passion spricht auch ein Bekenntnis, so als ob sie sagen wollte: Ich bin lieber in der Umgebung der Pferde als in der Nähe des Hofs. Und es ist ihr Stolz, das Reiten in der gefahrvollsten Form zu forcieren. An diesem Geschmack, dem platten Sinn so entgegengesetzt wie ihre geistigen Bekenntnisse, wird niemand zu mäkeln wagen. Sie bleibt bei ihm trotz der Bedenken Franz Josephs, wider die Warnungen der Ärzte, trotz des Kopfschüttelns und der Verwunderung bei Hofe. Die rasende Bewegung zu Pferd verleiht das Gefühl höchster Aktivität bei völligem Alleinsein. Nur das körperliche Leiden zwingt Elisabeth, vom Pferde zu steigen. Sie wird in allen andern Geschmacksdingen Fanatikerin. Sie haßt, dem Kurzblick der Ärzte weit voraus, die Unarten der traditionellen Ernährung; sie haßt Esser und Eßfreuden; sie meidet den gemeinsamen Tisch mit der konventionellen Verpflichtung, irgend einem Komment der Köche zu gehorchen. Ihr Leib ist ihr wichtiger als die zeremonielle Eßlust. Sie hat darin den schönen Eigensinn moderner Ernährungsapostel.

Elisabeth liebt die Milch und gestattet sich den Luxus, Kühe, deren Milch ihr besonders gut scheint, mit sich auf Reisen zu nehmen. Im Kassabuch des Regierungsrates Kokula finden sich viele Verrechnungen wie diese, da für zwei in Aix-les-Bains gekaufte Kühe, die nun mit der Kaiserin nach Wien wandern, vom „Ministerium des Äußern und des Kaiserlichen Hauses Frcs. 1473.53 = 707 fl. 57 kr." gefordert werden. Elisabeth fürchtet nichts so sehr wie den Verlust ihrer körperlichen Elastizität und ihres Minimalgewichts. Sie kämpft mit der größten Zähigkeit gegen jedes Anzeichen der Verfettung. Stundenlanges Reiten, weite Spaziergänge, Gymnastik, kalte Bäder — bei diesem harten Training entwickelt sie die größte Energie. Es ist die letzte Position ihrer Eigenart, die sie heroisch verteidigt. Der Kaiser, obzwar von Natur aus selber spartanisch veranlagt, sieht diese Eigenheiten Elisabeths doch verwundert an. Er steht kopfschüttelnd vor dem halbrohen Beefsteak und der Orange, die sich die Kaiserin als Hauptmahlzeit auf ihrem Zimmer servieren läßt, er erschrickt vor der Flasche mit Ochsenblut, das Elisabeth ab und zu an Stelle jeder anderen Nahrung zu sich nimmt. Marie Baronin von Redwitz, die als Hofdame der Prinzessin Amalie in Bayern bei Hofe oft zu Gaste war, sagt einmal sehr offenherzig, sie finde es verständlich, daß die geistig rege Kaiserin die „banale Atmosphäre der gemeinsamen Mähler" nicht ertrug, sondern lieber allein auf ihrem Zimmer speiste.

Das Leben in den kaiserlichen Schlössern, in Ischl, Gödöllö oder in Lainz, ist nach einem genauen Stundenplan geregelt. Um sechs Uhr ist Diner. Man muß eine Viertelstunde früher erscheinen, weil der Kaiser stets zu früh kommt. Das ist seine Art Unpünktlichkeit. Man steht nach seinem Eintreten einen Moment, dann lädt er mit einer Handbewegung die Damen ein, in das Speisezimmer zu gehen. Dem Kaiser wird als Erstem serviert, und da er sehr rasch ißt, beeilt sich alles, krampfhaft und hastig mit dem Essen fertig zu werden. „Wir wundern uns stets," erzählt Baronin Redwitz, „in welcher Geschwindigkeit die hungrigen jüngern Herren, die zuletzt bedient werden, so große Portionen verschlingen können. Dieses Speisen macht keinen behaglichen Eindruck." Auch darum nicht, weil alles stumm ist. Den Kaiser wagt niemand anzusprechen, und stellt er selber eine Frage, so gibt man nach der Regel eine möglichst knappe Antwort; von einer Konversation kann keine Rede sein. Nach dem Essen geht man in das anstoßende Zimmer und wartet, bis der Kaiser, gewöhnlich beim Kamin, Platz nimmt. Er raucht und richtet an die stille Gemeinde hie und da eine Frage, die meist mit „Ja, Majestät" oder „Nein, Majestät" beantwortet wird. Man nennt diese Unterhaltung beim Kamin das „Feuersitzen".

Elisabeth sitzt nicht beim Feuer. Wie schade, daß diese Natur mit ihren Eigenarten und der Treue zum eigenen Geschmack dazu verurteilt ist, passiv zu sein! Sie wäre der beste Reformator und Verjünger dieses alten Hofs geworden. So bleibt ihr nur die Aufgabe, sich selber gegen diesen Hof zu behaupten. Sie sitzt nicht beim Feuer, sie entzieht sich jeder ihr zugemuteten Mission, die ihrem Geschmack widerspricht. Das Jahr 1873 ist reich an Anlässen, die Elisabeth den lästigen Zwang auferlegen, sich öffentlich zu zeigen und an Feierlichkeiten teilzunehmen. Im April heiratet die ältere Tochter Gisela, im Mai wird die Wiener Weltausstellung eröffnet. Es sind alle Kaiser und Könige nach Wien geladen. Elisabeth vermag wie wenige gekrönte

Erzh. Marie Valerie mit Gräfin Larisch

Frauen dem Begriff der Majestät einen schönen, glaubwürdigen Ausdruck zu geben. Sie ist jetzt, sechsunddreißig Jahre alt, Europas reizvollste, zweifellos auch die schönste Königin; Eugenie, die Elegance auf dem Thron, lebt seit Sedan im Exil. Elisabeth mißfällt es aber, Zeit, Mühe und den ganzen Menschen Zeremonien zu opfern, an denen sie nur das Mißverhältnis zwischen äußerem Aufwand und dem Inhalt wahrnimmt. „Was haben", sagt sie zu diesem Thema, „Titel und Würden zu bedeuten? Es sind bunte Lappen, mit denen man sich behängt, um Kümmerlichkeiten zu bedecken." Solche Worte der Kaiserin sind Attentate auf den ganzen Würdenbau habsburgischer Majestät.

So gehörte es zu den streng befolgten Pflichten des Kaisers, an bestimmten Festtagen der katholischen Kirche, am Karsamstag und am Fronleichnamstag, mit dem ganzen Hofstaat an der Prozession teilzunehmen. Es sind die Schaugepränge Wiens, da die zwei großen Mächte, Papsttum und Kaisertum, ihre Übereinstimmung sinnfällig machen. Die Wiener Bevölkerung ist seit Jahrhunderten daran gewöhnt, an diesen Tagen die Majestäten zu sehen; der Kaiser folgt dem Allerheiligsten zu Fuß, hinter ihm die Erzherzöge und Würdenträger des Staates. Auf diese Bilder verzichtet der Wiener nicht; er muß, woran er glauben soll, leibhaftig gesehen haben. Die Prozessionen am Karsamstag und am Fronleichnamstag gehören zu der Vorstellung, die sich der kleine Mann vom Hofe macht. So wichtig Franz Joseph diese Kirchenfeste sind, er kann es nicht erreichen, daß Elisabeth sich an den Umzügen beteiligt. Keine Bitte, kein Appell an die Majestätspflicht vermag die Kaiserin zu einer Konzession zu bewegen. Ein einziges Mal, nach hundert Bestürmungen, hatte Elisabeth die Zusage gegeben, sich der Tradition des Hofs zu fügen; im letzten Augenblick jedoch sagte sie ab, verließ Wien und entschuldigte ihr Fernsein mit der Motivierung, daß plötzliche Erkrankung sie zur Abreise gezwungen habe. Solche kleine Affären wachsen zu großen Konflikten. Jetzt haben die Formanbeter und ihre Partei wieder einen sichtbaren Grund, die Kaiserin anzuklagen. Man übertreibt die Wirkung solchen Verhaltens, mißdeutet die Motive, gibt ihnen eine antikirchliche Färbung und weiß damit den Kaiser zu verstimmen. Nichts lag Elisabeth ferner, als mit ihrer Absenz eine Gesinnung deutlich machen zu wollen — es ist die Wahrhaftigkeit ihrer Nerven, die es unmöglich macht, sich stundenlang zur Schau zu stellen, tausenden neugierigen Augen sich preiszugeben und dabei auf die Wirkung der eigenen Person bedacht zu sein. Wien ahnt nicht, warum Elisabeth die Öffentlichkeit flieht, aber es nimmt ihr dieses Verbergen übel; der kleine Mann meint, von der Kaiserin verlangen zu dürfen, daß sie sich ihm bisweilen zeige.

Elisabeth hat weder Sehnsucht, populär zu sein, noch den Wunsch, Huldigungen zu empfangen; und Miß-

verständnisse kann sie nicht berichtigen. „Die Leute wissen nicht," sagt sie resignierend, „was sie mit mir anfangen sollen. Ich passe nicht zu dem Begriff, den sie sich von der Kaiserin gemacht haben, und es paßt ihnen nicht, daß ich die Ordnung ihrer Schubkästen störe. Darum ist es besser für beide, daß jeder bei sich bleibe. Ich setze mich nicht gerne der Verlegenheit aus, mit Leuten zusammenzukommen, die mich nicht kennen und nicht verstehen. Sie sind überzeugt, besser dran zu sein, wenn sie tun, woran man sie gewöhnt hat. Es wäre töricht, sie überzeugen zu wollen. Jeder soll seiner eignen Art folgen. Was ich wünsche, ist nur, daß man auch mich nach meiner Art und in Ruhe läßt... Das Dasein wird am schwersten in Gesellschaft von Menschen." Und wie an Übles sich erinnernd, setzt sie hinzu: „Ich müßte eigentlich Gott danken, daß ich Kaiserin bin, denn sonst erginge es mir schlecht..." Welche böse Erfahrungen muß Elisabeth gemacht haben, wenn sie die Krone als Schutz empfindet!
Dieses Gefühl, geschützt zu sein und dem Schutz stets und unbedingt vertrauen zu können, ist eines der wesentlichen Motive ihres Verbundenseins mit Franz Joseph. Dem so ganz anders gearteten Kaiser hat das Schicksal eine Frau beschert, die ihm innerlich fremd bleibt, solange auch die Ehe währt; beide sind durch Klüfte voneinander geschieden wie Menschen, die gänzlich verschiedenen Gattungen angehören. Über alle Mißverständnisse und Konflikte seiner Ehe aber

ist Franz Joseph in einer tiefen, edelmännischen Treue Elisabeth ergeben. Er kann ihr nicht folgen, er mag oft verzweifelnd vor den Dunkelheiten dieser Seele stehen, die wie alles Originale unteilbar und darum dem ungleichen Wesen unerreichbar bleibt, er bewahrt jedoch eine unerschütterbare Verehrung für die rätselvolle Frau und ein Gefühl, das ihn Elisabeth als eine Gefährdete erkennen läßt. Man kann als Gatte nicht ritterlicher sein, als es Franz Joseph ist. Es gibt keinen Wunsch, den er nicht erfüllte, er ist der aufmerksamste Kavalier, der großsinnigste Mäcen. Das Wort hat hier seinen wirklichen Sinn, denn Elisabeth gehört auch darin dem Traumreich an, daß sie keine Vorstellung vom realen Wert der Dinge besitzt. Diese Eigenschaft teilt sie mit ihrem Cousin Ludwig.
Der König fragt nicht, was die Verwirklichung seiner Träume kostet; der fatale Klang des Geldes dringt nicht an sein Ohr. Wohl aber der ewige Klageruf seines Finanzministers. Franz Joseph hat vor keinem Wunsche Elisabeths Nein gesagt. Es geschah der Ordnung halber, daß die Ansprüche der Kaiserin geregelt wurden. Sie erhält auf Reisen sechsundvierzigtausend Gulden monatlich, dazu für die sogenannten „kleinen Ausgaben" zweihunderttausend Gulden im Jahre, die in Monatsraten ausbezahlt werden. Es gab aber kein Jahr, in welchem diese budgetierte Summe nicht weit überschritten worden wäre. Franz Joseph denkt auch an das Witwengehalt Elisabeths. Nach den Ehepakten aus dem Jahre 1854 war ein Witwengehalt von hundert-

tausend Gulden vorgesehen; im Jahre 1875 erhöht der Kaiser diese Summe auf das Dreifache. Die Fügung, die Elisabeth auf den habsburgischen Thron führte, war nicht glücklich, doch das Postament ihres Leids ist aus Gold; auch hier ist der Reichtum kein Mittel gegen Melancholie, nur ein Schutz vor Widerwärtigkeiten. Elisabeth braucht ihrer Sehnsucht nach Einsamkeit keine Grenzen zu setzen.
In dem Bestreben, unerkannt zu bleiben, die Krone unsichtbar zu machen, verfällt sie auf die sonderbarsten Pseudonyme, ist dabei aber zugleich kindlich-ahnungslos in dem Glauben, daß es möglich sei, sich unkenntlich zu machen. Einmal nennt sie sich Comtesse de Hohenembs, dann wieder Mistress Nicholson-Chazalie, und auch dem Kaiser gibt sie einen Decknamen: „Megaliotis", das griechische Wort für „Der Große". Franz Joseph befolgt auch diese Wünsche, er signiert die eigenhändig geschriebenen Telegramme als „Megaliotis", obzwar das Wort so gar nicht nach seinem Geschmack ist. Es ist nutzlos dieses Versteckenspiel. Wärs nicht die Sorge des Kaisers um die Sicherheit Elisabeths, die den Apparat des Geheimdienstes der Wiener Polizei in Bewegung setzt, so spielte dieses weitverzweigte Instrument von selber. Die Kaiserin weiß es nicht, daß sie genau wie der Kaiser von einer Schutztruppe der geheimen Polizei umgeben ist. Der Dienst ist unsichtbar — soweit die Kunst der Wiener Polizei dazu reicht. Denn auch Franz Joseph wiegt sich gern in der Illusion, unbewacht zu sein; es wird

als ein schwerer Kunstfehler vermerkt, wenn er einen der diskreten Passanten, die seinen Wegen folgen, als Detektiv erkennt. Er bezweifelt nicht die Notwendigkeit solchen Dienstes, er fordert ihn für die Person der Kaiserin, aber der Dienst soll „taktvoll", sozusagen mit der Tarnkappe geübt werden. Bevor Elisabeth den Waggon besteigt, sind alle möglichen Behörden, Eisenbahn, politische Verwaltung und Polizei, von ihrer Fahrt unterrichtet; der Polizeidirektor am Ziele der Reise gibt seine Weisungen. Es ist nicht möglich, das Inkognito der Kaiserin zu wahren. Elisabeth hält an der Illusion fest; sie ist immer wieder unangenehm überrascht, wenn sie bemerkt, daß man sie kennt und sorgfältig überwacht.

Während des Aufenthalts in Cap Martin obliegt der Polizei von Mentone die Pflicht, für die Sicherheit der Kaiserin zu sorgen. Zwei Agenten in Zivil versuchen diskret diese Aufgabe zu erfüllen. Doch Elisabeths Hotel liegt einsam, und da man diskrete Agenten selbst im Gewühle erkennt, fallen sie hier auf, als wären sie von elektrischen Sonnen beschienen. Elisabeth läßt den Polizeidirektor zu sich bitten; die Überwachung sei ihr lästig, sie wünsche sie nicht. Der höfliche Franzose erwidert, er könne, so leid es ihm tue, dem Wunsche der Kaiserin nicht entsprechen, es gäbe im andern Fall für ihn nur einen Ausweg: die Demission. Vor so viel Delikatesse wird Elisabeth schwach; der Aufenthalt ist ihr aber seitdem verleidet. Stets sind die Aufmerksamkeiten, die man der Kaiserin erweist, sehr gut gemeint, doch sie verfehlen ihre Wirkung. So wenn der Wirt einer Bahnhofrestauration auf den sinnigen Einfall kommt, der in ihr Inkognito gehüllten Kaiserin den zweiten Gang auf allem Silber zu servieren, das er auftreiben kann, und dazu sämtliche Vasen seines Hauses stellt, die über und über mit Blumen gefüllt sind.

Wie böse würde Elisabeth werden, wenn sie erführe, daß ihre und ihrer Vertrauten Post überwacht wird! Es ist ein eigenes Bureau der Wiener Polizei, die Agenten Dr. Zeichner, Erz und Huber, denen die delikate Arbeit anvertraut ist, die nächste Umgebung der Kaiserin im Auge zu behalten. Wem vertraut sich Elisabeth an, von wem befürchtet man Indiskretionen? Traut man den Hofdamen nicht? Die Gräfin Festetics ist so stumm wie die Gräfin Sztáray. Doch das Auge der Polizei fällt auf Elisabeths Friseuse, die Fanny Angerer, ein geschicktes, stets gut gelauntes, mit einem einfachen Verstand begabtes Wiener Mädchen. Es ist zweifellos, die Kaiserin bevorzugt die Angerer, sie erwirkt es, daß der Bräutigam des Mädchens im Hofdienst angestellt wird, sie beschenkt die Friseuse in ungewöhnlich reichem Maße, sie hört ihren Erzählungen stundenlang zu. „Bei der Vermählung der Angerer mit dem zum Sekretär ernannten Hugo Feifalig", so sagt ein geheimer Bericht der Wiener Polizei, „erschien ein Hoflakai in der Kirche und beschied das neuvermählte Paar zur Kaiserin, welche es bereits erwartete, die junge Frau umarmte und auf die Wange küßte."

Der Polizeiagent ist ein sehr genauer Reporter; er fixiert sogar die Art des Kusses. „Es ist nicht verwunderlich," heißt es in einem anderen Bericht, „wenn die Angerer sehr pretentiös wird, und sich über alle Hofchargen erhaben fühlt. Sie behält Nachrichten, die nicht für die Öffentlichkeit bestimmt sind, nicht bei sich und schreibt aus Rom an ihre Familie Mitteilungen, welche auf große Veränderungen der gegenseitigen Verbindungen zwischen Rom und Wien schließen lassen."
Aus solchen Berichten geht mancherlei hervor. Man hört den Tratsch des Hofgesindes über die Bevorzugung der Friseuse, man erfährt aber auch, daß deren Briefe heimlich gelesen werden. Es ist wahrscheinlich eine harmlose Wichtigtuerei, wenn die Angerer ihren Anverwandten mit politischen Kenntnissen imponieren will; das mißtrauende Auge der Polizei aber wittert dahinter gefährlichen Verrat. Es ist verständlich, daß die kleine Wienerin auf ihre Vertrauensstellung bei der Kaiserin mit Genugtuung und Stolz blickt, verständlich aber auch die Gunst der Kaiserin. Sie wäre keine Frau, wenn sie darin eine Ausnahme machte. Vor der Friseuse, vor der Masseuse haben Frauen keine Geheimnisse; eher vor dem Beichtvater. Die Fanny Angerer ist viele Jahre der einzige natürliche, unbefangene Mensch in Elisabeths nächster Umgebung; die Kaiserin mag sie wie einen Trunk frischen Wassers in der Wüste empfunden haben.

Die Vorleserin Ida von Ferenczy

V.
DOKTOR CHRISTOMANOS

DIE MÖGLICHKEIT SICH ZU VERSTÄNDIGEN IST von Rangunterschieden unabhängig. Elisabeths Einsamkeitsbedürfnis kommt nicht von innerer Armut her, auch nicht vom Gefühl der Minderwertigkeit, sie wäre mitteilsam bei gleichgestimmten Wesen. Wer steht ihr nahe, wann kreuzte eine gleichgeartete Seele ihren Weg? Außer Ludwig, dem Verwandten, hat sie niemand kennengelernt. Trotz der großen geographischen Weite ihrer Welt ist ihr Bewegungsradius minimal. Der abgeschlossne Hof kennt keinen Verkehr mit der Welt; von dem ansehnlichen Schatz geistvoller Menschen, den Wien birgt, weiß Elisabeth nichts. Es ist ein Zufall, wenn einmal ein nicht gewöhnlicher Mann in ihre Nähe gerät. Und auch dieser seltene Fall bringt eine Niete: Dr. Constantin Christomanos. Eines Tags sucht Elisabeth einen Lehrer fürs Griechische. Ein Bekannter des Obersthofmeisters der Kaiserin, des Barons Nopcsa, hat unter seiner Verwandtschaft zwei Brüder: Griechen, Studenten der Wiener Universität, gut erzogene, gebildete junge Leute; einer der beiden würde sich eignen. Sie sind arm, wohnen in einer großen Zinskaserne der Alserstraße in Wien.

Anton Christomanos ist Student der Medizin und steht vor dem ersten Rigorosum. Constantin ist Philosoph. Er hat die Absicht, mit einer Dissertation „Byzantinische Rechtsinstitutionen im fränkischen Recht" zu promovieren.

Die beiden Brüder sind überaus fleißig und bescheiden, sitzen den ganzen Tag über den Büchern. Wenn sie die Fenster öffnen, die auf den Hof hinausgehen, dringt von fernher der Lärm der Straße zu ihnen und etwas Duft aus einem unsichtbaren Garten. Constantin hat Mühe, seine Phantasie vom Buche zu verbannen. Er hat Heimweh nach Landschaften des Südens, Sehnsucht nach fernen Ländern. „Am Morgen, wenn wir die Fenster öffneten und eine kühle Luft uns umfing, duftend nach Sommermorgen, da war mirs wie die Verkündigung einer unerreichbaren Welt ... Um diese Zeit kam jeden Tag eine Amsel, setzte sich auf den First des gegenüberliegenden Daches und sang stundenlang. Wir erwarteten sie sehnsüchtig. Einmal rief ich," so erzählt Constantin, „während die Amsel sang, meinem Bruder zu: Fühlst du nicht, wie freudlos unser Leben ist? Und er antwortete: An solche traurige Dinge darf man nicht denken!" Plötzlich geschieht etwas völlig Unerwartetes. Ein Lakai bringt einen Brief des hochgestellten Verwandten, worin zu lesen ist, einer der Brüder möge sich sogleich zu Baron Nopcsa, dem Obersthofmeister der Kaiserin begeben; die Kaiserin suche einen jungen Griechen, der ihr Sprachunterricht

zu erteilen und mit ihr einige Stunden täglich zu promenieren hätte; die Brüder Christomanos seien ihr empfohlen. Das Schicksal hat an die Türe der armen Studenten geklopft. Welchen der Brüder aber hat das Glück gewählt? Anton will verzichten, Constantin wagt nicht daran zu denken, daß er der Erkorene sein könnte. „Du hörst doch," ruft er dem Bruder zu, „es muß jemand stundenlang mit ihr spazieren gehen. Sie denkt dabei gewiß an einen olympischen Läufer. Ich mit meiner Gestalt!" Schließlich geht Anton zu Baron Nopcsa und wird der Griechischlehrer der Kaiserin.
Es entsteht ein Aufruhr in der Alserstraße, als der Hofwagen zum ersten Male vor der Zinskaserne hält. Aus dem Zuckerbäckerladen, aus der Tabaktrafik, der Pfaidlerei, aus der ganzen Umgebung laufen die Leute zusammen und bilden Spalier... Anton mit seiner fast schmerzhaften Sensitivität, seiner krankhaften Scheu vor Menschen — er muß halb ohnmächtig im Hofwagen davongefahren sein. Als er das erste Mal von der Kaiserin heimkommt, bringt er nur mühsam die Worte heraus: „Sie war außerordentlich gütig zu mir; sie ist viel schöner noch als auf den Bildern; sie spricht ganz leise und langsam mit einer singenden Stimme. Sie hat mich über Papa und Mama und unsere Geschwister gefragt, am meisten über dich. Zuletzt wußte ich nicht mehr, was ich ihr sagen sollte..." Diesen Abend verleben die Brüder wie ein Fest. Sie sitzen bis nach elf Uhr im

Kaffeehaus und durchblättern alle illustrierten Zeitungen. Am nächsten Tag bei der Ankunft des Hofwagens ist derselbe Zusammenlauf. Die Portiersfrau ruft über den ganzen Hof: „Heut' san's Schimmeln! So a Wagen! Die lautere Seiden!" Abends kommt der Bruder mit durchnäßten Kleiden heim. Er erzählt, daß der Regen sie sehr weit vom Schlosse überrascht habe. Die Kaiserin setzte den Spaziergang fort unter den großen Bäumen des Wildparks. Nach der Rückkehr ins Schloß befahl sie, man solle ein Feuer anzünden und ihm andere Kleider geben. Er mußte warten, bis die eigenen Kleider halbwegs trocken waren. Die Kaiserin ließ zweimal fragen, ob er sich nicht erkältet habe. Alles wäre zu ertragen, schließt der Bruder seinen Bericht, wenn nur dieser schreckliche Hofwagen nicht wäre. Nächsten Tag tritt Anton seinem Bruder Constantin die Stelle ab.

Constantin Christomanos bleibt ein Jahr lang bei der Kaiserin. Er ist Grieche, er spricht die Sprache, die sie über allen liebt. Er ist empfindsam, feinnervig, bei aller Sicherheit des gut erzogenen Menschen taktvoll, nicht lakaienhaft wie so viele Intellektuelle, aber er ist Literat in der wesentlichen Untugend der Gattung: er übertreibt seine Empfindung — und das verdirbt das Sprechen und den Stil. Möglich, daß er von Natur nüchterner ist als er sich gibt, denn so oft er von einfachen Dingen berichtet, behält er die Scham der halben Gefühlssichtbarkeit, dieses eigentliche Merkmal des guten Geschmacks. Nur sobald er auf sein großes Erlebnis, auf die Begegnung mit Elisabeth, die gemeinsamen Spaziergänge und Fahrten zu sprechen kommt, verfällt er in die Unart des Literaten, er wird exaltiert. Wahrscheinlich genügte es ihm nicht, ein nüchterner, klarer Begleiter der Kaiserin zu bleiben, den Genuß des Zusammenseins mit dieser Frau als Gehirnfreude zu erleben, er fühlt sich irgendwie verpflichtet, auf Stelzen zu gehen und die natürliche Sprache in ein Stelzen-Deutsch zu verwandeln. Hat er mit Elisabeth wirklich so gesprochen wie er's erzählt, oder ist erst bei der Niederschrift die Sprache verbogen worden? Und ist es Elisabeths wirkliche Sprache, die Christomanos wiedergibt? Dann hätte sie wie er, wie ein Literat aus dem Griensteidl-Seminar von 1895 gesprochen. Es ist ein bedauerliches doppeltes Mißverständnis. Einmal bringt der Zufall einen Intellektuellen zur einsamen, nach einem Menschen verlangenden Kaiserin. Der Intellektuelle, aus Angst davor, die Prüfung nicht zu bestehen, verbiegt Denken und Sprache zur Affektiertheit. Die Kaiserin, mit der Welt des Literatentums nicht vertraut, nimmt diesen Gast und seine verzierte Art als echten Geist auf, fühlt sich vielleicht gar verpflichtet, auf seinen Ton einzugehen. Einen solchen Verdacht lassen nämlich Christomanos' Erinnerungen aufkommen, es wäre denn, wie gesagt, daß der Erzähler hinterher sein eigenes und auch das Bild der Kaiserin verzeichnet habe.

In jedem Falle ist es zu bedauern, daß die einzige

Niederschrift der Gedanken und gelegentlichen Äußerungen Elisabeths diese Form erhalten haben. Christomanos war Grieche, er hatte aber nichts von dem großen Vorzug seiner Klassiker, sich nüchterner zu geben als man war, das Gefühl auf seinem Wege anzuhalten und nicht ans Ende laufen zu lassen. Er hätte Sophokles lesen sollen.

Es gibt kein Bild von ihr, nur von ihm selbst, wenn Christomanos erzählt: „Sie schritt durch den Garten, wie wenn ihr inneres Strahlen einem bestimmten Ziele zuführen würde. Und die Dinge um sie waren von dieser geheimnisvollen Wallfahrt verständigt. Sie veränderten auch ihr Aussehen sowie sie sich näherte: die Physiognomie, der Lebenston der Dinge hob sich um eine Nuance, gleichsam ihrer innern Musik entgegentönend und einen Gleichklang anstrebend. Ich erkannte, daß die Brunnen in ihrer Nähe anders sangen, daß die Umrisse der Felsen in lauter Schönheitslinien sich bogen ... daß die Blätter der Bäume bei ihrem Erscheinen erbebten ..." Was ihnen Christomanos zuschreibt, taten Brunnen, Felsen und die Blätter der Bäume bestimmt nicht.

Die Kaiserin benützt die zwei Stunden, die das Frisieren ihres bis auf den Boden reichenden Haares dauert, um Griechisch zu lernen.

„Majestät", sagt Christomanos, „tragen das Haar wie eine Krone anstatt der Krone."

Sie: „Nur, daß man sich der andern entledigen kann."

Sie wehrt das Pathos ab, möchte lieber witzig sein,

Dr. Constantin Christomanos

aber ihr Begleiter ist pathetisch und hat stets literarische Reminiszenzen parat. Sie gehen bei Regen und Schnee durch den Schönbrunner Park.

Er: „Sehen, Majestät, diesen alten großen Baum mit den schwarzen nackten Ästen, wie er allein dasteht und die Arme verzweifelt in die Höhe reckt? Er ist stärker als der Sturm, er rührt sich nicht... Sein Schmerz ist stärker als der Sturm. Er ist wie König Lear..."

Die Kaiserin mildert diesen Überschwang der Gefühle: „... Meine Hofdamen haben es besser, sie dürfen zu Hause bleiben und wärmen sich die Füße am Kamin..."

Im Lainzer Tierpark hat die Kaiserin eine Klapper mit für den Fall, daß sich ein Eber zeigte, den man damit vertreiben kann.

Christomanos: „Ich kann mir nicht denken, daß irgendein Wesen, das in die Nähe Eurer Majestät kommt, sich diesem Zauber zu entwinden vermöchte... Erinnern sich Majestät, als die Eber uns drohend entgegenkamen?... Damals dachte ich mir, wenn sie nur nicht so feige wären und sich auf uns werfen wollten, dann bewiese ich Eurer Majestät meinen Heroismus und meine Opferfreudigkeit..."

Die Kaiserin: „Seien Sie ohne Sorge, die Eber haben Besseres zu tun, als uns zu attaquieren: sie fressen Trüffel..."

Einmal sagt die Kaiserin: „Man soll nicht glauben, daß die sogenannten schönen und edlen Seelen selten

sind... Es gibt nämlich nichts Lächerlicheres als die menschlichen Begeisterungen. Die Begeisterten sind die unerträglichsten Leute."
Versteht sie Dr. Christomanos?
Er erzählt der Kaiserin, daß er in Innsbruck ihre Schwester, die Herzogin von Alençon, gesehen habe und „nach Mantelberg gepilgert" sei, um „Gelegenheit zu haben, sie in der Nähe des Schlosses zu erblicken".
Sie: „Haben Sie auch ihren Hund gesehen...? Wer von beiden hat ihnen besser gefallen?..."
Eines Tages trifft Christomanos die Kaiserin im schwarzen Seidenkleid mit Schleppe an den Seilen ihrer Turngeräte, die zwischen Salon und Boudoir hängen. Sie muß, um sich daraus zu befreien, über ein aufgespanntes Seil springen. Die Kaiserin entschuldigt sich vor dem verblüfft Dreinschauenden: „Dieses Seil ist dazu da, damit ich das Springen nicht verlerne. Mein Vater war ein großer Jäger, er wollte, daß wir wie die Gemsen springen lernen..." Das Kleid trägt sie, weil sie Erzherzoginnen erwartet. „Wenn die Erzherzoginnen wüßten, daß ich in diesem Kleide turne, gäbs ein großes Erstaunen. Ich hab's nur so nebenbei getan, ich weiß, was man den Fürstlichkeiten schuldig ist..."
Die Kaiserin setzt den Respekt vor der höfischen Ordnung zwischen ironische Anführungszeichen. Sie hat ein Bedauern für die Menschen ohne Zeitsinn. „Nach hundert Jahren", sagt sie, „wird wahrscheinlich kein einziger Königsthron sein. Alles, was uns

für die Ewigkeit erschien, wird nur dagewesen sein, um zu jener Zeit nicht zu sein ..." Mit diesem steten Blick auf die Vergänglichkeit der Werte fällt es schwer, die Unerschütterbarkeit des Majestätsbegriffs darzustellen.

Im Jahre 1879 muß Elisabeth dem Zwang der Konvention neue Opfer bringen: In Österreich-Ungarn bereitet man sich vor, den Tag der silbernen Hochzeit des Kaiserpaars zu feiern. Elisabeth weiß den Kaiser dafür zu gewinnen, daß er in beider Namen darum bittet, von Festlichkeiten abzusehen; in Wien jedoch sind die Vorbereitungen zu weit fortgeschritten, als daß man, ohne die kleinen Leute zu verbittern, auf jede Kundgebung verzichten könnte. An der Stelle der ehemaligen Schottenbastei, wo einst der Schmiedegeselle Libény den Kaiser anfiel, erhebt sich jetzt, aus gesammeltem Gelde erbaut, ein gotischer Dom, die Votivkirche; der Akt der Einweihung soll mit der Silberhochzeit zusammenfallen. Am 24. April, dem Tage der Hochzeit, tritt Elisabeth mit Franz Joseph vor den Altar der neuen Kirche. Eine lange Kette von Zeremonien reiht sich an die kirchliche Feier. Die Fahrt durch die dichtgedrängten Gassen, Huldigungen, das Hochamt, die lange Gratulationscour, die Festvorstellung, eine Illumination — wenn Elisabeth bei alledem auch nur der passive Mittelpunkt ist, so empfindet sie es doch als eine große Qual. Der historische Zug, den Hans Makart entworfen, und bei dem er, inmitten der schönsten Frauen Wiens, des Adels und der reichen Bürger selber mitwirkt, ist der Höhepunkt der Feierlichkeiten. Die Residenzstadt hat mit dieser pompösen Huldigung vor dem kaiserlichen Paar ihre Versöhnung mit Franz Joseph zur Schau gebracht; vor einundzwanzig Jahren oppositionell, heimlich rebellierend, hat Wien, gleich Elisabeth, mit Franz Joseph Frieden geschlossen. Die Hochzeitsfeier in der Votivkirche bekräftigt die Gewöhnungsehe Elisabeths, der Huldigungszug die bürgerliche Verstandesehe, die Wien mit dem Regime Franz Josephs verbindet.

VI.
LUDWIGS TOD

ELISABETH WÜNSCHT IHREN SOHN VOR DEM Schicksal zu bewahren, das ihr beschieden ist. Sie liebt den klugen, über seine Jahre entwickelten, selbständigen, hellgeistigen Rudolf mit der Freude der Mutter, die sich das Kind nicht anders wünscht als es ist. Seit sie sein Vertrauen besitzt, kommt Rudolf oft und gern zu ihr. Mutter und Sohn sind durch ein Band zärtlichster Zuneigung verbunden. Elisabeth hat vor andern Müttern den Vorzug, niemals Autorität sein zu wollen. Sie gleicht darin ihrem Vater, der den Kindern ein Vorbild, kein Vorgesetzter war; sie berät den Sohn, wenn er um ihren Rat fragt, sie verurteilt nie und gewöhnt Rudolf daran, auch die Heimlichkeiten der Mutter mitzuteilen. Sie ist vom zartesten Taktgefühl bei allen Zweifeln, Freuden und Geheimnissen ihres Sohnes; Rudolf ist vor ihr nicht der schüchterne Knabe wie vor dem Vater, sondern ein junger Kavalier mit der Vertrauensseligkeit des Bruders zur Schwester. Es ist auch äußerlich dieses Bild, wenn Mutter und Sohn, sie die schöne vierzigjährige Frau, er der Zwanzigjährige, zusammen gehen oder zu Pferd nebeneinander dahinjagen.
Rudolf ist überall wohlgelitten; er erntet bei seinen

Besuchen der Höfe Sympathien, er ist weltmännischer als es der Vater in diesen Jahren war, ein eleganter Kronprinz, der die Würde durch die angeborene Skepsis seines Geistes zu mildern weiß. Nirgendwo aber, so berichtet ein Beobachter bei Hofe, ist er von „zärtlicherer Eleganz", als zu seiner Mutter. „Man muß ihn gesehen haben, wenn er der Kaiserin den Steigbügel hält; kein Page der galanten Zeit kann so artig und liebevoll sein." Der Sohn, der mit zwanzig Jahren jedem Frauenblick standhält, errötet, wenn er der Mutter die Hand küßt. Er liebt es, für sein Taschentuch das Parfüm der Mutter zu wählen. Er ist beglückt, ihre Handschuhe tragen zu dürfen. Er verehrt, was sie liebt. Er hat die gleichen Neigungen wie sie. Er verbringt mit Ludwig II. Tage und Nächte, von der schwärmerischen Sympathie des Königs unheimlich angezogen.

Der Kronprinz ist einundzwanzig Jahre alt, als Franz Joseph ernstlich den Plan erwägt, seinem Sohn eine Gattin zu wählen. Der Plan ist ein Stück der Staatspolitik, er wird mit der gleichen praktischen Sinnesart behandelt wie die andern Geschäfte des Kaisers. Die eignen Erfahrungen bestärken den fünfzigjährigen Monarchen in dem Entschluß, bei dieser Aufgabe nur die Räson sprechen zu lassen. Der Kreis, der bei der Wahl der Kronprinzessin in Betracht kommt, ist sehr beschränkt. Die Braut muß königlichen Geblüts, sie muß katholisch sein. Die Zahl ebenbürtiger katholischer Prinzessinnen ist aber äußerst gering. Franz

Joseph entscheidet sich für die Tochter des Königs Leopold von Belgien, die siebzehnjährige Prinzessin Stephanie. Eine Brautwahl bei Hofe ist von der Eheschließung in reichen Bürgerfamilien nur durch das gesteigerte Würdepathos verschieden; im Familienrat haben da und dort Tanten, als die Anwälte des Familienansehens, mehr zu sagen als die Mütter. Die Schwester der Königin von Belgien, die österreichische Erzherzogin Elisabeth, genießt die besondere Wertschätzung Franz Josephs. Sie ist bei Hofe eine mächtige Persönlichkeit, mächtiger als die Kaiserin; der Plan der Brautwerbung in Brüssel ist ihr Werk. Elisabeth ist zu schwach, die Argumente der staatlichen Wohlfahrt und der praktischen Erwägungen zu erschüttern. Sie verschmäht es, sich der Erzherzogin Elisabeth zu nähern, die seit dem Tode der Mutter des Kaisers deren Stelle vertritt; sie kämpft allein mit Gründen des natürlichen Rechts, und wie Franz Joseph aus seiner Erfahrung für die Vernunftehe plädiert, so wird Elisabeth beim Anblick ihres Schicksals darin bestärkt, für Rudolf die Freiheit des eignen Geschmacks zu fordern.

Der Kaiser hat im Konflikt um die Braut des Sohnes das gute Gewissen auf seiner Seite. In seinem wie in andern Fürstenhäusern sind die Ehen stets nach den Interessen der Hausmacht, den Bedürfnissen des Staates geschlossen worden; ein Blick auf seine Ahnenreihe erspart ihm jede weitere Begründung. Er selber hat die habsburgische Tradition mit dem angemaßten Recht des Liebenden halb durchbrochen; sein Ausnahmsfall bestätigt die Vernunft der Hausregel. Der Träger der kaiserlichen Macht hat kein Recht, die Neigung seines Herzens höher zu werten als die Interessen des Throns. So wie Franz Joseph denkt der ganze Hof. Es ist die instinktmäßige Abwehr eines revoltierenden, zerstörenden Prinzips, wenn alle Erzherzoginnen, Prinzen und Minister des Hauses das Recht auf eine Liebesehe negieren. Neben dieser geschlossenen Front erscheint Elisabeth wie eine gefährliche Kraft, die an den Grundfesten des alten Habsburgerhauses rüttelt, ewige Geltungen in Zweifel setzt, Hirne und Herzen beunruhigt und die Autorität der Majestät ins Wanken bringt. Immer ist sie auf Seite der Gesetzesbrecher und Sünder wider die Tradition. Ihr ältester Bruder Louis, der Gatte der Schauspielerin Henriette Mendel, jetzt Freifrau von Wallerssee, hat aus dieser unebenbürtigen Ehe eine Tochter. Die Kaiserin nimmt sich dieses Mädchens an, sie bevorzugt es und gibt sehr deutlich zu verstehen, daß sie den Begriff der Unebenbürtigkeit nicht anerkennt. In dem Kampf um Rudolfs Gattin unterliegt sie; der Sohn gehorcht dem Vater. Am zehnten Mai 1881 vermählt er sich mit Stephanie von Belgien. Die Hochzeitsfeier stellt Elisabeths Nerven auf die härteste Probe. Während des Trauaktes in der Kirche verliert sie die Herrschaft über sich und wird von einem krampfhaften Weinen befallen. Es ist das letztemal, daß Wien die Kaiserin zu Gesicht bekommt.

Von den achtundzwanzig Jahren, die seit ihrer Ehe

mit Franz Joseph verflossen sind, hat Elisabeth mehr als die Hälfte außerhalb Österreichs zugebracht. Kaiserin ist sie auf den Bildern in den Salons der Bürger, auf den Öldrucken der Bauernstuben — in Wirklichkeit war sie es nie. Sie gehört nicht zu den Menschen, die Tagebücher führen und, in ihr eignes Leben verliebt, von Zeit zu Zeit Rückschau halten; ließe sie diese Jahre an sich vorüberziehen, sie fände keines, auf das sie mit Wohlgefallen blicken könnte. Der schöne Traum der Brautzeit war kurz, das Erwachen ernüchternd. Den Konfliktsjahren folgt die Flucht und das Leben im Exil, dann die Rückkehr nach der großen Katastrophe, eine kurze Zeit der Täuschung, als ob ein Dasein am Hofe möglich wäre, Jahre der Kompromißversuche und neuerliche Ernüchterung, und nun die Aussicht, wieder ins Exil zu müssen. Als Elisabeth vor einundzwanzig Jahren Wien verließ, zum zweiten Male und mit dem Entschluß, dem Hof dauernd fernzubleiben, ging sie mit verbittertem Herzen, tief verletzt in ihrer menschlichen Würde. Es ist nicht allein der Altersunterschied, der sich jetzt geltend macht; damals war sie fünfundzwanzig Jahre alt, heute ist sie eine vierundvierzigjährige Frau. Neben den Leiden des Gemüts melden sich nun die Übel des Körpers. Elisabeth ist krank.

Ihre Nerven vertragen nicht mehr die Nähe des Hofs, ihr Leib wird von Ischias geplagt, sie erkennt zu spät die unheilvolle Wirkung des Aufenthalts in Lainz. Auf ihren Fahrten hat sie sich nirgends so wohl gefühlt wie auf Korfu. Längst ist es ihr Plan, dort, auf dem sonnigen Boden des alten Scheria sich nach eignen Entwürfen ein Schloß zu bauen. Diesen Plan nimmt sie jetzt wie eine erwünschte Beschäftigung auf, die ihr einen Inhalt gibt und ihr Denken von sich selber abzieht. Bei den Entwürfen zu dem Schloß wirkt vieles zusammen: Elisabeths Vorliebe für Korfus Landschaft, für das Meer in dieser südlichen Gestalt; ihre Zuneigung zum Hellenentum; ihr Wunsch, den eignen Göttern einen Tempel zu errichten. Der Hellenismus Elisabeths trägt die Züge ihrer Heimat. Der baufrohe Bayernkönig Ludwig I. hat München zu einem Denkmal der deutschen Griechensehnsucht umgestaltet; hier empfing Elisabeth ihre ersten Eindrücke von der Antike. Das griechische München ist eine Verniedlichung des Originals; die romantischen Wittelsbacher übersetzten sich das Griechische ins Bajuvarische. Elisabeth kennt Griechenland, es ist kein Bildungstrieb, sondern eine tiefe Zuneigung, was sie mit der alten Welt verbindet; an der Gestaltung ihres Schlosses haben die Münchner Kindheitserinnerungen einen großen Anteil.

Der Palast wird in den Berg hineingebaut nächst der Straße, die von Korfu nach dem Dorfe Gasturi an Benizze vorbei längs des Meeresufers hinführt. Die Stirnseite des Baues ist dreistöckig, die Rückseite ein Stockwerk hoch. Von hier betritt man eine weite Gartenterrasse mit uralten Bäumen. Eine sehr weiße Gartenmauer, die vom Laub der Ölbäume überragt wird, schließt Park und Schloß nach außen ab. Den Zugang von der Straße sperrt ein breites eisernes Gittertor. Von hier steigt eine Rampe zur äußeren Vorhalle des Baues, deren starke Säulen die breite Veranda tragen. Das zweite und dritte Stockwerk treten zurück, so daß zu beiden Seiten der Veranda zwei Loggien entstehen. An der Langseite, die dem Innern der Insel zugewendet ist, zieht sich ebenfalls eine Veranda. Von hier blickt man auf Gasturi und Aji-Deba, ein malerisches Dörfchen, das auf dem Berge klebt. Durch die Säulenvorhalle betritt man das offene Atrium. Es erinnert an die Halle des Wiener Parlaments: ein hoher, kühler, von korinthischen Säulen getragener Raum. Die Kälte des glatten Marmors ist durch rote Teppiche auf dem Boden und an den Wänden gemildert. Hohe Spiegel, fremd in dieser Umgebung, vervielfachen den Raum. Zu beiden Seiten des Stiegenaufgangs stehen riesige Vasen aus Bronze und Porzellan mit Fächerpalmen, deren Blätter bis zur Decke reichen. Aus dieser Halle führen Türen in die Räume des Palastes, in den Speisesaal, das Spielzimmer und die Appartements der Kaiserin. Ein kleiner Raum, rechts vom Eingang des Atriums, ist als Kapelle eingerichtet; über dem Altar steht „Notre Dame de la garde", die Mutter Gottes der Marseiller Seefahrer. „Ich habe sie selber aus Marseille mitgebracht," sagt die Kaiserin, „sie ist die Beschützerin aller Seeleute." Die Marmortreppe, die von der Rampe in den untern Garten auf die obere Gartenterrasse führt, ist mit Standbildern der Venus,

der Artemis und schöner Jünglinge geschmückt. Die Säulen, die das Dach tragen, sind zinnoberrot gefärbt, die Kapitäle reich vergoldet und blau-rot bemalt; die Hinterwand des Säulenbaus mit großen Freskomedaillons geschmückt: Apollo und Daphne, der blinde Homer, Theseus und Ariadne, Äsopus und odysseische Landschaften. Dazwischen stehen Hermen mit antiken Köpfen. Am untern Rande des Palastes, gegen Norden und das Meer zu, erhebt sich eine weiße Marmorfigur, Peri, die Lichtfee, auf den Flügeln eines Schwans über die Wellen gleitend. Einige der marmornen Bilder, so den Apoll Musagetes, hat Elisabeth in Rom, aus dem Besitze des Fürsten Borghese gekauft. Ein Stück davon, die „dritte Tänzerin" Canovas, hat eine Geschichte: das Modell des graziösen nackten Leibes war Pauline Borghese, die Lieblingsschwester Napoleons. Elisabeth kennt die Vorgeschichte der Statue. „Ich liebe sie," sagt sie, „sie gehört nicht unter die Musen, ich hoffe aber, daß man sie gut aufnehmen wird." Zwischen den Säulen hängen an Ketten antike Bronzeampeln.
Der weite Garten des Palastes hat uralte Zypressen, Magnolien, Ölbäume, dazwischen Blumenbeete mit Rosen und Hyazinthen. Am Springbrunnen steht ein schwarzer Satyr, der auf seinen Schultern einen Dionysos-Knaben trägt. Am Rand des Gartens, wo der Abhang sich zum Meer hinabsenkt, läßt sich Elisabeth ein rundes Zeltdach aus buntfarbigem, antik gemustertem Tuch errichten. Hier öffnet sich ein weiter Blick

auf das Meer und die fernen Berge Albaniens. Gegen Norden liegen noch zwei Terrassen. Am äußersten Rande leuchtet der „sterbende Achilles", der Liebling Elisabeths. „Er war stark und trotzig und hat alle Könige und Traditionen verachtet ..., er hat nur seinen eigenen Willen heilig gehalten und nur seinen Träumen gelebt ..." Von hier zur zweiten, der tiefern Terrasse führen Marmortreppen hinab. Inmitten von Rosen ruht Hermes, eine Kopie der berühmten Herkulanum-Bronze. Auf einer doppelten, halbkreisförmigen Treppe steigt man zur dritten, der „Achillesterrasse" herab. Elisabeth nennt diese Anlagen „meine hängenden Gärten". Eine Tropfsteingrotte unterhalb der Marmortreppe gehört zu Elisabeths Stil. Grünes Dämmerlicht, künstlich erzeugt, quillt hervor; im Hintergrund sind Spiegel angebracht, die den Wasserspiegel ins Unendliche verlängern. Es ist die „Kalypso-Grotte" Elisabeths. Schattige Laubgänge, die voll Blüten sind, ziehen sich zu beiden Seiten des „sterbenden Achilles". Waldnymphen und ein betrunkener Faun schimmern aus dem Grün.

Beim Bau des Achilleions hat Elisabeth völlig freie Hand; was sie wünscht, bekommt Gestalt. Das Schloß verschlingt Riesensummen. Dennoch opfert die Kaiserin einen Teil ihres Schmuckes, um auch bei der Inneneinrichtung nicht sparen zu müssen. Sie will womöglich jedes Stück nach einem Vorbild und aus dem edelsten Material haben. Da sind Sessel wie jener, welchen Adrast der Helena vorsetzte, ausgelegt mit

Silber und Elfenbein, mit einem mächtigen Schafvließ bedeckt, zierliche Schemel und Kasten, antiken Stücken nachgebildet. Größte Sorgfalt wird dem breiten griechischen Bett gewidmet, das sich nur fingerhoch vom Boden des Schlafzimmers erhebt. An die glänzenden Pfosten schmiegen sich Nymphen, das „traumumwitterte Kissen" zu tragen; eine Seidendecke ist über das Bett geworfen — so wie es Helena den Mägden befahl, das Lager für Telemachos zu bereiten. An den Wänden stehen herrliche Vasen aus blauem Glas, ähnlich jenen, die man den Toten mit ins Grab gab. Im mittleren Stock, der vom Garten aus keinen direkten Zugang hat, liegen die Gastzimmer, Wohnräume für den Kaiser und die Erzherzogin Valerie.
Dieser Palast, fürs Schauen und Träumen geschaffen, wird Elisabeths Heim werden. Wenn all unser Unglück daherkommt, wie Pascal sagt, daß wir nicht in einem Zimmer mit uns allein bleiben können, dann müßte Elisabeth jetzt glücklich sein. Sie kann allein sein, sie hat jetzt die Ruhe und Einsamkeit, nach denen sie sich sehnte. Sie ist auch hier nicht glücklich. Wer sie sieht, wie sie durch den wilden Ölwald Korfus wandert, in diesem warmen, lebenden Halbdunkel des silbrigen Laubs, oder längs des Meeres, an den leuchtenden Margueritenfeldern, mit ihren großen Schritten scheu und verschlossen vor sich hinschreitet, der meint, eine ruhelos Verfolgte vor sich zu haben, die in steter Angst vor dem kommenden Tag leben muß.

Das Achilleion in Korfu

Einmal spricht sie selber davon, und man hört aus ihren Worten die Klage einer das Altern fürchtenden Frau. „Ein Mensch von vierzig Jahren löst sich auf, verfärbt sich, verdunkelt sich wie eine Wolke; was wir gestern an ihm liebten, ist heute ausgelöscht. Nur der Tod könnte seine Jugendlichkeit festhalten..." Sie spricht den Gedanken nicht zu Ende: die leben bleiben und dauern, sehen wir dicker werden. Es ist nicht die gewöhnliche Angst der Frau vor Verfettung; so kann nur sprechen, wessen Denken beständig um die eigene Jugend kreist. Elisabeth ist das Erlebnis der großen Liebe versagt geblieben, die Erzählungen von der Zuneigung zu dem jungen Grafen Emmerich Hunyády, der sie nach Madeira begleitet hat, von Nikolaus Esterházy, von Elemer Batthyány und Julius Andrássy sind Dichtungen des Hofs. Sie empfand ihre eigene Sechzehnjährigkeit als den Höhepunkt, als das Wunder, von da an es kein Aufwärts, nur ein Abwärts gab. Damals in diesen kurzen Jahren des Frühlings war sie glücklich. Was ist aller Glanz ihres Schlosses, was sind die Farben des südländischen Meeres und die Pracht Korfus neben den heiligen Bäumen, Wiesen und dem See von Possenhofen! Elisabeth ist Mutter, sie wird Großmutter, ohne die Lust und Freude an der Liebe erlebt zu haben. Was erwartet sie noch?

Eines Abends, als Elisabeth vom Achilleion die Straße entlang geht, kommt sie an einer kleinen Hütte vorbei, die abseits vom Dorfe liegt. Ein schwacher Lichtschein fällt aus der offenen Tür in den dunkelnden Olivenwald. Plötzlich durchschneidet ein schriller, langgedehnter Schrei die Luft — ein Schrei, der so klingt, als sei er aus höchster Not gestoßen. Dann fallen mehrere Stimmen ein, ein ganzer Chor von jammernden Lauten, alle in einem Tone. Es ist ein Klagegesang von vielen Frauen. Nach einer Pause setzt der trostlose Gesang wieder ein, stärker als zuvor. Der ganze Wald widerhallt von dieser Melodie. Und aus diesem Chor schreit wieder die einzelne Stimme mit der furchtbaren Klage auf. Die Kaiserin bleibt wie versteinert stehen. „Was ist das, was ist das?" fragt sie mit Entsetzen in der Stimme ihre Begleitung. Ein Blick in das Innere des Hauses läßt im dunklen Vorraum mehrere auf den Boden kauernde Frauen erkennen. Eine rauchende Ölflamme wirft auf ihre Gesichter dunkelrote Lichtflecken. Im Hintergrund des dunklen Raumes liegt etwas Weißes, langgestreckt auf einem Bette. Eine Frau mit zerrauftem Haar hockt in der Mitte des Kreises von Weibern. Sie ist's, die mit aller Kraft der Lunge schreit, sich hin und her windend, mit dem Kopfe auf den hartgetretenen Lehmboden schlagend, mit den Nägeln ihre Wangen zerfleischend ... Es ist jemand gestorben. Man gibt der Kaiserin keine genaue Auskunft. Da sagt sie: „Die Frau, die so schrecklich klagt, hat ein Kind verloren — den Sohn, ich höre es aus dem Schrei."

Elisabeth wird traurig, wenn sie an ihren eigenen

Sohn denkt. Sie glaubte ihm nicht das Glück, wenn er schrieb, „ich schwelge in Zufriedenheit". Rudolf hatte sich anscheinend rasch in die Bestimmungsehe gefügt. „Stephanie ist hübsch," so versicherte er, „gut, gescheit, sehr vornehm und wird eine treue Tochter und Untertanin ihres Kaisers und eine gute Österreicherin." Und noch einmal: „Ich bin sehr glücklich und zufrieden..." Nur zu bald jedoch erhält Elisabeth Briefe ihres Sohnes, die ihre Befürchtungen bestätigen. Der Kaiser hat, nach langem Widerstreben, Rudolfs Wunsch entsprochen und ihn von Prag nach Wien versetzt; im Mai 1883 kommt in Laxenburg Rudolfs Tochter Elisabeth zur Welt. Es ist nicht die Schuld der Kronprinzessin, daß das Glück und die Zufriedenheit, von denen Rudolf sprach, rasch schwinden. Die Kaiserin meint, die Ursache dieser frühen Entfremdung in der Selbsttäuschung Rudolfs sehen zu müssen.

Sie irrt; wahrscheinlich hat Rudolf kein Talent zum Ehemann. Sein oppositioneller Geist, die Art, wie er über die meisten Erzherzöge und den Hofadel urteilt, die Wahl seiner Gesellschaft — dies alles erschwert und verleidet es ihm, sich als den zweiten Mittelpunkt des Hofes zu setzen. Wie seine Mutter, meidet auch er den Hof, und damit sein eigenes Haus. Es ist nicht, wie man sagt, die Unbeständigkeit seines Naturells, die ihn forttreibt; er flieht aus einem Dasein, hinter dessen goldstrotzender Kulisse eine große Leere gähnt. Es war des Kaisers Wille, daß der Thronfolger Offizier und nichts als Offizier sei. Rudolf hat ehrlich versucht, diesem Befehl zu gehorchen. Er war Oberst in Prag, dann Generalmajor, nun ist er Divisionär in Wien. Die militärische Tätigkeit kann ihn nicht befriedigen.

Sein lebhaftes Interesse an den Gegenständen des Reiches nimmt der Kaiser nicht recht ernst; Gedankengebung und Meinung des Sohnes nennt er „Schwärmerei", ihn selber einen „Plauscher". Vielleicht übertreibt Rudolf in seinen Briefen, wenn er die Situation bei Hofe als trostlos schildert; er selber hat keine Hoffnung, auf den Kaiser einwirken zu können. „Es hat", schreibt er, „eine Zeit gegeben, da die Kaiserin sich um die Politik gekümmert und mit dem Kaiser über ernste Dinge gesprochen hat. Sie ließ sich dabei von Ansichten leiten, die den seinen diametral entgegengesetzt waren. Diese Zeiten sind vorüber; der Einlaß liberal angehauchter Meinungen ist verschlossen... Gegen mich herrscht Mißtrauen. Taaffe liebt mich nicht, der Staatsrat Braun kann mich nicht ausstehen. Ich habe den Ruf, liberal zu sein, und gehe mit Menschen in wahrhaft intimem Verkehre um, die nicht beliebt, sogar schlecht angeschrieben sind. Der Kaiser war vor drei, vier Jahren schon bis zu einem gewissen Grade liberal und mit dem neunzehnten Jahrhundert versöhnt. Jetzt ist Er wieder so, wie zu den Zeiten der armen Großmama: klerikal, schroff und mißtrauisch; die Dinge können noch sehr weit gehen..."

Rudolf hat eine umfassende Denkschrift verfaßt, worin seine Ansichten und eine sehr ausführliche Kritik der Politik niedergelegt sind. Er erwartet nicht viel davon. „Wird der Kaiser diese kleine Arbeit ernst nehmen oder abend vor dem Schlafengehen durchblättern und ad acta legen, das Ganze als die Exzentrizität eines aus Art und Schablone geschlagenen Schwärmers halten, als was Er, wie ich es oft bemerke, meine ganze Lebens-, Denkungs- und Schreibweise zu betrachten sich angewöhnt hat? Wird Er es jemandem von seinen Lieblingen zeigen? Taaffe, Braun, Erzherzog Albrecht, Beck, die dagegen mit dem heiligen Feuer der Miserabilität auftreten werden? Soll ich es erst der Kaiserin zu lesen geben? Sie ist eine untätige, aber durch und durch gescheite Frau . . ." Der Brief sagt alles. Franz Joseph denkt nicht daran, seinem Sohn auch nur die geringste Wirkungsmöglichkeit zu gewähren; er nimmt weder dessen politische Meinung, noch die übrigen Ansichten irgendwie ernst.

Der Vorwurf Rudolfs gegen die Kaiserin entspringt seiner aktiven Natur. Er hat noch nicht resigniert, sich noch nicht aus der Hoffnungslosigkeit in ein Dasein privater Abenteuer zurückgezogen. Elisabeth hat längst jede Hoffnung aufgegeben. Nur dadurch, daß sie „untätig" wurde, auf jede Art Mitwirkung bei Hofe verzichtete, konnte sie ihre Gefühle für Franz Joseph von Bitterkeit und Verärgerung frei halten. Um so schwärzer freilich sieht sie aus der Entfernung

die Zukunft ihrer Familie, des Hofs und des Reiches. Elisabeth neigte stets dazu, alles Geschehen als etwas Schicksalhaftes anzusehen; die Erfahrungen ihres eignen Lebens haben diese Neigung zu einem Glauben an die „Unentrinnbarkeit" des Menschen gesteigert. Es ist die Umdeutung ihrer Unfreiheit ins Allgemeine. Kein Mensch, sagt sie, könne seinem Schicksal entrinnen; jedes Leben läuft mit der Unerbittlichkeit einer Uhr nach den Gesetzen ab, die in der Seele und im Hirn des Einzelnen liegen; die Fehler des Denkens seien, schließt sie weiter, unkorrigierbar, der Mensch hat sie von seinen Ahnen mitgeerbt, er selber vermag sich nur ganz selten von dieser Erbschaft zu befreien, die Freiheit des Willens habe nur das Genie.
Die Meinung ruht auf einer richtigen Einsicht in die Begrenztheit der Entwicklung, sie führt aber in ihrer Anwendung zu einer lähmenden Trostlosigkeit. Elisabeth entschuldigt Franz Joseph, auch er ist der Erbe seiner Ahnen und untertan dem Glauben an die heilige Sendung seines Hauses; ihr Verstand aber läßt sie nur Unheilvolles erwarten. In dem Zwang aus Tradition und Allmachtsglauben sind Quellen grober Denkfehler enthalten; niemand hat die Macht, Kaiserhaus und Reich vor den Folgen dieser Fehler zu behüten, denn auch die Ratgeber des Kaisers sind nach unabänderlichen Voraussetzungen gewählt. Alles, was um ihn geschieht, vollzieht sich notwendig, unerbittlich; jedes Wort der Kritik ist vergebens, man kann nur schicksalsergeben seine Seele wappnen, daß das un-

vermeidliche Unheil einen nicht zermalme. Die Kaiserin hält mit solchen Ansichten auch vor Rudolf nicht zurück. Sie sagt ihm, es sei utopisch, mit Denkschriften und literarischen Arbeiten etwas ändern zu wollen; die Wurzeln des Denkens und Handelns liegen zu tief, als daß eine andre Meinung sie zu beleben vermöchte. Auch sie, sagt Elisabeth, habe einst so gedacht wie Rudolf, sie sei nicht immer „untätig" gewesen, sie habe durch liebevolles Eingehen auf des Kaisers Art ihn für eine geistigere Betrachtung der Dinge zu gewinnen gesucht, schließlich aber eingesehen, daß es gänzlich aussichtslos sei; sie konnte nichts andres tun, als zu resignieren. Immer öfter spricht und schreibt Elisabeth von „dunklen Ahnungen", vom „Schicksal" des Hauses.

Im Sommer 1885 kommen Nachrichten aus München, die Schlimmstes befürchten lassen. Es ist kaum noch ein Zweifel daran möglich, daß der König vom Mißtrauen umlauert wird und umstellt ist. Kopfschüttelnd, ohne doch nach Erklärungen zu suchen, hatte man bisher das Gehaben des einst Vergötterten ertragen: die phantastischen Bauten, die nächtlichen Exkursionen im Rokokoschlitten bei magischem Mondschein, sein Leben in den Schlössern, die Freundschaften. Ein Blick in Ludwigs Tagebücher hätte die sexualpathologischen Spuren seiner Sonderbarkeiten rasch aufgedeckt.

Seit der Abkehr von Richard Wagner ist ein Stallmeister, Richard Hornig, der Freund: „Kuß heilig und rein", schreibt der König in sein Buch, „Vivat Rex et Richardus in aeternum". Und zugleich ein Verbot der Selbstbefleckung: „Hände weg, kein einziges Mal mehr hinab, bei schwerer Strafe!" Nachher ist ein bayrischer Offizier der Erkorene, ein Freiherr von Varicourt: „Heil dem Träger eines solchen Namens!" Und eine Erneuerung des Verbots: „Varicourt wird mich stählen. Noch ein Mal, und verwirkt ist das Recht auf die Krone und den Königsthron!" Im Mai 1881 war Elisabeth mit Ludwig zusammen. Ahnte sie nichts? Sie kam in die Episode Ludwig-Kainz. „Heute hatte die Kaiserin", schreibt der König seinem neuen Freund, „die große Güte, mich zu besuchen, was mich hoch erfreute..." Es ist vor Ludwigs Reise mit Joseph Kainz nach der Schweiz. Der König will, obwohl er acht Diener, zwei Köche, Friseure, Bedienstete und den unentbehrlichen Hoffourier Hesselschwerdt mitführt, unerkannt bleiben. Er reist als „Marquis von Saverny". In Ebikon bei Luzern trifft das Schiff verspätet ein, die Landungsbrücke ist mit Eidgenossen dicht besetzt. Noch schlimmer in Brunnen. Eine riesige Menschenmenge erwartet Ludwig. Er weigert sich, ans Land zu gehen. Kainz muß aussteigen, die musizierenden, zu Ovationen bereiten Menschen beruhigen. Er wird für den König gehalten und mit „Majestät" begrüßt. Bestürzt, aber schweigend, nimmt der Schauspieler, als der vermeintliche König, die Ansprachen entgegen. Bei der Abfahrt vom Hotel Axenstein bricht die Wagendeichsel. Der Wagen rollt zurück, eine Katastrophe scheint

unvermeidlich; ein Steinhaufen rettet den König und seinen Freund. Pourtalès beschreibt eine Photographie aus diesen Tagen. Da steht der König im Reisemantel, den Hut in der Hand. Kainz sitzt daneben, dünn und unscheinbar. Ein Prinzipal und sein Angestellter in den Sommerferien lassen sich „in Pose" in einer Jahrmarktsbude photographieren. Was ist aus dem herrlichen Prinzen mit dem anbetungswürdigen Antlitz einer jungen verliebten Königin in knapp zwanzig Jahren geworden! Nichts Ergreifenderes, als Aufnahmen von Irren, bei denen die unhaltsamen Deformierungen sichtbar werden. Ein Auge sinkt ein, die Stirn wird flacher, ein Mundwinkel fällt herab, Züge des Bösen graben sich wie Würmer in das Antlitz ... Hat Elisabeth diese Spuren nicht gesehen?
Im Dezember 1885 hat der Bauherr von Linderhof, Neuschwanstein und Herrenchiemsee eine katastrophale Finanznot. Herr Söhnlein, der Sektfabrikant, wäre für den Titel eines Kommerzienrats bereit, dem verschuldeten König ein Darlehen zu gewähren. Der Chef der königlichen Kabinettskasse, Rat Klug, schreibt an Ludwigs Kammerlakai Mayr: „Ich wage nochmals inständigst und mit aufgehobenen Händen Sr. Majestät die allerehrfürchtigste Bitte zu unterbreiten, die untertänigst erbetene Allerhöchste Anerkennung einem Manne Allerhuldvollst gewähren zu wollen, der vielleicht allein imstande ist, auch späterhin mit weitern Millionen der Kabinettskasse zu Hilfe zu kommen."
Im März 1886 stellt der Obermedizinalrat Dr. von

Gudden bei Ludwig Paranoia fest; Prinz Luitpold leitet die Entmündigung ein. Das Gutachten der Ärzte beruft sich auf Aussagen entlassener Domestiken; der König selber ist nicht untersucht, nicht von Ärzten beobachtet worden. Diese Botschaft erreicht Elisabeth in Ischl, wohin sie zu einem kurzen Aufenthalt gekommen ist.

Sie glaubt nicht den Berichten der Verwandten, sie glaubt nicht den Ärzten. Sie ist aufs tiefste erschüttert. Tagelang bleibt sie allein, sie schreibt Briefe nach München, sie will alles wissen. Verschweigt man ihr nicht etwas? Droht Ludwig die Entthronung? Will man ihn, den Adler, in die Nacht des Gefangenseins verstoßen? Elisabeth versucht, den Kaiser für die Rettung des Gefährdeten zu gewinnen. Franz Joseph zweifelt nicht an der Verläßlichkeit und Richtigkeit der Nachrichten aus München, dennoch veranlaßt er Erkundigungen bei seiner Tochter Gisela, daneben erhält er von seiner Münchener Gesandtschaft ausführliche Darstellungen. Das Gutachten über Ludwigs Krankheit haben Hofrat Dr. Hagen, Medizinalrat v. Gudden, Universitätsprofessor Dr. Grassey und Direktor Dr. Hubrich erstattet. Ludwig, so schließen die Ärzte, ist der Neffe der unheilbar geisteskranken Prinzessin Alexandra; unheilbar geisteskrank ist auch sein Bruder Otto. Als Anzeichen des Wahns wird seine Menschenscheu angeführt, die Flucht in die Schlösser, der Verkehr mit Lakaien und Friseuren, Geräuschhalluzinationen, Angstvorstellungen und der Haß gegen die Mutter. Er spricht von der Mutter als von der „Gemahlin meines Vorgängers" oder von der „Inhaberin des 3. Feldartillerie-Regiments". „In Gedanken an die Inhaberin des 3. Feldartillerie-Regiments habe ich eine große Wasserflasche an ihrem Kopfe zerschlagen, habe sie mit den Zöpfen auf der Erde herumgeschleift, ihr die Brüste mit den Absätzen zerstampft." Und von dem Großvater: „Jetzt war ich in Gedanken in der Gruft der Theatinerkirche, habe den König Max aus dem Sarge herausgerissen und seinen Kopf beohrfeigt." Er bespuckt in Hohenschwangau die Büste des Deutschen Kaisers. Seinem Marstallfourier Hesselschwerdt gibt er Befehl, in Italien eine Bande zu mieten, um den in Mentone weilenden deutschen Kronprinzen gefangenzunehmen, fortzuschleppen und in einer Höhle, bei Wasser und Brot, in Ketten zu legen. München, so befahl er, sei anzuzünden, der Kabinettsekretär Ziegler in einen Turm zu werfen. Er bedroht die Lakaien. Einen Vorreiter hat er am Halse gewürgt. Mayr, der Kammerlakai, durfte sich nur mit schwarzer Maske sehen lassen; das Sprechen war ihm verboten. Der Kammerlakai Buchner muß einen Siegellackstempel auf der Stirne tragen; er darf nur auf allen Vieren kriechend sich dem König nahen, er muß den Boden küssen. Herrenwörth, so wollte es Ludwig, soll in die Luft gesprengt werden. Ein Sekondeleutnant der bayrischen Armee soll die absolute Regierungsgewalt übernehmen. Dann wieder, so heißt es im Gutachten, wollte Ludwig sein Land gegen eine hohe Summe an Preußen verkaufen. Seine Befehle erteilt er durch die geschlossene Tür, an der die Lakaien zu kratzen haben. Wen er straft, der muß, entkleidet, knieen oder auf dem Bauche liegen ...

Elisabeth hört diese Details wie einen schauerlichen Roman. Ihr Mißtrauen wächst. Ist es nicht eine Verschwörung, sich des Träumers auf dem Thron zu entledigen? Sie kennt Ludwig, sie weiß, wie seine Aussprüche, die hingeworfnen Flüche und Befehle zu verstehen sind. Wie mißverstehend, die Wortexplosionen des Einsamen als ernsthafte Drohungen zu deuten! Der König, immer allein, spricht Monologe, auch wenn er Befehle erteilt — welche Verkennung, ihn als gefährlichen Irren zu behandeln! Hat ihn ein Arzt untersucht? Wie ist das ärztliche Gutachten zustande gekommen? Elisabeth läßt sich nicht überzeugen. Gerade die Spekulation auf die simplen Gefühle, die darin liegt, daß man Ludwigs Flüche gegen die Mutter hervorhebt, verstärkt Elisabeths Zweifel. Man lese, wie Schopenhauer von seiner Mutter spricht; war er deshalb irrsinnig? Dann die in schauerliches Licht gestellten Launen! Ludwig liebte es, den Ekel vor dem „Gesindel", mit welchem Wort er alles Gemeine bezeichnet, in Wortraketen explodieren zu lassen. Die Minister und Beamtenseelen kriechen ohnedies — man müßte sie auf allen Vieren kriechen lassen. Dem Gesindel gebührt nicht, an der Türe zu klopfen — es müßte, wie der Hund, kratzen. Hat er, der Träumer, während all der Jahre des Regierens

jemals Unrecht getan? Es ist Deklamation, wenn er, vor sich hinsprechend, ausruft: „Werft ihn in den Turm!" Elisabeth erschrickt vor der Bösartigkeit des Dienstbotenverstands, der die spielerische Phantasie eines großen Kindes so mißversteht. Sie sieht die Tage vor sich, da der Tratsch des Wiener Hofs von ihr als von einer Geistesgestörten sprach. Das Ungewöhnliche, Absonderliche, das Andersgeartete, auch wenn es nichts zu Leide tut, ist verhaßt. Wie sehr hatte Elisabeth die Mittelmäßigkeit gegen sich aufgebracht, nur weil sie anders war, sich dem Konventionellen nicht fügte! Wie leicht ist es, den Andersgearteten als Irren zu deklarieren! Gibt es keine Rettung für Ludwig? Ist er verloren? Elisabeth eilt nach Bayern.
Sie ist in Feldafing, als am neunten Juni eine Staatskommission, der vier Irrenwärter beigegeben sind, den König in Hohenschwangau sucht. Um Mitternacht erreichen die Abgesandten das Schloß. Dr. von Gudden hat die Zwangsjacke mit. Ludwig ist in Neuschwanstein. Der dem König treu ergebene Kutscher Osterholzer jagt in der Nacht von Hohenschwangau, seinen Herrn von der Gefahr zu verständigen. Die Getreuen werden alarmiert, Gendarmen, Feuerwehrleute, Bauern, Floßknechte. Sie verhaften die Kommission und setzen sie unter Bewachung in das Knappenhaus von Neuschwanstein. Dürkheim, der ergebene Flügeladjutant, reitet nach der österreichischen Grenze, von wo er telegraphische Hilferufe sendet. Kaiser Wilhelm nennt die Art, wie man sich

des Königs versichern will, „haarsträubend"; Bismarck rät, der König möge sogleich nach München fahren, seine Sache vor dem Landtag vertreten. Es ist zu spät. Ein der neuen Regierung gehorsames Gendarmeriedetachement bemächtigt sich des Schlosses. Als die Irrenwärter den König unter den Armen fassen, ist er unheimlich ruhig: „Ja, was wollen Sie denn? Was soll denn das heißen?" In der Nacht des elften Juni rollt ein Wagen, dem man den Türgriff abbrach, mit dem gefangenen König nach Schloß Berg am Starnberger See.
Die Fenster des Schlosses sind inzwischen vergittert worden, Ludwigs Schlafzimmer hat Gucklöcher für die Wärter. Es ist wie im Irrenhaus. Pfingstsonntag, den dreizehnten Juni, will Ludwig abends in den Park. Der Himmel ist verfinstert, es regnet. Dr. von Gudden begleitet den König. Um zehn Uhr nachts telegraphiert der zweite Arzt, Dr. Müller, nach München: „Der König und Gudden am Abend spazieren gegangen, noch nicht zurück, der Park wird durchsucht." Um halb elf Uhr bringt ein Diener den mit der Diamantagraffe geschmückten Hut des Königs. Die Irrenwärter und der Verwalter Huber besteigen ein Boot. Nach ein paar Ruderschlägen stoßen sie an einen Körper. Es ist der tote König. Einige Meter weiter wird Guddens Leiche aus dem Wasser gehoben.
Man bahrt Ludwig im Schlafzimmer des Schlosses auf. Der Riese scheint als Toter gewachsen. Die Bestürzung hat alle gelähmt; niemand weiß, was ge-

schehen soll. Aus der Umgebung kommen die einfachen Leute, den toten König zu sehen. Die Tür ins Schlafgemach ist offen. Die Bauern und Jäger bleiben ängstlich vor der Türe stehen. Da tritt, durch die Menge schreitend, eine verschleierte Frau in das Zimmer des Toten. Man macht ihr Platz, obzwar das verhüllte Antlitz unkenntlich ist. Es ist, als ahnte jeder, daß die geheimnisvolle Frau zum Toten gehört. In lautloser Stille nimmt sie Abschied vom Gefährten der Roseninsel. So enden die Träume, so die Träumer. Sie legt eine Rose auf die gefalteten bleichen Hände Ludwigs. Dann entschwindet die verschleierte Frau.
Elisabeth kommt krank nach Gastein. Sie ist in Trauer. „Wir erschraken", notiert ein Beobachter, „vor der Blässe und dem Leidenszug, den das Antlitz der Kaiserin zeigte." Nichts vermag sie aufzuhellen. Sie macht dem kränkelnden Kaiser Wilhelm einen kurzen Besuch. Franz Joseph kommt; Bismarck, Chlodwig Hohenlohe, Kalnóky sind in Gastein. Sie entzieht sich rasch dem Zwang, Kaiserin sein zu müssen. Sie sieht überall den Toten vor sich, „den Ausdruck von Schmerz und Hohn", den der „Sieger über das Leben" in seinen erstarrten Zügen trug. Sie glaubt nicht an den Wahnsinn — die eigentliche Vernunft, sagt sie, hält man für gefährliche Verrücktheit —, doch mehr als je sieht sie die „schwarze Wolke", die über ihrem Hause wittert. Der Tod Ludwigs hat ihr furchtbare Ahnungen und Bilder

eingegeben. Der schwarze Vorhang, der das Unabwendbare verbirgt, hat sich geöffnet. Nichts ist zufällig, alles in diesem Drama hat einen tiefen Sinn; Ludwig mußte fallen, er mußte im Starnberger See den Tod finden. Die Götterdämmerung zieht herauf.
„Der Gedanke an den Tod", sagt sie, „begleitet mich jetzt Tag und Nacht. Er reinigt die Seele wie der Gärtner das Beet, der das Unkraut jätet. Man muß mit ihm allein sein. Er duldet keine Neugierigen, die in seinen Garten schauen. Ich halte den Schirm und den Fächer vor mein Gesicht, damit er ungestört arbeiten kann . . ."
Elisabeth trägt eine Photographie der Totenmaske Ludwigs bei sich. Eines Tags, auf einem Spaziergang nach dem westlichen Ufer Korfus, kommt sie zu dem Kloster Palaeokastrizza, das auf einem steilen Felsen ins Meer hinausragt. Das Kloster der „Mutter Gottes vom alten Schloß" ist ein Komplex kleiner alter Gebäude. Im Hof liegt die Kirche. Alles hier ist uralt: das Steinpflaster des Hofs, die Mauern, das Holz, die dunklen Heiligenbilder in der Kirche, aus denen nur die Augen der Heiligen leuchten. Es riecht nach ausgelöschten Honigwachskerzen, nach altem, wurmstichigem Holz, nach Staub und Moder. Aus einer Lichtöffnung der Kuppel fällt ein schmaler Lichtstreifen auf einen Betstuhl, dessen Kniebrett von jahrhundertelanger Benützung gescheuert und schmalgeschabt ist. Jeder Schritt auf den Steinplatten der Kirche hallt wider. Als Elisabeth die Kirche verlassen will, kommt

ihr ein alter Mönch entgegen. Weiß er, wer sie ist? Er bringt Erfrischungen, Eingesottenes von Quitten und einen Tonkrug mit Wasser. Die Kaiserin ist von der wunderbaren Frische des Wassers überrascht. „Es ist das Wasser der heiligen Quelle," sagt der Mönch, „niemand findet diese Quelle, man hört sie, aber man sieht sie nicht. Nur die Vögel kommen, aus ihr zu trinken ... Wer so lebt wie die Vögel und von dem Wasser trinkt, der sieht vieles, was die andern nicht sehen ..." Elisabeth zieht das Bildnis der Totenmaske hervor und zeigt es wortlos dem alten Mönch. „Sein Auge", sagt der Alte, „ist geschlossen ... Es hatte den Glanz, den die heiligen Brüder in ihren Augen haben ... Er war ein König, aber sein Reich lag in einer andern Welt. Er ruht in Frieden ..."

VII.
DAS ENDE RUDOLFS

DIE ZEIT LUDWIGS HAT KEIN AUGE FÜR DIE
Tragödien der Einsamen. Sie gebraucht dann das Wort
„Romantik" in einem neuen, ihr genehmen Sinn; ihr
erscheint jede Flucht aus ihrer Mitte als eine Art freventlichen Luxus, den die Unzufriedenen sich gestatten. Sie hat kein Ohr für das Leidensmotiv der
Flüchtlinge, sie ist so überzeugt von dem Werte ihrer
Kultur und so voll Bejahung alles Gegenwärtigen,
daß sie dort, wo sie hört, falsch hört. Sie vernimmt
aus Schopenhauers Pessimismus nicht den Ton des
Leids, ihr klingt Wagners Musik als die Trompete
der siegreichen Macht, sie verwandelt den Verneiner
seiner Zeit, Friedrich Nietzsche, in einen Verherrlicher des politischen Machtgedankens. Die Welt der
österreichischen Gesellschaft, der Elisabeth entfloh,
weiß erst recht nichts von den Düsterheiten eines
tragischen Daseins. Die Gegenwart ist wunderschön.
Trotz der Niederlagen und der politischen Mißerfolge
gedeiht Habsburgs Reich in langen Friedensjahren,
der Wohlstand wächst, die Menschen sind zufrieden.
Weil die Welt reich und wohlbestellt ist, darf sie sich
den Luxus der Romantik erlauben. Wer von den Zu-

friedenen und Bejahenden ahnt, daß die „romantische Kaiserin" an Abgründen wandelt, die den Bayernkönig verschlungen haben? Er baute, er liebte, er exzedierte — sie ist einsam und stumm. Es ist die härtere Probe auf die Widerstandskraft des Nervensystems.

Wohl hat der Adel vor dem Bürger die Tugend voraus, den Ausdruck der Leidenschaften und des Leidens, als etwas Gemeines, zu unterdrücken; es ist unartig, sich „gehen zu lassen", Freude, Entzücken oder Trauer zu zeigen, ja selbst im kleinen, bei der Ermüdung, hält man noch darauf, die Form der Wohlerzogenheit zu wahren. Menschen, denen die Unterdrückung des Ausdrucks zur Natur geworden, verlieren die Leidenschaften selber, sie werden unfähig, unartig zu sein, wobei zu den Unarten auch das Lieben und das Leiden gehört. Elisabeth ist nicht erloschen, sie hat diese Fähigkeiten sich bewahrt; sie braucht den größten Energieaufwand, ihr Fühlen unter dem Marmor der Verbindlichkeit zu verbergen. Ludwigs Ekel vor dem Gemeinen machte sich Luft im Exzeß vor Kammerdienern. Elisabeth ist gerade vor den Dienenden von zartestem Takt. „Wenn eine Hofdame bei mir ist", sagt sie einmal zu Christomanos, „bin ich ganz anders. Ich muß den Gräfinnen immer etwas sagen, damit sie antworten können. Das ist nämlich ihr Dienst, den ich ihnen nicht erschweren möchte. Es ist der größte Schrecken der Könige, immer fragen zu müssen. Ich habe mir eine große Anzahl von Fragen aufgespeichert, weil ich selten dazukomme, sie öffentlich zu verteilen . . . Wenn Sie und die Gräfin bei mir sind, wird es fast anstrengend. Da muß ich wie zwischen zwei Winden lavieren, und jeder von euch beiden fühlt mich gegen sich verändert und hält den andern für den Schuldigen . . ." Die gemeine, zum Schauspieler geeignete Natur hat an der Kunst des Lavierens, die eine Kunst des Verstellens ist, geheime Freude; der zarter veranlagte, leidende Mensch empfindet diese Pflicht wie eine gelinde Pein: er möchte weinen und muß lächeln. Niemals zornig, niemals heftig, nie böse, immer liebenswürdig sein! Nur ein im Grunde gütiger Mensch kann stets so taktvoll bleiben wie Elisabeth.

Es ist vor allem ein Meisterstück des Takts, das ihr gelingt, als sie Frau Katharina Schratt dem Kaiser nahebringt und die Freundschaft stiftet, die Franz Josephs Lebensherbst aufhellt. Der Kaiser ist achtundfünfzig Jahre alt, er ist allein, seitdem Elisabeth den größten Teil des Jahres im Achilleion und auf Reisen lebt; er läuft Gefahr, in der täglichen Arbeit zu vereinsamen und zu erstarren. Rudolfs Verhalten hat, trotz des Respekts vor dem Kaiser, die Entfernung zwischen Vater und Sohn vergrößert: Der Kronprinz vermag die Distanz nicht zu verringern, und der Kaiser ist zu wortkarg, als daß es ihm gelänge, die Audienz in ein Gespräch zu verwandeln. Auch vor den Töchtern ist der Vater zunächst der Kaiser. Als Gräfin Cornis der Erzherzogin Valerie einmal sagt,

sie solle zum Kaiser, der doch ihr Vater ist, zärtlicher sein, antwortet die Tochter: „Aber er ist ja doch die Majestät!" Er selber hätte in diesen Jahren keinen Weg mehr zu einem Herzen gefunden. Auch die steten Begleiter auf seiner Lebensbahn beginnen zu erstarren. Nur dem genialen Freimut einer Frau konnte es gelingen, diese Mauer zu durchbrechen und, mit Klugheit und Zartsinn, den Kaiser aus seiner Gefangenheit zu befreien. Elisabeth hat die Frau gefunden, die Franz Joseph fehlte. Sie selber war, wie es ihre Mutter, die alte Herzogin Ludovika, sagte, „für Franz Joseph eine zu unbequeme Frau"; bei der einfachen, stets frohgelaunten Frau Schratt vergißt der Kaiser die Sorgen seines Daseins.
Elisabeth sieht ihre Voraussicht bestätigt: der Kaiser fühlt sein Leben bereichert, er fühlt sich wohl. Elisabeths Mut, das Menschliche allen Geboten der Konvention voran zu stellen, hat einen Sieg errungen. Sie bleibt auch Siegerin über die kleinen Bedenken, die sich bei Hofe und in der Verwandtschaft melden. Es gibt nichts zu mißdeuten an der Beziehung, die Frau Schratt mit dem Kaiser und der Kaiserin verbindet. Beide, Elisabeth und Franz Joseph, schätzen den Zufall, der ihnen die Freundschaft der Wiener Künstlerin beschert hat. Es ist seit Jahren das erste Mal, daß der frostige, stets umwölkte Kaiserhof Sonne bekommt. Dennoch regen sich auch davor Zweifel. Was eine Hofdame in ihr Tagebuch einträgt, daß „man der Kaiserin den freundschaftlichen Verkehr mit

Katharina Schratt

der Hofburgschauspielerin Katharina Schratt, die als des Kaisers Freundin gilt, vielfach verüble," sagen nicht nur die um den Leumund des Hofs besorgten Lakaien.

Franz Josephs Hof ist nicht puritanisch, aber von einer kleinbürgerlichen Korrektheit in der Wahrung der guten Sitten. Der Kaiser selber ist darin sehr streng. Er hat seinen jüngsten Bruder, den harmlosen Erzherzog Ludwig Victor, von Wien nach Schloß Klesheim bei Salzburg verbannt; des Bruders abnormale Veranlagung gilt ihm als sittliches Vergehen. Dabei ist er kein Sittenrichter und Pädagoge, es widerstrebt ihm, das private Leben der Erzherzöge unter Aufsicht zu stellen, er wünscht nur, „nichts zu hören". Darum berühren ihn die Klagen und Beschwerden sehr peinlich, die aus Rudolfs Heim zu ihm kommen. Dem Kaiser mißfällt vieles an seinem Sohn. Er erfährt aus geheimen Berichten zu seinem größten Mißbehagen von Rudolfs Verkehr mit liberalen Journalisten. Moriz Szeps, Berthold Frischauer, Gyula Futtaki sind des Kronprinzen Vertraute. Auch die Beziehung Rudolfs zu dem Bankier Moritz von Hirsch bleibt dem Kaiser nicht verborgen. Die Gesellschaft wird durch Rudolfs „ungarische Freunderln" nicht besser. Der Sohn ist dreißig Jahre alt, er hat ein hohes militärisches Amt, es würde sich weder mit der Gesinnung Franz Josephs, noch mit der Stellung des Thronfolgers vertragen, von ihm Rechenschaft zu fordern. Nur in einem Punkt ist der Kaiser unnachsichtig: er verlangt die Wahrung der Sitte auch in der Ehe. Die Kronprinzessin Stephanie meint berechtigten Grund zu Klagen zu haben.

Rudolfs Eheunglück entspringt einem Mangel an Folgerichtigkeit, der am Wiener Hofe herrscht. Franz Joseph war sich vor der Verehelichung seines Sohnes keinen Augenblick darüber im unklaren, daß die Entscheidung nur nach Erwägungen der Staatsräson getroffen werden könne; er kehrt nach seinen eignen Erfahrungen zu den alten Grundsätzen zurück, wie sie in den meisten regierenden Fürstenhäusern gang und gäbe sind und im Hause seiner Mutter bis zur letzten Konsequenz ausgebildet waren. Danach sind die Ehen der Fürstenkinder ein Stück der höfischen Politik. Zur verläßlichen Handhabung und Vollendung dieses Systems gehört aber ein gewisses Maß Freigeistigkeit, so nämlich, wie sie die alten Fürstenhöfe übten und zu der sich auch die moderne Bourgeoisie erzogen hat, um die Geldheirat mit gutem Gewissen als eine Art sozialer Sicherung rechtfertigen zu können. Man behält die Form der alten Einrichtung, gibt ihr aber einen neuen Inhalt, in der sichern Annahme, es den Partnern, ihrem Wissen, ihrer Kunst und Delikatesse überlassen zu können, die Als-ob-Ehe zu einem erträglichen Instrument im sozialen Dasein zu gestalten. Der Wiener Hof hat diese Kunst nicht vorgebildet. Mit der Etablierung des lothringischen Geistes hat sich der weltmännische Horizont des Hofs ins Kleinbürgerliche verengt. Kaiser Franz, sehr praktisch und nüchtern in der Wahl seiner Gattinnen, war ein fanatischer Ehemann. Der Hof wurde zur Familie. Die Erzherzöge waren sozusagen verpflichtet, sich an das hohe Beispiel ehelichen Hausfriedens zu halten. Das strenge Regiment der Kaiserin-Mutter hat nur bei den jungen Prinzen eine Ausnahme gemacht. Sie folgte einer hausbackenen Moral mit der Annahme, daß der Jüngling, der seine Freiheit genießt, einen guten Gatten gewährleiste. Im übrigen berief sie sich auf ihre eigne harte Schule und winkte allen Liebesschmerzen mit dem simplen Worte ab, daß „solche eingebildete Sachen" ohnedies bald aufhören. Franz Joseph hatte sich in der Stunde der anbefohlenen Entscheidung sein Recht auf Liebesglück erzwungen. Jetzt mochte er ungefähr so denken wie seine Mutter.

Kronprinz Rudolf erkennt zu spät den Widerspruch in einer Sitte, die den Thronanwärter zur staatsräsonablen Heirat zwingt und zugleich die Erfüllung aller Ehepflichten heischt. Er war als junger Ehegatte zufrieden; sein Bescheiden in den ersten Jahren wird ihm jetzt zum Verhängnis. Die Kronprinzessin will sich nicht mit einer halben Ehe begnügen, sie bleibt die liebende Gattin, obwohl Rudolf den Rahmen der Ehe gesprengt hat. In dem Konflikt steht die Kaiserin dem Sohne mitfühlend zur Seite. Sie hat das Unheil geahnt; ihre Warnung zerbrach nicht nur an dem Willen des Kaisers, der Sohn selber hat durch seine Fügsamkeit jeden Widerspruch entkräftet. Was vermag sie nun zu tun? Rudolf hat mehr Kompromißbereitschaft bewiesen als die Kaiserin, er ist anpassungsfähig und weltmännisch genug, über Mißstimmungen rasch hinwegzukommen, die kaum einer Ehe erspart bleiben.

Es sind jedoch nicht die Gegensätze der Ehe, die den Konflikt gefahrvoll zuspitzen; die Enge des Hofs, die Enge Wiens erst machen ihn gefährlich. Der Wiener Hof ist von einer aristokratischen Gesellschaft umgeben, die sich in schöner Selbstherrlichkeit ihre eignen Gesetze gegeben hat, frei von allen kleinlichen Bedenken, sicher und selbstbewußt in den Formen einer alten Lebenskultur; im Kaiserhaus selbst jedoch herrscht ein Geist wie bei den Kleinen des Mittelstands. Kronprinz Rudolf hat zuletzt im Sommer 1887, bei seinem Besuch in London, den großen Stil der Lebensführung und die Freiheit neidvoll bewundert, die der Prinz von Wales genießt. Die Königin Viktoria, auf den Alleinbesitz der Macht so streng bedacht wie Kaiser Franz Joseph, war doch so weise, das private Dasein ihres Sohnes nicht zu beengen. Er lernt die Welt wirklich kennen, vor ihm hat Europa weder im Hellen noch im Dunkeln ein Geheimnis, ihm sind Bankiers, Industrielle, die maßgebenden Männer des Handels nicht nur dem Namen nach bekannt, er ist kein Neuling in den Klubs und Amüsierstätten von Paris, er hat schöne Frauen und Künstler um sich, er ist im Geheimreich der großen Presse zu Hause und verschmäht es nicht, auch in das Souterrain der Gesell-

schaft hinabzusteigen. Die volle Freiheit ist die beste Prinzenerzieherin; ihr verdankt Eduard den klaren realistischen Blick für die Wirklichkeiten dieser Welt, ihr jenes weltmännische Talent, das ihn später befähigt, ein erfolgreicher Manager des Foreign office zu werden.
Rudolf hat in London gefallen, man lobte an ihm den „österreichischen Anstand", seine verbindliche Art und Liebenswürdigkeit; die Königin überhäufte ihn mit Ehren. Wie sehr muß er den Abstand gefühlt haben, der zwischen London und Wien klafft, zwischen seinem und dem Leben des Prinzen Eduard! Rudolf denkt mit Scham daran, wie kümmerlich sein Leben ist neben der grandseigneuralen Herrlichkeit des englischen Prinzen. Es wäre dort unvorstellbar, den kommenden Träger der Krone in den Dienst des Offiziers zu zwängen, ihm zuzumuten, seine besten Jahre etwa mit der Detailarbeit eines subalternen Marineurs zu verbringen. Selbst in Preußen, das dem Heere alles verdankt, vollzieht sich die militärische Erziehung der Prinzen nicht nach dem Reglement des Troupiers. Rudolf wird böse, wenn er von diesen Dingen spricht und daran denkt, daß der Erzherzog Albrecht die höchste Instanz des Heeres ist. Noch schlimmer freilich, dürftig und kleinlich, erscheint ihm die Art, wie man seinen Umgang mit Menschen des öffentlichen Lebens beurteilt und kritisiert. Er verkehrt mit Journalisten, weil er auf keinem anderen Wege etwas erfährt, weil die Kanzleien ihm verschlossen bleiben, die Minister

kein Recht haben, ihn zu informieren. Auch dies wäre in London unvorstellbar, daß der Prinz von Wales die Leute seines Verkehrs auf Hintertreppen, bei Nacht, im Geheimen empfängt, wie es Rudolf zu tun gezwungen ist, wenn er den Chefredakteur des Neuen Wiener Tagblatts, Moriz Szeps, zu sich lädt.

An alledem ist Franz Joseph viel weniger schuld als seine Umgebung. Dem Kaiser wäre es nicht zu verübeln, wenn er vom Journalismus der Hauptstadt eine sehr geringe Meinung hätte. Die wenigen charaktervollen Männer dieses Berufs hat er niemals kennen gelernt, und die Journalisten, die er zu Gesicht bekam, waren servile Bediente aus den Zeitungsbureaus, die man offiziös nennt. Er verschmäht es, die ernsthaften Journale zu lesen. Die böse Erfahrung mit August Zang, dem Herrn der alten „Presse", war nicht danach, seine Meinung von den Presseleuten zu verbessern. Franz Joseph folgt seiner tiefen Abneigung vor dem Journalismus, wenn er Rudolfs Verbindungen mit Redakteuren verurteilt. Moriz Szeps, Berthold Frischauer, Futtaki? — seine Skepsis und sein Mißtrauen gestatten ihm nicht den Glauben, daß es im Zeitungsreich Leute gibt, die selbstlos einer Sache dienen. Immerhin, es sind private Folgerungen aus üblen Erfahrungen.

Des Kaisers Umgebung jedoch, die daran interessiert ist, den freien Verkehr des Prinzen zu hemmen, verwandelt Rudolfs Beziehungen zum Journalismus in einen Verschwörerroman. Eine wirkliche politische Bedeutung hat Moriz Szeps selbst in Wien nicht, wo auch leichtere Talente zu Ansehen und Bedeutung gelangen; er ist ein geschickter Appreteur und ein gewandter Demagoge der Feder. Dennoch malen ängstliche Gemüter ein Bild, worauf der Leitartikler des kleinen Mannes von Wien als ein gefährlicher Intrigant mit internationalen Verbindungen, als Sendling dunkler Absichten der Freimaurer und andrer böser Dinge erscheint. Man darf sich nicht wundern, wenn Rudolf, nervös gemacht, dem Freunde schreibt: „Man ist sehr aufmerksam und mißtrauisch mir gegenüber, und ich sehe von Tag zu Tag mehr, mit welch engem Kreis von Spionen, Denunziation und Überwachung ich umgeben bin ... Ich hatte Grund zu glauben, daß man in hohen Kreisen unsere Beziehungen kennt; seither habe ich greifbare Vermutungen gesammelt. Futtaki sagt mir, Wodianer hätte ihn vor wenigen Tagen gefragt, ob es wahr sei, daß Sie so viel in die Burg kämen. Sie wissen, Wodianer ist Bankier des Erzherzogs Albrecht ... Ich kenne leider nur zu gut die Kampfweise meiner Gegner; ich habe es schon in einer bösen, in einer schmählichen Weise durchmachen müssen." War's nicht Wodianer, eine jener Figuren dieser Tage, die neben Geldgeschäften auch den Tratsch besorgen, so war's ein andrer. Es ist kein Verfolgungswahn, keine Übertreibung, was Rudolf berichtet; er wird auf Schritt und Tritt von Spähern und Nachrichtenträgern begleitet, die meist harmlose Vorgänge vergröbert und entstellt in die Hofburg bringen.

Auch Rudolfs Beziehungen zu dem Finanzmann Moritz v. Hirsch, dem Anreger und Souteneur des Orientbahnenprojekts, gibt Anlaß zu Kritik aller Art. Der Kronprinz hat während des Besuchs des Prinzen von Wales in Wien ein Souper zu Dritt gegeben, bei dem Herr v. Hirsch der Dritte war — ein Vergehen, das ihm seine Gegner nicht verzeihen. Nun ist es gewiß, daß dem gewiegten Brüsseler Finanzier die Gelegenheit, mit den künftigen Herrschern zweier großen Reiche als Bevorzugter zu sein, viel wert war. Allein, Eduard zog es wahrscheinlich vor, mit diesem Mann, als mit einer weniger amüsanten Person des Hofs zu soupieren; er fand auch nichts Anstößiges oder Ungehöriges daran. Er würde nicht verwundert gewesen sein, wenn ihm das Gewisper zu Ohren gekommen wäre, Herr Hirsch sei des österreichischen Kronprinzen Geldmann. Er selber nahm die Hilfe reicher Männer in Anspruch.

Rudolf leidet in diesen Jahren unter Geldsorgen. Die Annahme, daß er als Sohn des reichen Kaisers und Schwiegersohn des ebenso reichen Königs von Belgien sehr vermögend sein müsse, überschätzt seine Mittel. König Leopold ist ein trefflicher Kaufmann und Spekulant, aber kein nobler Vater. Man weiß, wie peinlich lange sich vor der Heirat des Erzherzogs Maximilian die Verhandlungen wegen der Mitgift Charlottens hinzogen; schließlich machte Franz Joseph dem Handel ein Ende, indem er der Gattin seines Bruders eine jährliche Apanage von hunderttausend Gulden aus-

setzte. Auch Rudolf hat aus Belgien kein Vermögen empfangen, und sein Haushalt, die Erhaltung seiner Jagden, sein eignes Leben erfordern mehr, als er an jährlichen Zuwendungen vom Kaiser erhält. Die Distanz zum Vater macht es ihm schwer, sich ihm mit diesen Sorgen anzuvertrauen. Überdies muß er befürchten, daß auch seine Geldgebarung die Kritik des ihm nicht geneigten Hofes herausfordern würde.
In dieser Atmosphäre aus Beargwöhnung, Sittenrichterei, Klatschsucht und Neugier entsteht zu Lebzeiten Rudolfs eine Kronprinzen-Legende. Wie erst mag er den glücklichen Prinzen von Wales beneiden, wenn er dessen souveräne Bewegungsfreiheit mit dem eignen privaten Dasein vergleicht! Hier kommt nicht nur die Verschiedenheit der zwei Höfe zum Vorschein, sondern der Unterschied zweier Welten. Die Weite des englischen Horizonts, die Größe des Reichs drückt sich auch in den Menschen aus. Wien ist in den letzten Jahrzehnten sehr gewachsen, es ist eine der schönsten Städte geworden, es hat eine reiche kultivierte Gesellschaft, deren neue Elemente sich willig den alten Lebensformen einfügen, in seinem Wesen aber ist es eine Residenzstadt geblieben. Die Selbstverständlichkeit, mit welcher sich der englische Prinz in der Weltstadt London bewegt, ungekannt zumeist, in seine Anonymität wie in einen dichten Mantel gehüllt, ist den Prinzen in Wien nicht gegeben. Der Kaiser verschwindet hinter einer Wolke von Unnahbarkeit, Schönbrunn ist eine Kulisse des Majestätsbegriffs, hinter

deren Fenstern sich die Menge schwer etwas vorzustellen vermag. Seitdem Elisabeth im Bewußtsein Wiens nicht mehr vorhanden ist, wirkt das Kaiserschloß wie eine Ansammlung leerer Säle. Um so lebhafter wendet sich die Neugierde dem Kronprinzen zu. Er ist dem gewöhnlichen Mann sympathisch, er ist populär, man schätzt seine freiere Art, sein volksfreundliches Wesen, die Frauen lieben an ihm die österreichische Elegance und machen es ihm leicht, in den Ruf eines Don Juan zu kommen. Dabei sind, mit den Maßen der großen Welt gemessen, die Abenteuer Rudolfs recht bescheiden. Er ist gehemmter als jeder aristokratische Jüngling, und nicht zügelloser. Sein Wesen schützt ihn davor, sich ganz im Vergnügen zu verlieren.
Wohl hat er seine frühere Vorliebe für literarische Arbeiten aufgegeben, vielleicht aus einer reiferen Erkenntnis: sein Amateurjournalismus war eine der Lust am Opponieren und dem Reiz des Verbotnen entsprossene Neigung; er ist apathischer geworden, doch sonst unverändert geblieben. „Ich treffe es gar nicht mehr," schreibt er im November 1888 an Szeps, „mich zu ärgern, über gar nichts, am allerwenigsten über Dinge, die mich betreffen . . ." Er ist nicht der souveräne Gebieter über seine Zeit wie Prinz Eduard. Seine Reisefreiheit ist beschränkt, er kann ohne Einwilligung des Kaisers nicht ins Ausland, die Jagdausflüge muß er mit dem militärischen Dienst in Einklang bringen. Und wenn er auch darin gleich-

gültiger geworden ist, so nehmen ihn doch Inspektionen, Kanzlei, Konferenzen, Audienzen, Manöver und repräsentative Pflichten in Anspruch. Kein Beruf bedarf so sehr der vollen Hingabe wie der des Don Juans; Rudolf hätte, selbst wenn er wollte, keine Zeit dazu.

Was bleibt von all dem Blütenkranz casanovaischer Erzählungen, die ihm die Phantasie der Menge und der Hoftratsch andichten? Es sind kleine Abenteuer mit kleinen, seltener mit edlern Frauen, im Versteck verlebte Liebesstunden, Fahrten in die heimlichen Orte des Wiener Walds, Jagdausflüge und Fiakerreisen im nächtlichen Prater, wobei der Kronprinz wie ein ängstlicher Ehemann immer die Gefahr vor sich sieht, von unerwünschten Augen ertappt zu werden. Die Wiener Polizei verwahrt ein Aktenbündel, das über dieses Kapitel mehr Aufschluß gibt, als es sonst jemand zu geben vermöchte. Man hat dem Kronprinzen die Flaschen nachgezählt, die er entkorkte, ein genaues Reporterauge weiß, wieviel Hennessy in der Ronacher-Loge getrunken wurde, als Rudolf und Prinz Eduard zu Gast waren. Artige Chambreseparée-Kellner, von der Polizei zu diskretem Dienst verhalten, blicken respektvoll durch das Schlüsselloch. Geheime Torwächter wissen, wer die unbequemen Stiegen und Gänge zu des Kronprinzen abgesonderten Gemächern passiert. Wien ist eine kleine Stadt.

Elisabeth allein hat ein mitfühlendes, entschuldigendes Verstehen. Sie weiß, wie das Leiden ihres

Sohnes heißt: es ist ungenutzte Jugend. Ein junger Mensch ist eine Kraftquelle, von allen Seiten eingedämmt, gefürchtet und gedrosselt von den reifen Männern, den Greisen. Der junge Mensch will herrschen, und er wird beherrscht; alle Plätze sind besetzt, man läßt ihn nicht an die entscheidenden Stellen. Er muß im umzäumten Spielplatz bleiben. Einmal spricht Elisabeth davon, es sei zu allen Zeiten das Bestreben der Greise gewesen, die Jugend, als ein dem Staate gefährliches Element, von der politischen Ordnung und deren Angelegenheiten fernzuhalten; aus dieser Besorgnis seien bei den Griechen die gymnastischen und musischen Wettkämpfe entstanden, Einrichtungen, von den Alten erdacht, die Jugend von den ernsten Dingen abzulenken, ihr einen Tummelplatz zu geben, wo sich die Triebe des Ehrgeizes entladen konnten. Wir tun, sagt sie, dasselbe: wir werfen der Jugend einen Ball hin, damit sie sich müde mache. Das Spiel ist das Urbild des Krieges; es gäbe vielleicht mehr Krieg, wenn die Greise nicht so egoistisch dächten. Einer plötzlichen Eingebung folgend, wendet Elisabeth diesen Gedanken: die Greise sind ebenso kriegsbereit wie die Jugend, sie haben nur andre, nicht bessere Motive. Die Jugend läßt sich hinopfern und vergibt dem, der sie opfert, sofern er sie von der überschüssigen Kraft befreit, an der sie erstickt... Eine Zeit, in welcher die Jugend anders würde, wäre zu bedauern. Alles Unglück, fährt sie fort, kommt wahrscheinlich daher, daß man die edlen Kräfte der Jugend nicht zu nutzen weiß. Elisabeth zitiert Montaigne: „Ich glaube, daß unser Wesen mit zwanzig Jahren entwickelt ist, wie es sein soll, und daß es alles bereits in sich enthält, stärker und schöner, was später, abgeschwächt, zum Vorschein kommt. Niemals ist ein Mensch, der mit zwanzig Jahren ein Versprechen seiner Kraft gegeben hat, später den Beweis dafür schuldig geblieben. Die natürlichen Gaben und Kräfte bringen, was sie an Kraft und Schönheit besitzen, in diesem Zeitabschnitt oder niemals hervor. Von allen edlen menschlichen Handlungen, die mir zur Kenntnis gekommen sind, welcher Art sie auch gewesen seien, möchte ich schwören, daß sowohl in den früheren Jahrhunderten wie in unserer Zeit vor dem Alter von dreißig Jahren ein größerer Teil solcher Taten begangen worden und aufzuzählen ist, als später ... Was mich betrifft, so halte ich es als gewiß, daß sowohl mein Geist als mein Körper später eher weniger denn mehr geworden und eher zurückgegangen als vorgeschritten sind ..."

In solchen Gedanken blickt Elisabeth nach Wien. Das Alter schätzen heißt die Gewöhnung schätzen, sich aus Bequemlichkeit, aus Ermüdung dem Automatismus des Gewohnten unterwerfen. Warum schätzt man die Erfahrung? Es ist zu fragen, ob sie uns reicher oder ärmer macht. Die Erfahrung allein, eine Anhäufung von Erinnerungsbildern des Erlebten, sagt nichts darüber aus, ob sie das Wachsen, das Streben nach dem höchsten Punkt des Erreichbaren fördert.

Wo liegt dieser Punkt? Montaigne hat recht; was ist von einem Manne nach fünfzig Jahren noch zu erwarten?

Und dann mit dem Blick auf Rudolf: Es ist traurig zu sehen, daß die ungenutzte Kraft, von der die Jugend überfließt, in den Sumpf des Vergnügens mündet. Es gibt keinen Ausweg. Sie kennt den Brief nicht, den der Dreißigjährige dem Freunde schreibt: „Dreißig Jahre ist ein großer Abschnitt, kein eben zu erfreulicher; viel Zeit ist vorüber, mehr oder weniger nützlich zugebracht, doch leer an wahren Taten und an Erfolgen. Wir leben in einer schleppenden, versumpften Zeit. Und jedes Jahr von heute an macht mich älter, weniger frisch und weniger tüchtig. Denn das ewige Sichvorbereiten und das stete Warten erschlaffen die Schaffenskraft. Sollen die Hoffnungen in Erfüllung gehen, und die Erwartungen, die Sie auf mich setzen, dann muß bald eine große, für uns glückliche, kriegerische Zeit kommen..." Rudolfs Brief vom dreißigsten Geburtstag bestätigt Elisabeths Gedanken. Die glückliche Zeit kommt nicht, Rudolf muß auf dem Spielplatz bleiben.

Der Herbst 1888 hält die Kaiserin in Wien und in München gefangen. Am 12. November hat ihr Vater einen Schlaganfall erlitten. Die Ärzte hofften, das Leben des Einundachtzigjährigen zu retten; drei Tage später ist Herzog Max tot. Er hatte auch in den letzten Jahren an dem Leben in seinem Palais wenig teilgenommen, die Herzogin bleibt der Mittelpunkt der großen Familie. Elisabeth kann es mit dem Bilde ihres Vaterhauses nicht vereinen, daß die Parterreräume, in denen der Herzog hauste, leer sein sollen. Sie betritt sie nicht mehr, seitdem die schöne Unordnung in des Vaters Zimmern von ordnenden Händen zerstört wurde. Nach Weihnachten ist Elisabeth wieder in München. Diesmal mit ihrer Tochter Marie Valerie und dem Erzherzog Franz Salvator Toskana. Die jüngste Tochter des Kaiserpaars hat sich am Weihnachtsabend verlobt, nun soll sich das Brautpaar der Großmutter zeigen. „Wir standen," erzählt die Baronin Redwitz, „zum Empfang mit angesteckten Blumen, um die Krepptrauer etwas zu mildern, die wir nach dem Herzog trugen. Zuerst kam die Kaiserin sehr schnell die Treppe herauf. Ich war überrascht bei diesem Anblick, so jung, so schön, so beweglich und rosig schien sie mir trotz ihrer einundfünfzig Jahre. Erzherzogin Valerie brachte vor Glück den Mund nicht auf. Erzherzog Salvator machte einen recht jungen Eindruck, doch den eines hübschen, sympathischen Mannes ... Die alte Kammerfrau ihrer Mutter begrüßend, sagte die Kaiserin auf das junge Paar deutend: Sehen Sie, Johanna, wenn den jungen Eseln zu wohl ist, gehen sie aufs Eis tanzen!..." Den Silvesterabend verbrachte man bei der Erzherzogin. „Es war ungezwungen, heiter, wir vergnügten uns mit Bleigießen. Die Kaiserin sahen wir nicht. Sie nahm nie an den Mahlzeiten der Familie teil. Mit

großem Eifer studierte sie Neugriechisch und hatte einen Griechen bei sich. Ihr weiteres Gefolge bestand aus einem Arzt, einem schwedischen Masseur, einer handfesten Abreiberin und der üblichen Dienerschaft." Die alte Herzogin sagte dazu: „Eine ganze Menagerie!"
Der erste Tag des neuen Jahres, 1889, ruft die Verwandten in das Hotel der Kaiserin; die Gesellschaft wartet, um zu gratulieren. Elisabeth entzieht sich den Glückwünschen. Sie bleibt zwei Wochen in München. Man sieht die in Schwarz gehüllte Kaiserin im Englischen Garten. Eines Tags besucht sie das Grab Ludwigs. Dann fährt sie nach Wien.
Auch nach fünfunddreißig Jahren gekrönten Daseins hat Elisabeth bei der Rückkehr in die Wiener Burg dasselbe Gefühl wie in den ersten Tagen. Sie hastet, so rasch als möglich, den Leerraum der Würde zu überspringen. Vom gellenden Ruf des Postens der Burgwache, der sie empfängt, durch den Burghof zum Tor, und die Treppen empor, eilt sie wie über viele Hindernisse hinweg. Erst oben in ihren Gemächern gewinnt sie die beruhigende Empfindung, der automatisierten, von unsichtbaren Rädern bewegten Ordnung des Hofs entronnen zu sein. Ein Blick, der die Räume dieses großartigsten der Fürstenhöfe gleichzeitig zu umfassen imstande wäre, müßte es absonderlich finden, daß die drei Menschen, die den Mittelpunkt des Ganzen bilden, der Kaiser, die Kaiserin, der Kronprinz, jeder auf seine Art, der symbolischen Dekoration sich entziehen. Der

Kaiserin Elisabeth

Kaiser lebt verborgen, die Majestät auf den kleinsten
Raum beschränkend; die Kaiserin meidet, wo sie kann,
die dekorative Pracht, wie jede Sichtbarmachung der
Majestät; der Kronprinz weicht den Hallen und Sälen
aus, die als Architektur der Huldigung gedacht sind.
Er lebt sozusagen an der Hintertreppe des Schlosses.
Es ist zu einem stillschweigenden Übereinkommen
geworden, daß keiner den andern stört. Es sind Ausnahmsfälle, seltene Anlässe der Repräsentation, daß
der Kaiser und der Kronprinz gemeinsam zu sehen
sind. Die Kaiserin ist, auch wenn sie in Wien weilt,
unsichtbar.

Sonntag abends, den 27. Januar, ist Soiree bei dem
Botschafter des Deutschen Reichs, Heinrich VII.
Prinzen Reuß. Das Fest gilt dem Geburtstag des
Deutschen Kaisers. Der ganze Hof nimmt daran teil.
Neben dem Kaiser Franz Joseph der Kronprinz, in
der Uniform der preußischen Ulanen, mit der Kronprinzessin, die Erzherzöge Albrecht, Wilhelm, Karl
Ludwig, Rainer. Der Kaiser und die Prinzen sind vom
Adel, von sämtlichen Diplomaten, Würdenträgern
und der Gesellschaft Wiens umgeben. Unter den vielen
Damen der Aristokratie, den schönsten Frauen Wiens,
befindet sich auch die sechzehnjährige Baronesse Mary
Vetsera.

Die Mutter der Baronesse lebt seit dem Tode des
Gatten mit den zwei Töchtern in Wien. Sie wohnen
in einem der vornehmen Häuser des Botschafterviertels,
in der Salesianergasse. Die Familie hat Beziehungen

zur Aristokratie; die jüngern Adeligen des Sports und der Kavallerie sind Gäste des Hauses. Die Brüder der Baronin, Alexander, Aristides, Hektor und Heinrich Baltazzi, sind berühmte Turfleute und Herrenreiter. Alexander und Aristides gewannen 1876 das englische Derby — ein vorher nie gesehenes Ereignis, daß Ausländern dieser Sieg vergönnt gewesen wäre. Aristides ist der Gatte der Gräfin Stockau, Hektors Frau jene schöne Gräfin Elisabeth Ugarte, die Franz Joseph als junger Kaiser beim Tanze so auffallend bevorzugte. Heinrich ist mit der Baronin Scharschmidt vermählt, Alexander Junggeselle. Mit Hilfe dieser sehr populären, in der Gesellschaft geschätzten Brüder fällt es der Baronin um so leichter, eine Rolle zu spielen, als Mary, die jüngere der Töchter, ungewöhnlich schön, klug, temperamentvoll ist. Die Frauen der Wiener Aristokratie gelten als die schönsten Damen Europas; sie verdanken diese Geltung der Mischung des Bluts, jahrhundertelanger Auswahl und dem unerreichten Geschmack ihres Kreises. Inmitten dieser vollendeten Schönheit und des höchsten Geschmacks aufzufallen, kann nur einer kleinen Göttin gelingen. Graf Josef Hoyos berichtet, an diesem Abend habe die „blendende Schönheit" der jungen Baronesse Mary Vetsera besonders hervorgestochen. „Ihre Augen, die diesmal noch größer erschienen, funkelten unheimlich, sie schien in ihrem ganzen Wesen zu glühen." Die junge bewundernswerte Baronesse wurde viel beachtet. Auch von der Kronprinzessin.

Vor dem Abschied erinnert der Kronprinz den Grafen Hoyos daran, daß übermorgen, Dienstag, den 29. Januar, Jagd in Mayerling sei, er bittet ihn, den Prinzen Philipp Koburg, den Rudolf gleichfalls geladen hat, wegen der Fahrt zu verständigen; Abfahrt Dienstag mit dem 6 Uhr-Frühzug der Südbahn nach Baden, von dort zu Wagen nach Mayerling.

Am nächsten Tag, Montag den 28. Januar, vormittags, steht der Kronprinz vor dem Kaiser. Franz Joseph ist unterrichtet. Es gibt keine Entschuldigung, keinen Einwand gegen die Gebote der Sitte, keinen Appell des Herzens, der gelten könnte. Was der Kaiser von jedem seiner Offiziere als eine selbstverständliche Pflicht fordert, die unbedingte Unterwerfung unter die Gesetze und Regeln des Standes, das, meint er, in viel höherem Maße vom Thronfolger erwarten zu dürfen. Es ist unmöglich, daß sich die Situation von gestern wiederholt. Die Kronprinzessin kann nicht der Gefahr ausgesetzt bleiben, der Mätresse des Gatten zu begegnen, mit ihr, wie es Sonntag geschah, auf einem Parkett zu sein. Es ist die gröbste Mißachtung und Verletzung des Takts, daß die Person, obwohl das Erscheinen der Kronprinzessin bekannt war, an dem Empfang teilnahm. Es ist unvermeidlich, daß dieses Zusammentreffen bemerkt, daß es Gesprächsstoff wird. Vielleicht ist es schon publik; es gibt kein Geheimnis in der Gesellschaft. Die Person benimmt sich überdies skandalös. Es fehlt nur ein Schritt zum großen Skandal.

Franz Joseph ist sehr erbittert, er ist unerbittlich. Selbstzucht, Takt, die Wahrung der Würde des Hauses sind ihm so selbstverständliche Begriffe, daß er jede Neigung außerhalb der Sitte als Mangel an Selbsterziehung, als sittlichen Defekt empfindet. Wem die Gabe versagt ist, Herr über seine Natur zu werden, wer das private Glück oder das, was er dafür hält, höher schätzt als die Würde und das Ansehen des Kaiserhofs, dem bleibt nach des Kaisers unerschütterbarem Empfinden nur ein Weg: der Verzicht auf Rang und Würden. So schmerzvoll, unausdenkbar die Vorstellung ist, daß der einzige Sohn sich den Geboten des Hauses nicht zu fügen vermöchte, so unabänderlich wäre das Machtwort, das auch ihn zwänge, auf alles, auf Thronfolge und die Zugehörigkeit zum Kaiserhaus, zu verzichten. Der Kaiser verlangt von seinem Sohn, daß er mit der Mätresse augenblicklich breche. Auf Rudolfs Bitte gesteht er ihm nur zu, sich von der Baronesse zu verabschieden. Rudolf gelobt es. Er gibt dem Vater das Ehrenwort. Er hatte mit der Baronesse verabredet, morgen, Dienstag, in Mayerling zu speisen. Es wird die letzte Begegnung sein. Abends, so verspricht Rudolf, werde er, das Abenteuer im Rücken, beim Kaiser sich melden. Franz Joseph, beruhigt und von der Haltung des Sohnes erfreut, will ihn Dienstag abends im Kreise der Familie erwarten. Er setzt für morgen, Dienstag, den 29. Januar, ein Familiendiner an, das Rudolfs Rückkehr zur Ordnung des Hauses auch äußerlich bekräftigen soll.

„Ich fahre schon heute", mit diesen Worten, Dienstag vormittags vor elf Uhr an den Hofjäger Rudolf Püchel gerichtet, befahl der Kronprinz seinen Wagen. „Mein Wagen ist für zwölf Uhr bestellt; ich erwarte aber noch dringend einen Brief und ein Telegramm."
„Um elf Uhr", so sagt Rudolf Püchel aus, „kam der erwartete Brief. Ich trug ihn ins Schlafzimmer und traf dort den Kronprinzen vor dem Fenster stehend. Er hielt die Uhr in der Hand, drehte an dem Regulator und blickte auf den Franzensplatz hinab, ganz in Gedanken vertieft. Er schien mein Kommen nicht wahrgenommen zu haben. Nach ungefähr einer halben Stunde traf das erwartete Telegramm ein. Als ich es überbrachte, stand der Kronprinz noch immer im Schlafzimmer vor dem Fenster mit der Uhr in der Hand und sah wieder auf den Franzensplatz hinab. Er öffnete hastig das Telegramm, las es rasch, faltete es wieder zusammen und warf es auf den Tisch. Während ich mich entfernte, hörte ich die Worte: Ja, es muß sein!"
Rudolfs plötzlicher Entschluß, sogleich nach Mayerling zu fahren, stieß den ganzen Stundenplan seiner Kammer um. Mittags, ein Uhr, war der Erzbischof Graf Schönborn zur Audienz beim Kronprinzen gemeldet. Vor halb zwölf Uhr kam Graf Hoyos in die Kammer des Kronprinzen, um, so bezeugt er, „anzuzeigen, daß ich mit Prinz Koburg vereinbart habe, morgen, Dienstag, mit dem 6 Uhr-Frühzug nach Baden und dann mit dem Wagen nach Mayerling zu

fahren, wo wir nach acht Uhr einträfen. Das Kammerpersonal teilte mir zu meinem Befremden mit, daß der Kronprinz soeben nach Mayerling abgereist sei".
Dienstag, den 29. Januar. Mit der Teilnahme der Kaiserin an dem angesagten Familiendiner ist nicht zu rechnen. Nachmittags kommt Prinz Philipp Koburg aus Mayerling an und überbringt dem Kaiser die Nachricht, daß der Kronprinz zu dem Familiendiner nicht erscheinen könne; er habe sich auf der Fahrt eine Erkältung zugezogen, er bitte um Entschuldigung.
Mittwoch, den 30. Januar. „Um zehn Uhr elf Minuten nach der Burguhr betrat ich," so berichtet Graf Hoyos in seiner Denkschrift dem Kaiser, „meinen Fiaker am Josefsplatz zurücklassend, den Schweizerhof und begab mich über die sogenannte Küchenstiege in die Wohnung des Obersthofmeisters des Kronprinzen, Vizeadmirals Grafen Carl Bombelles. Ich traf ihn daheim und teilte ihm das Entsetzliche mit. Wir gingen zu dem Obersthofmeister der Kaiserin, Baron Nopcsa, und mit ihm zu dem Generaladjutanten Grafen Leopold Paar. Es wurde beschlossen, daß das unabsehbare, entsetzliche Unglück zuerst Ihrer Majestät der Kaiserin ... mitgeteilt werde. Die Intervention übernahm Fräulein von Ferenczy ..."
Ida von Ferenczy, seit fünfundzwanzig Jahren die Vertraute der Kaiserin, hat die Fassung, mit der Botschaft, die Hoyos aus Mayerling gebracht, vor ihre Herrin zu treten. Es währt eine Viertelstunde, den

Harrenden eine unendliche Zeit, bis Fräulein von Ferenczy aus den Gemächern der Kaiserin zurückkehrt. Die große stumme Frage: Wird die Kaiserin das Furchtbare dem Kaiser übermitteln? Seit der Ankunft des Grafen Hoyos ist eine Stunde vergangen. Franz Joseph, in seinem Arbeitszimmer, dem schmalen dunkelroten Kabinett mit dem Blick auf den inneren Burghof, hat Empfänge. Graf Hoyos, Baron Nopcsa, Graf Paar, Graf Bombelles warten. Fräulein von Ferenczy ist wieder bei der Kaiserin. Ein Diener überbringt dem Grafen Paar den Wunsch der Kaiserin, dafür zu sorgen, daß die Empfänge unterbrochen werden. Der Generaladjutant hat auf diesen Befehl gewartet, um die Ordnung des Tages abzusetzen. Da öffnen sich die Türen, und die Harrenden, sich tief verneigend vor dem Übermaß des Leids, sehen in diesem Augenblick die Kaiserin, allein, das Antlitz verhüllt, raschen Schritts das Zimmer Franz Josephs betreten.

Hinter der weißen Doppeltüre, die das Zimmer des Kaisers vom Vorsaal trennt, stürzt in diesem Moment alles jäh zusammen, was viele Geschlechter des Hauses aufgebaut haben: zwei Unglückliche, Vater und Mutter, stehen ratlos vor der mitleidslosen Gewalt eines blitzhaften Geschicks.

Elisabeth ist jetzt die Stärkere. War sie vorbereitet, auch dem grausamsten Schicksal zu widerstehen? Hat sie die Seele gewappnet gegen jeden Überfall? Ist ihre Standhaftigkeit die Frucht der steten Bereitschaft,

Leid zu tragen, ohne sich beugen zu lassen; die tränenlose, schmerzerfüllte Tapferkeit ein Geschenk der edlen Weltverachtung? Belohnt diese traurige Philosophie ihre stolzen Lieblinge in der Stunde der Not mit solchem unbeugsamen Heldentum? Das Geschenk würde alle Verdunklungen und die langen Nachtfahrten durch das trostlose Reich aufwiegen, wo es niemals Freude und keine holde Selbstbelügung gibt. Es wäre nicht vergebens, Leid zu tragen, darin unterzutauchen und mit offnem Auge bis auf den Grund zu schauen. Wer jahraus, jahrein die Seele härtet vor den Unbilden des Schicksals wie den Leib gegen die Attacken des Alterns, dem wächst die Kraft, auch vor dem Schrecklichsten den Stolz und Trotz des eignen Wesens zu bewahren. Wer die Kaiserin gesehen, der vermerkt es als ein Rätsel, wie sie diesem Dolchstoß standhält, eine Gewalt über sich gewinnt, die nichts nach außen preisgibt. „Wir erschauerten vor der Grabesruhe der Königin und dem Ausdruck ihres Auges. Es ist nicht möglich, im Unglück adliger zu sein als diese hohe Frau", schreibt ein Teilnehmer der ungarischen Kondolenzdeputation, die mit Andrássy nach Wien gekommen war.

Dann aber bricht die edle Frau unter der Überanstrengung der Seele zusammen. Sie lebt nicht in der schützenden Finsternis, die jede Fügung als ein dem Verstande unfaßbares Geschehnis hinnimmt. Ihr Stolz schützt sie vor plebejischer Demut, ihr Pessimismus hat keine mystische Färbung. Sie selber, die Gefangene eines „Schicksals", hat die Unmöglichkeit kennengelernt, Traditionelles, Historisches zu ändern; sie weiß aber, daß dieses Schicksalhafte, Unentrinnbare Menschenwerk ist, alles Geschehen im großen wie im kleinen eine Summe aus guten und schlechten Eigenschaften darstellt, aus Denkfehlern und Irrtümern. Elisabeth hat wiederholt davon gesprochen. Sie sagt, was sie denkt, aphoristisch und bildhaft, doch sie meint das Richtige, wenn sie einmal erwähnt, es sei unmöglich, auf die Macht der Tradition und auf die Macht selber durch Belehren oder Überzeugenwollen einzuwirken. Sie ahnt, daß es nur Kollektivkräften gelingt, die Tradition der Macht und die Macht der Tradition auszuschalten. Doch da das Walten des Traditionellen aus Denken und Handeln gewoben ist, unterliegt es der Kritik der Vernunft.

Hier setzen die Qualen ein, die Elisabeths Schicksalsphilosophie zernagen: die Vernunft fordert Rechenschaft über Tun und Lassen. Furchtbar klingen die Posaunen der richtenden Vernunft: warum hast du dies, warum nicht jenes getan? Es ist die unerbittliche Stimme des Verstandes, welche die Gespenster der Selbstanklage und der Reue hervorruft, Gespenster, die den Schmerz zur Verzweiflung steigern. Elisabeth war tapfer, standhaft in den ersten Stunden des Unglücks. Jetzt treibt sie das nachprüfende Denken an den Rand des Wahnsinns.

Wie war's geschehen, mußte Rudolf sterben? Mußte er sich selber vernichten? Gab es keine rettende Hand,

die ihn aus diesem Tal der Hoffnungslosigkeit herausgeführt hätte? Hatte er keinen Freund, keinen Vertrauten, keinen Berater, keinen Helfer? Gab es kein Ohr, ihn liebend zu hören? Gab es keinen Ausweg aus diesem Labyrinth, in dem die Pfade höfischer Gesetze sich mit den Bahnen des denkenden Menschen kreuzen? Steht die Unerbittlichkeit der sittlichen Ordnung höher als der Wert dieses Lebens, dem zu dienen sie bestimmt war? Ist eine Ordnung, die Menschenopfer heischt, nicht ein Frevel an der Schöpfung? ... Elisabeth wäre keine Mutter, wenn solche Fragen nicht an ihrem Gewissen rüttelten.
Aus der Nacht des Grabes steigt die Gestalt des Sohnes auf. Mit erschreckender Deutlichkeit erscheint Jahr um Jahr seines Lebens: die Kindheit; das jähe Emporblühen eines begnadeten Knaben; sein guter Wille, die Gaben des Geistes zu nutzen; sein Drang, mehr wissen zu wollen als man ihm gibt; der frühe Kampf, die gewaltsame Beengung seines Ehrgeizes; die Beugung seiner ungewöhnlichen Natur unter Regeln, denen nur der Gewöhnliche Sinn und Achtung gibt; der Zwang, auf die Gestaltung des Lebens nach eignem Geschmack und Willen zu verzichten ... Es sind Stunden des Grauens, wenn die Reihe dieser Bilder bei der trostlosen Wirklichkeit endet. Der von der Kugel zerschmetterte Kopf des Sohnes blickt aus jedem Rahmen, er erscheint gespensterhaft im Dunkel, er taucht im Traume auf. Wie wird Elisabeth diese Qual ertragen? Sie weiß, daß es keinen Selbstmord gibt,

an dem neben der eignen Schuld nicht die Schuld der Andern klebte. Wir ahnen nichts von diesen allerletzten Augenblicken, da der zur Selbstvernichtung Entschlossene den Sprung ins unbekannte Dunkel wagt; wir wissen nur von der Folter des Nachlebenden, der sich der Mitschuld zeiht. Sein Leben ist zerstört von steter Qual. Es gibt kein Mittel des Willens, keine Arznei aus der Apotheke des Intellekts, diese Furien zu bändigen. Wem von den Verfolgten Mangel an Furcht beschieden, den erreicht das Bild des Gemordeten bei dem Gedanken an den eignen Tod. Die Verwandtschaft mit dem Selbstmord währt lebenslang. Rudolfs Abschiedsbrief an Elisabeth beginnt mit den Worten: Meine liebe Mama, ich habe kein Recht mehr zu leben ... Wer nahm ihm dieses Recht, wer trieb ihn dahin, dieses Recht sich selber absprechen zu müssen?

Gibt es keine Entlastung von diesem furchtbaren Druck, keine Erlösung von der peinigenden Anklage, daß ihn die Härte des Zwangs in den Tod getrieben? Elisabeth sucht das Bild Rudolfs vor ihr inneres Auge zu zaubern, seinen Charakter, sein Wesen, um Klarheit und Gewißheit vor den anstürmenden Fragen und Zweifeln zu finden. Da sie Zeit und Ort eines ihr denkwürdigen Augenblicks aus der Erinnerung holen will, um das Erlebte lebendig werden zu lassen, stößt sie auf Lücken, die wie dunkle Löcher das Band der Bilder unterbrechen. Je angestrengter sie denkt, je mehr sie sich müht, das Fehlende zu finden, desto größer wird die Ungewißheit. Die Bilder der Erinnerung, vom Zweifel erschüttert, beginnen zu wanken. Elisabeth schließt die Augen, sie sammelt alle Vorstellungskraft auf den einen Punkt, und dann ist es, als erhellte sich das Dunkel im Innern: Bilder steigen auf wie von einer Laterna magica erzeugt, mit scharfen Umrissen und Farben. Doch, prüft sie nachher genauer, so zeigt es sich, daß die Phantasie wie ein Dichter arbeitet: es sind Traumbilder des wachen Gehirns, um einen Punkt kreisend, aber nicht getreue Abdrücke des wirklichen Geschehens. Das nimmermüde Mühen, Rudolfs wirkliches Bild zu finden, führt Elisabeth zu den Dokumenten. Nochmals holt sie den Brief hervor, zum hundertundsovielten Male folgt sie Wort für Wort, sie bringt alles, was sie von ihm besitzt, sie verbindet Daten, sucht die Kette des Geschehenen festzuhalten. Da, vor dem Detail, vor den Fakten ergeht es ihr wie dem forschenden Historiker, der im Magazin der Quellen das lebendige wahre Bild der Persönlichkeit zu finden hofft. Soviel Briefe, Zettel, Erinnerungen Elisabeth auch aneinanderreiht, die Steinchen formen sich zu keinem Ganzen, eines widerspricht dem andern, und alle zusammen wirbeln vor dem innern Blick wie Schneeflocken im Winde. In diesem verzweifelten Kampf gibt es Augenblicke völligen Ermüdens, da Elisabeth vor die erschreckende Erkenntnis gerät: was weiß der eine vom andern, und sei der andre der Sohn! Die Zweifel haben ihr Rudolfs Bild zerstört. Die Gewißheit war da; hatte sie im ersten Schmerz nicht alles klar, furchtbar klar gesehen?

Während man zur Totenfeier rüstet, ist die Kaiserin eine vom Schmerz, von Selbstanklagen und Zweifeln gelähmte Frau. Gibt es einen Menschen, der mehr weiß als sie, hält man ihr etwas vor, sagt Rudolfs letzter Brief nicht alles? Wie weit reicht das Wissen des Grafen Hoyos, der vom Totenbett die Nachricht in die Burg gebracht hat? Er war dabei, er war Rudolfs Vertrauter. Hat er dem Kaiser die Wahrheit gesagt? Weiß er mehr als er sagt? Elisabeth will alles wissen. Ihr soll nichts verborgen bleiben. Wie lange kannte Rudolf die Baronesse?

Der Vertraute des Toten antwortet: Siebenundachtzig Tage. Er lernte sie am 5. November 1888 kennen. Sie war fünfmal bei ihm in der Burg. Bratfisch, der Fiaker, brachte sie unter die Brücke des Palais Albrecht, dort erwartete sie Loschek, der Türhüter, und führte sie durchs Gittertor ins Innere der Burg.

Wie entzog sie sich dem Hause, die Sechzehnjährige?

— Ihre Liebe gab ihr Mut. Sie ersann die erstaunlichsten Auswege, dem Hause zu entfliehen. Sie sollte eines Abends mit ihrer Familie die Oper besuchen. Sie hatte diesen Tag zum Rendezvous-Tag gewählt. Abends wusch sie ihr Haar so spät und so lange, daß es, knapp vor der Fahrt zur Oper, noch triefend naß war. Sie zeigte sich bestürzt und unglücklich darüber, mit so nassem Haar nicht in die Oper fahren zu können. Sie blieb daheim. Doch kaum daß sie das Rollen des

Wagens hörte, der Mutter und Schwester entführte, eilte sie aus der Wohnung in der Salesianergasse um das Eck in die Marokkanergasse, wo Bratfischs Wagen wartete. Mehr darüber weiß die Gräfin Larisch ...
Briefe der Baronesse gestehen, daß es „am 13. Jänner war, da sie dem Kronprinzen nichts mehr vorenthielt". Nach Berichten des Erzherzogs Otto und des Prinzen Philipp Koburg hat der Kronprinz um diese Zeit von der Baronesse gesprochen und ein Zigarettenetui, ein Geschenk von ihr, gezeigt, dessen Deckel auf der Innenseite die eingravierten Worte trug: „Dank dem glücklichen Geschicke! 13. Jänner 1889."
Der Vertraute des Toten berichtet weiter: Der gemeinsame Tod war verabredet.
Seit wann? Vor dem Tage, da Rudolf sein Wort verpfändete, die Baronesse zu verlassen? Vor dem 29. Januar?
Hoyos sagt: Ja! ... Woher man dies wisse? Die Annahme stützt sich auf Aussagen der Erzherzöge Franz, Otto, Friedrich, des Herzogs Don Miguel von Braganza, des Malers Franz von Pausinger. Ihnen hat der Kronprinz Andeutungen gemacht und an sie die Frage gerichtet: „Fürchtest du dich vor dem Tode?"
Sind diese Angaben genau? Scheint es nicht vielmehr, daß Bemerkungen Rudolfs, die vor dem 29. Januar gefallen sind, jetzt die Deutung zulassen, als habe er schon damals den Gedanken erwogen, sich zu töten? Und die Baronesse?
— Daß auch sie den Tod wollte, sei unzweifelhaft

festgestellt. In dem nachgelassenen Brief an ihre Mutter, so bezeugt ein Freund des Hauses Vetsera, Graf Vilmos Festetics, schreibt die Baronesse: „Wir sind schon neugierig, wie es in der andern Welt aussieht!"
Aber vor dem 29. Januar, wollte sie da sterben?
— Mehrere Tage vor der Katastrophe versprach sie ihrem Begleiter auf dem Eise, dem Adjutanten des Erzherzogs Ludwig Viktor, Oberleutnant Grafen Gundakar Wurmbrand, wenn sie sterbe, was in wenigen Wochen geschehen könne, werde sie ihm den Ring hinterlassen, der ihm so gut gefalle.
Beide wollten, sagt Ihr, sterben, gemeinsam sterben. Doch nur, weil es hoffnungslos war, zusammen leben zu können, sich ganz, immer anzugehören... Also war es die große Liebe, Rudolfs erste wirkliche Liebe. Die Baronesse war ungewöhnlich schön, sie war fanatisiert von ihrer Liebe zu ihm. Er hatte es noch nicht erlebt, die große, schrankenlose Hingabe und Opferungsfähigkeit einer Sechzehnjährigen. Um so schrecklicher...
— Nein. Es wäre ein Irrtum, zu glauben, der Kronprinz sei aus unglücklicher Liebe in den Tod gegangen.
Warum sagt Ihr das? Will man den Kaiser schonen? Welcher entsetzliche Gedanke, das Bild dieses Todes zu fälschen! Der Kaiser verantwortet, was er tut, vor sich selber. Es bedarf der Fälschung nicht.
— Glaubwürdige Zeugen, Obersthofmeister Graf Bom-

belles, Flügeladjutant Graf Maximilian Orsini und Rosenberg, Sektionschef im Ministerium des Äußern Graf Ladislaus Szögyény-Marich, sagen aus, daß der Kronprinz in der letzten Zeit ein ausschweifendes Leben geführt habe...
Was soll das besagen?
— Der Burghauptmann Ferdinand Kirschner meldet, der Kronprinz habe die letzte Nacht in Wien, die Nacht vom 27. auf den 28. Januar, in der Burg mit dem ihm lange bekannten Fräulein Mitzi, die mit ihrem bürgerlichen Namen Marie Kaspar heißt, zugebracht.
Die Nacht von Sonntag auf Montag? Nach der Soiree in der deutschen Botschaft? Es war spät, als der Kronprinz mit der Kronprinzessin das Fest verließ...
— Graf Szögyény bezeugt, daß der Kronprinz an Fräulein Mitzi noch einen letzten, Liebesworte enthaltenden Brief geschrieben habe. Major Graf Orsini und Rosenberg bestätigt, Fräulein Mitzi habe noch während des letzten Jahres den Kronprinzen öfter auf seinen militärischen Inspektionsreisen begleitet und das Nachtquartier mit ihm geteilt. Um vor seinem Sekretariat den notwendigen Aufwand an Geldmitteln zu verbergen, mußte er, so bezeugt Erzherzog Otto, Geld von andrer Seite sich beschaffen, wahrscheinlich von Baron Hirsch. Der Kanzleidirektor des Obersthofmarschallamts, Regierungsrat Rudolf Kubasek, bezeugt die Auffindung eines Kuverts in der Schreibtischlade des Kronprinzen, welches die vollständige Adresse des

Kronprinzen und die Angabe „Inhalt 100.000 Fl." trug, aber nur 30.000 Fl. enthielt. Fräulein Marie Kaspar hat sich, auch dies bezeugt Erzherzog Otto, ein Haus auf der Wieden um 60.000 Gulden gekauft. Dem Sekretariat des Kronprinzen wurde kürzlich von einem Juwelier eine quittierte Rechnung von 1500 Gulden geschickt, ohne daß eine Zahlung geleistet worden wäre.

Mit welcher Absicht werden diese Aussagen aneinandergereiht? Es war vor dem Erlebnis mit der Baronesse ein Fräulein Mitzi da, es blieb, es ließ sich bezahlen — was beweist diese Tatsache? Warum dieses angestrengte Bemühen und die Aufbietung so vieler Zeugen, die nachzuweisen suchen, daß die „Gemeinsamkeit des Sterbens mit dem jungen Mädchen gewiß nur ein Begleitumstand der in tieferen Gründen wurzelnden Tat" sei? Trübt oder schändet es das Bild des Kronprinzen, wenn die schlichte Wahrheit bestehen bleibt, daß er als Dreißigjähriger sich an der großen Leidenschaft der schönen Sechzehnjährigen entzündet und vor der Hoffnungslosigkeit dieser Liebe sie und sich getötet hat? Er hat sie getötet! Seine rechte Hand hielt den Revolver umklammert, aus dem zwei Schüsse abgegeben waren. Hofrat Dr. Widerhofer und Leibarzt Dr. Auchenthaler vermochten nicht, den rechten Zeigefinger, der gekrümmt am Abzug des Revolvers lag, zurechtzubiegen. Hat der Kronprinz ohne innern Zwang, ohne tiefere Beziehung, aus Laune dieses Mädchen getötet? Eine bewußte Tötung ohne inneren Beweggrund, ohne eine hemmungslose zweckerfüllte Begierde gibt es nicht. Hoffnungslose Liebe, Eifersucht, Haß können töten; Fanatismus, Geldgier, Bedürfnis nach Rache, Neid können morden — aber die Tötung aus dem Motiv, eine Begleitung ins Jenseits zu haben, ist eine Konstruktion mit der Absicht, die Wahrheit zu morden. Man will den Kaiser schonen, ihm die Gewissensbelastung nehmen, daß seine Unnachgiebigkeit den Sohn in den Tod getrieben habe.

Darum wird das Bild des Kronprinzen bis zur Unkenntlichkeit geschwärzt. Darum die Erfindung einer schattenhaften politischen Aktion Rudolfs mit dem Grafen Pista Károlyi als Verbündeten; das Bemühen, die letzten Augenblicke Rudolfs in der Burg mit dieser Erfindung in Zusammenhang zu bringen, so, als ob das Telegramm, welches der Kronprinz erwartete, von Károlyi gewesen wäre; darum die Verschwörergeschichte von der geheimnisvollen Kassette der Gräfin Larisch, die der ins nächtliche Dunkel und in einen weiten Mantel gehüllte Erzherzog Johann in Empfang nimmt, darauf bedacht, die Beweise für Rudolfs beabsichtigten „hochverräterischen Griff nach der Krone des heiligen Stephan" aus der Welt zu schaffen; darum die übertreibende Schilderung des Lebenswandels Rudolfs, als ob er, vom Trunke, von Rauschgiften und sexueller Ausschweifung völlig zerstört, nicht mehr Herr seiner Sinne gewesen wäre! Man gräbt allerlei Dinge aus, die wahrscheinlich in jedermanns Leben zu finden wären, um die Behauptung stützen zu können, daß Rudolfs Gehirn vielleicht schon von Jugend an krank gewesen sei: einen Sturz vom Pferde, den er als Jüngling erlitten; eine Ohrenerkrankung, und immer wieder die schon in frühen Jahren erkennbare „Freude am Symposion", wie die zur Legendenbereitung paraten Lakaien so schön sagen.

Elisabeth war der einzige Mensch, der Franz Joseph in der Stunde der Verzweiflung stützte. Er selber sagt es zu Paar: „Ohne sie hätte ich es nicht ertragen..." Die denkende, alles verstehende Frau sieht die Tragik in dieser grausamen Verknüpfung von Majestätspflichten und Vatersorgen. Sie kennt Franz Joseph besser als die andern ihn kennen, sie weiß, daß er seinem Gewissen folgte, als er Rudolfs Wort forderte, sie kennt des Kaisers Art, sich selber die strengste Prüfung aufzuerlegen, daraus die Rechtfertigung allen Tuns und das gute Gewissen zu schöpfen. Darum trifft es sie in ihrem Schmerz um so tiefer, dieses häßliche lakaienhafte Bestreben, die Fälschung der Wahrheit zur Pflicht der Loyalen zu erheben.

Es war ein Verhör aller Zeugen beabsichtigt; der Kaiser hat diesen Plan wieder verworfen und, wie es seiner Natur entspricht, das Grab seines Sohnes für alle Zeiten verschlossen. Es wird nie mehr ein Wort davon seine Lippen verlassen, er wird in seiner Arbeit Vergessen suchen. Die Kaiserin, die den Sohn nie vergessen kann, muß nun sehen, daß auch sein Andenken gemordet wird. Es ist, als ob das Schicksal diese edle Frau dem satanischen Plan opfern wollte, das schwerste Leid, das dem Menschen auferlegt werden kann, auch noch zu vergiften.

VIII.
LETZTE JAHRE

DIE TOTEN STERBEN NICHT. SIE KOMMEN WIEDER.
Plötzlich stehen sie neben dir, schauen und hören.
Ihr Blick läßt keine Lüge zu. Sie kommen in der
Nacht, öffnen geschlossene Türen oder die Wand. Sie
sind unräumlich, wie aus hauchdünnem Glas.
Der Amalientrakt, jener von der Kaiserin und ihrem
Gefolge bewohnte Teil der Hofburg, der mit dem
großen Auge seiner Uhr auf den Franzensplatz herab-
blickt, ist in der Nacht hell erleuchtet. Die Kaiserin,
so sagt man, schläft nicht. Zwei Tage nach der Bei-
setzung Rudolfs in der Kapuzinergruft hält spät
abends, am Neuen Markt, vor der kleinen Tür der
Kapuziner ein Wagen, dem eine dicht verschleierte
Dame entsteigt. Sie schellt den Pförtner heraus und
verlangt den Pater Guardian zu sprechen. Man holt
ihn herbei. „Ich bitte mich in die Gruft zu führen..."
Der überraschte Geistliche, ahnend und erkennend,
läßt die Vorhalle der Gruft erleuchten und führt die
Dame durch das matt erhellte Dunkel und das Schweigen der Gewölbe zum Eingang der Gruft. An der
Treppe wehrt die Frau die Begleitung ab und geht
die Stufen hinab, den Ordensbruder in der einsamen

Halle zurücklassend. Nach einer halben Stunde kommt sie vom Toten herauf, besteigt den Wagen und fährt, allein, wie sie gekommen, davon.
Jetzt verläßt Elisabeth die Zimmer nicht mehr. Sie verschließt sich selbst vor den Nächsten. Nur ihrer Tochter Valerie öffnet sie die Türe. Man befürchtet von diesem Vergraben in den Schmerz einen völligen Zusammenbruch der Nerven. Die Augen der Menge haben bei dem Trauerzug vergebens die Kaiserin gesucht, nun wird das Wort geflüstert, die schwergeprüfte Frau sei dem Wahnsinn verfallen. Kein Arzt errät die Krankheit, das beginnende Herzleiden. Es gelingt, Elisabeth zu einer Kur zu bewegen. Die Kaiserin ist eine schwer zu behandelnde Patientin, sie mißtraut der Kunst der Ärzte. Diesmal, wie so oft, mit Recht; Wiesbaden ist nicht der Ort, der ihr Heilung bringen kann. Sie verläßt ihn nach kurzem Aufenthalt und flüchtet mit Valerie nach Feldafing, zum Starnberger See, in die Nähe der Mutter. Sie hat sich jeden Empfang, jede Begegnung verboten. Doch auch hier hält es sie nicht, die alten Wege, der See, die Landschaft sind verändert. Elisabeth sucht in Ischl, nachher im Süden Tirols Erholung. Die Vorbereitungen der Behörden, jede Berührung mit den Menschen von ihr fern zu halten, sind gut gemeint. Die Art der Ausführung erweckt jedoch den Eindruck, als ob eine Geistesgestörte vor dem Blick der Welt zu verbergen wäre. In Meran, wo die Kaiserin im Schlosse Trauttmansdorff wohnt, ist den Behörden folgender

Erlaß zugegangen: „Aus Anlaß der Reise Ihrer Majestät der Kaiserin und Königin nach Meran ist auf dem Wege eines der k. k. Statthalterei zugekommenen allerhöchsten Auftrags die Weisung erflossen, die geeignete Veranlassung zu treffen und mit aller Strenge zu überwachen, daß bei der Ankunft ihrer Majestät der Kaiserin und Königin in Meran jeder Empfang, sei es der Staats-, der Gemeindebehörden, einzelner Korporationen oder der Bevölkerung, unterbleibe. Es ist Auftrag, daß keinerlei wie immer geartete Ovation stattfinde, vielmehr dem dringenden Wunsche Ihrer Majestät entsprochen werde, in großer Stille in Meran einzutreffen und dort in vollständiger Zurückgezogenheit verweilen zu können. Es ist zuverlässig dahin zu wirken, daß bei unvermeidlichen Begegnungen mit ihrer Majestät jede, noch so gut gemeinte Ovation der Bevölkerung unterbleibe. Ich zähle auf den altbewährten loyalen und dynastischen Sinn der Bevölkerung, daß diesem Wunsche Ihrer Majestät in jeder Richtung nachgekommen werde, und ich ersuche die Gemeindevorstehung, für eine möglichst weitgehende Verbreitung dieser Anordnung in allen Schichten der Bevölkerung sofort ausgiebig Sorge zu tragen. Ich rechne weiter auf die Mitwirkung der Gemeinden und ihrer Organe in dem Bestreben, alles, was dem oben ausgedrückten Wunsche der Allerhöchsten Frau zuwiderläuft, nachdrücklichst, kräftigst hintanzuhalten und zu verhindern."
Elisabeths Bitte war sehr einfach gewesen: Beachtet

mich nicht, laßt mich meiner Wege gehen, ich bin nicht Kaiserin, ich bin eine arme verfolgte Frau, die Ruhe sucht! Die Mitteilung dieser Bitte im submissesten Stil der Kanzlei klingt wie der aufregende Trommelwirbel der Ortspolizei. Man respektiert den Wunsch, aber es ist nun so, daß die Leute einer Begegnung mit der Kaiserin schon von weitem scheu ausweichen, in das Feld, den Weinberg flüchten und sich ängstlich verbergen. Auch den Kindern wird eingeschärft, genau darauf zu achten, daß sie ja nicht der „schwarzen Frau" in die Nähe kommen. Die Kinder laufen heulend davon, wenn sie sehen, daß die „schwarze Frau" naht. Es ist nicht gerade das, was Elisabeth wünschte.

Kein Wunder, wenn die auswärtige Presse die geistige Erkrankung der Kaiserin als Tatsache vermeldet. Die Journale der ganzen Welt bemächtigen sich nun um so mehr jeder Nachricht vom Kaiserhof, jedes Gerüchts und jeder Erfindung, als in Wien selbst kein Wort vom Kronprinzen geschrieben werden darf. Mit einer Kunst, die nur in Philipps II. Verhalten nach dem Tode Don Carlos' ein Gleichnis hat, wußte der Hof mit Rudolfs Leiche auch die Wahrheit dieses Todes zu begraben. Die Vorgänge in Mayerling, die Ursachen dieses doppelten Sterbens sollten unbekannt bleiben. Nach dem ersten Versuch, den Tod Rudolfs als natürlich hinzustellen, gab der Hof den Selbstmord des Kaisersohnes zu. In den Mitteilungen an die Höfe war auch diese Wahrheit nicht enthalten. Nur dem Papst wagte man nicht die Unwahrheit zu sagen. Doch die Tatsache, daß Rudolf neben der sechzehnjährigen Baronesse geendet, daß er sie erschossen hat, sein Tod nur neben ihrem Tod verständlich wurde, diese Tatsache sprach der Hof nicht aus. Die Leiche Mary Vetseras wurde unter strengster Bewachung, bei Nacht, ohne Mutter und Schwester, auf dem Friedhof von Heiligenkreuz begraben. Die assistierenden Beamten der Wiener Polizei, der Abt des Stifts, Sargtischler und Totengräber wurden mit feierlichem Eid zu ewigem Schweigen verpflichtet. Der Wiener Korrespondent der französischen Nachrichtenagentur Havas mußte Österreich verlassen, weil er versucht hatte, die ungefähre Wahrheit, als Roman verkleidet, nach Paris zu melden. Wie König Philipp die Papiere vom Tode Don Carlos' in den verschwiegenen Brunnen des vatikanischen Archivs vergrub, so übergab Franz Joseph die Akten des Falles Mayerling seinem ergebensten Diener und Minister, dem Grafen Eduard Taaffe zur Aufbewahrung. Das Archiv des Hauses behielt nichts als die Denkschrift des Grafen Hoyos. Die Papiere, die Taaffe an sich genommen, blieben verborgen. Vielleicht hat sie das Feuer beim Brande des Taaffeschen Schlosses in Ellischau vernichtet.

Das Mißtrauen gegen jede amtliche Nachricht des Wiener Hofs, die erregte Phantasie, Neugier und Sensationslust begannen auch um Elisabeths Gestalt Märchen zu weben. Die Bürokratie Franz Josephs trug dazu bei, den Glauben an die Geistesumnachtung der Kaiserin zu bestärken. Eine Dame der Aristokratie, die Elisabeth in Meran zu sprechen Gelegenheit hatte, vermerkt: „Ich begegnete der Kaiserin und der Erzherzogin Valerie mit Baron Nopcsa und der Hofdame Gräfin Maljath. Die Kaiserin wich der unvorgesehenen, keineswegs erwünschten Begegnung nicht aus. Sie blieb stehen und sprach, wie es ihre Art war, liebenswürdig mit mir. Sie trug den Hut in der Hand. Ich sah die nicht sehr gepflegten, etwas knochigen Hände, die sie sich nie küssen ließ. Sie ging hier stundenlang spazieren, meist nur in Begleitung des griechischen Lehrers, eines kleinen Kerls, der Mühe hatte, ihren schnellen Schritten zu folgen. Im Steigen las sie laut griechisch, die Lunge muß demnach sehr gut sein. Sie empfing keinen Menschen; das Volk war unzufrieden, seine Kaiserin nicht zu sehen, und warf ihr das als Pflichtverletzung vor..." Den Herbst des Schreckensjahres verbringt sie auf Korfu und in Tunis. Am vierten November 1889 kehrt sie nach Wien zurück.

Elisabeth überschätzt die Wirkung, die sie von den Veränderungen des Orts erwartet. Weder die stete Bewegung, noch der ewige Wechsel der Kulissen vermögen die Nerven zu heilen. Die Schatten folgen dem schnellsten Lauf. Sie begleiten übers Meer, sie schwinden nicht in der Sonne Afrikas, sie ziehen mit Elisabeth in die Hofburg ein. Es ist ein düsteres Wiedersehen, ein trauriger Winter, traurige Weihnachtstage.

Elisabeth verbietet jeden Glückwunsch, jeden Neujahrsgruß. Als ob sie auch äußerlich mit dem Dasein von ehedem abzuschließen wünschte, verteilt sie Schmuck, Kleider, Fächer und Pelzwerk an ihre Töchter und an die Damen ihres Hofstaats. Nur Schwarz wird künftig ihre Farbe sein.
„Jeder Mensch", sagt Elisabeth, „erlebt einen Tag, an dem seine Seele stirbt; man lebt weiter, aber nur körperlich. Es gibt keine Freude, aber auch kein Leid mehr, das einen treffen könnte." Im neuen Jahr wird Elisabeth nach Regensburg gerufen. Ihre älteste Schwester, Helene, sechsundfünfzig Jahre alt, die Witwe des Erbprinzen von Thurn und Taxis, ist erkrankt. Sie verlangt nach Elisabeth. Die Schwestern sind noch durch andre als die natürliche Beziehung verbunden; zwischen ihnen, die das Schicksal vertauscht hat, besteht eine Art Solidarität der Verachtung aller irdischen Dinge. Helene, eine der reichsten Frauen Europas, hat weder für den großen Stil des Besitzes der Thurn und Taxis mit den Schlössern und Gärten, noch für die fürstliche Lebenshaltung sonderlich viel übrig gehabt. Elisabeth kommt zum Krankenbett Helenens. Die Schwester stirbt in ihren Armen.
Der Sommer ruft Elisabeth nach Ischl, Erzherzogin Valerie heiratet. Es ist nicht zu umgehen, daß ein großer Kreis sich um die jüngste Kaisertochter schart. Die Kaiservilla ist zu klein, alle Gäste zu fassen. Die Tafel ist im Kursaal. Die Kaiserin fehlt. In Feldafing, wohin die Jungvermählten die Kaiserin begleiten, ist

Elisabeth mit der Vorbereitung einer größern Seefahrt beschäftigt. Der dänische Gesandte in London, Herr Falbe, hat ihr seine Jacht „Chazalie" überlassen, auf welcher sie im September als Mrs. Nicholson das Mittelmeer befährt. Elisabeth täuscht sich nur selber darüber, wenn sie von dem Wechsel der Landschaft, von der Bewegung den Frieden der Seele erwartet. Sie sucht, was den Lebensmüden nach dem Kokain greifen läßt, die Ausschaltung des Sinnes für die Zeit als dem Erreger der Unlust und der Angst. Durch das Entschwinden der Vergangenheit und der Vorstellung des Kommenden, durch die völlige Tötung des Zeitgefühls, kehrt für Augenblicke, für Stunden Ruhe in die erschütterte Seele ein. Das sucht Elisabeth. „Das Leben auf dem Schiff", sagt sie, „ist doch mehr als ein bloßes Reisen. Es ist ein verbessertes Leben. Man befindet sich wie auf einer Insel, von der alle Unannehmlichkeiten und alle Beziehungen verbannt sind. Es ist ein chemisch reines, kristallisiertes Leben, ohne Zeitempfindung. Das Gefühl der Zeit ist immer schmerzhaft..." Wie verwundet muß Elisabeth sein, wenn sie die Reduzierung des Daseins auf das Nichts das „reine kristallisierte Leben" nennt! Sie führt auf der Meerfahrt eine Ziege der Malteser Rasse mit, deren Milch sie besonders liebt. Von dieser Ziege sagt Elisabeth: „Sie macht die Reise ohne jede Begeisterung für das Schöne mit... es ist das Wahre."

Kranke Menschen, die lange und furchtbar von ihrem Leiden gemartert werden, ohne am Verstande Schaden zu nehmen, sehen mit einer entsetzlichen Kälte hinaus auf die Dinge. Der Schmerz ernüchtert. Die ungeheure Spannung des Intellekts aber, die dem Schmerz Widerstand leistet, läßt alles in einem neuen Lichte erscheinen. Der Reiz, den neue Beleuchtungen geben, behütet den Leidenden vor dem Selbstmord. Die Verachtung, womit man der warmen Nebelwelt gedenkt, in welcher der Gesunde wandelt; die Geringschätzung aller Illusionen, in denen man früher selber eingesponnen war — in diesen aus der Tiefe der Qual gehobenen Gefühlen hält man dem Schmerze stand. Der Stolz bäumt sich gegen den Gedanken, vom Leid sich als Besiegter demütigen zu lassen. Von hier, von der Steigerung des Stolzes zum Hochmut, führt ein Pfad zur Genesung. Seine erste Wirkung, der erste Dämmerschein der Milderung ist, daß wir uns gegen die Übermacht des Hochmuts wehren: wir wollen nicht eitel sein, beugen, undankbar, den eignen Stolz, der uns eben noch den Schmerz ertragen ließ, und verlangen nach einem Gegengift des Stolzes. Wir sehen wieder hin auf Menschen und Natur, mit einem verlangenden Auge, wehmütig lächelnd und eingestehend, daß wir jetzt etwas mehr über Mensch und Natur wissen, daß ein Schleier gefallen ist. Es erquickt, wieder die gedämpften Lichter des Lebens zu sehen und aus der furchtbaren nüchternen Helle herauszutreten, in welcher wir als Leidende die Dinge erblicken. Wir sehen wie umgewandelt zu, immer noch müde, aber milde.

In solchen Pausen geht Elisabeth unter Menschen. Im Februar 1891 wundert man sich in München, die Kaiserin verändert zu sehen. „Sie war gegen früher ganz anders, sprach mit uns allen und nahm an den Mahlzeiten teil, was seit zwanzig Jahren nicht vorgekommen..." Sie verzichtet aufs Meer, verbringt das Jahr in Bayern, in Lainz, Ischl und in Schönbrunn. Sie turnt wieder, pflegt den Leib, läuft stundenlang im Schönbrunner Park. „Ich werde niemals müde," sagt sie, „wir, meine Schwester und ich, haben dies unsrem Vater zu verdanken. Man muß auch gehen lernen — sagte er uns und hielt einen berühmten Lehrmeister fürs Gehen. Man muß bei jedem Schritt von den frühern sich ausruhen können, so wenig wie möglich sich über die Erde schleifen... Meine Schwestern, Alençon und die Königin von Neapel, sind in Paris berühmt wegen ihres Ganges. Wir gehen aber nicht wie Königinnen. Die Bourbons, die fast nie zu Fuß gegangen sind, haben eine eigene Gangart bekommen — wie stolze Gänse. Sie gehen wie wahre Könige..." Elisabeths Freude am Gehen wird durch Ischias beeinträchtigt. Sie muß sich, es ist im Winter 1891, beim Spazierengehen im Park von Zeit zu Zeit das Knie mit Schnee einreiben. „Sie tuts im Freien, wobei sie mich bittet," so notiert Dr. Christomanos, „mich einige Schritte zu entfernen. Sie kommt jedesmal hochgerötet vor Anstrengung und Pein zurück..."
Im Januar 1892 wird das Kaiserhaus von Krankheit

heimgesucht. Die Erzherzogin Valerie hat Lungenentzündung, ihr Gatte Bronchitis. Am 25. Januar ruft ein Telegramm die Kaiserin nach München: ihre Mutter, die vierundachtzigjährige Herzogin, ist erkrankt. Um vier Uhr morgens stirbt sie. Professor Rümann nimmt die Gipsmaske ab, nach der das Marmorporträt für die Kapelle des Palais geformt wird. Es trägt die Inschrift: „Matri et Socrui Desideratissimae" — der wünschenswerten Mutter und Schwiegermutter. Am selben Morgen, zur Zeit, da Elisabeths Mutter stirbt, bekommt Erzherzogin Valerie „zu frühe, aber doch glücklich eine Tochter".

Im März fährt die Kaiserin nach Miramare. Auf dem Bahnhof Grignano bei Triest steigt man aus; der Park reicht bis hierher. Was zieht Elisabeth in dieses verwunschene Schloß, das angefüllt ist mit traurigen Erinnerungen? Bilder, Möbel und Lakaien sind aus Maximilians Tagen. Die Stühle tragen das mexikanische Wappen, den Adler, ein Reptil im Schnabel zerbeißend; alte, nachgedunkelte Porträts der spanischen Habsburger blicken von den Wänden der Säle. Im Park steht das Schlößchen der Kaiserin Charlotte. Als Wahnsinnige hat sie hier gewohnt. Das Haus ist leer, seine Fenster sind fest verschlossen, Netze von Kletterrosen umschlingen Veranda und Mauern. Wortlos geht die Kaiserin einige Male um die Umfriedung aus lebenden Pflanzen, die das kleine verlassene Schloß des Wahnsinns abschließen. Dann sagt sie: „Ein Abgrund von dreißig Jahren, mit lauter Schrecken

gefüllt... Charlotte soll sehr dick geworden sein..."
In Pola wartet Elisabeths Jacht „Miramare". Das Ziel ist Korfu. Um fünf Uhr morgens durchstreift die Kaiserin die Gärten des Achillesschlosses; alles schläft, nur sie wandelt in der Stille. „Gestern bei grauendem Morgen", erzählt Christomanos, „stand ich auf und ging über die Götterstiege auf die Hermesterrasse. Ein weißer Widerschein erhob sich im Osten hinter dem schwarzen Rücken der Berge. Vom Meere, das man in einer verschwommenen Blässe mehr ahnte als sah, stiegen die Nebel des Morgens herauf. Am Himmel waren fast alle Sterne erloschen, nur ein einziger von erschreckender Größe stand im Zenith. Es war der Sirius. Unter ihm reckte sich eine große schwarze Zypresse, deren Wipfel sich im Winde bewegte... Da sehe ich sie plötzlich zwischen den Säulen des weißen Palastes wie einen Schatten huschen. Ich war außerordentlich erstaunt, sie um diese Stunde hier zu finden, und wollte mich zurückziehen; aber sie näherte sich rasch... und sagte mir: Ich bin immer hier, bevor die Sonne aufgeht... Sie sollen niemals zu dieser Stunde heraufkommen. Dies ist die Zeit, da ich ganz allein sein will."
Unten im Park steht der Kuppelbau des Heinedenkmals mit den Verszeilen der „Einsamen Träne" als Inschrift. Jetzt erhält Rudolf ein Standbild. Antonio Chiattone, ein Bildhauer aus Lugano, schlägt es in Marmor: Auf breitem Sockel ein Piedestal, der eine abgebrochene Säule trägt; auf dem Piedestal ein Me-

daillon mit dem lebensgroßen Bildnis des Kronprinzen. Ein weiblicher Genius mit weitausgreifenden Flügeln lehnt an der Säule und hält seine Arme schützend über Rudolfs Bild.

Es ist keine Ruhe um Rudolfs Grab. Unter dem Nachlaß des in Budapest verstorbenen Redakteurs Julius Futtaki, der als politischer Informator dem Kronprinzen Dienste geleistet hatte, fanden sich auch Briefe Rudolfs an den Journalisten. Die Gattin Futtakis, die Sängerin Pewny, übergab den ganzen Nachlaß dem Budapester Advokaten Dr. Fränkel zur Sichtung. Der Advokat fuhr nach Wien, erbat eine Audienz und folgte die Briefe dem Kaiser mit der Erklärung aus, er sei bestrebt gewesen, dafür zu sorgen, daß von dem Inhalt der Briefe nichts an die Öffentlichkeit gelange. Der Kaiser zeigte sich für diesen Akt der Loyalität dankbar; Dr. Fränkel erhielt einen Brillantring und ein Schreiben, in welchem ihm die Anerkennung des Monarchen ausgesprochen wurde. Bald danach kam es zu Meinungsverschiedenheiten zwischen der Witwe Futtakis und dem Advokaten, so als ob die Frau mit der Aushändigung der Briefe des Kronprinzen nicht einverstanden gewesen wäre. Sie schwieg erst, nachdem sie ein vorteilhaftes Engagement an die königliche Oper in Budapest erhalten hatte... Nach einigen Monaten empfing die Kabinettskanzlei in Wien die Aushängebogen eines Buches, das „demnächst erscheinen werde", mit einem Begleitschreiben, worin das ganze Werk dem Kaiser zum Kaufe angeboten wurde. Die Aushängebogen enthielten intime Briefe des Kronprinzen an Futtaki, Stücke aus jener Korrespondenz, die der Kaiser von Dr. Fränkel zurückerhalten hatte. Als Preis der zum Kaufe angebotenen Publikation war eine Viertelmillion Gulden angesetzt. Der Absender dieses nicht mißzuverstehenden Angebots verbarg sich hinter einer Deckadresse. Franz Joseph übergab die Erledigung der Affäre, die ihm Rudolfs journalistischen Freundeskreis in noch dunklerem Lichte erscheinen ließ, seiner Polizei. Das Resultat der Nachforschungen wurde nicht bekannt; das angekündigte Buch ist niemals erschienen.

Elisabeths Scheu vor der Öffentlichkeit steigerte sich ins Krankhafte, als sie erfuhr, daß mit Briefen ihres Sohnes Handel getrieben wurde. Der Gedanke, intime Aufzeichnungen vor fremden Augen ausgebreitet zu sehen, war ihr unerträglich. Auf die Frage, warum sie nicht ein Tagebuch führe, gab sie einmal zur Antwort, sie fürchte die Neugierde der Menschen. Sie verwahrt ein altes gebundenes Heft, in welches sie täglich ihr Gewicht einträgt; die Seiten sind voll von Randbemerkungen. Sie würde niemand Einblick gestatten; auch vor der Hofdame versperrt sie das verschwiegene Heft. Es ist nicht Elisabeths Art, Gedachtes und Empfundenes niederzuschreiben; im Gewichtsjournal vermerkt sie vor allem die ängstlich gehüteten Sorgen der Physis, die vielen Variationen des einen Themas: Angst vor Verfettung. 1895, bei Rumpel-

mayer in Mentone, spricht Elisabeth beim Anblick der naschenden, hemmungslos essenden Gäste wie ein Schüler Nietzsches, der Physiologisches ins Philosophische übersetzt: Die Menschen essen nur mehr nach dem Gebot des „Viel zu viel" und des „Vielerlei", was zur Folge hat, daß die Speisen auf den Effekt und nicht auf die Wirkung zubereitet werden, und aufregende Getränke helfen müssen, die Schwere im Magen und im Gehirn zu vertreiben. Wahrscheinlich, meint Elisabeth, sei die schlechte Literatur, an welcher die wohlhabenden Leute Gefallen finden, ein Mittel, die Verdauungsbeschwerden und Kopfschmerzen der falschen Diät zu überwinden. Dabei gewinne man den Eindruck, als ob den meisten Leuten beim Essen weniger die Speisen als die Repräsentation wert wäre man ißt viel, der sozialen Geltung zulieb. Kennt man die Folgen dieser Art Ernährung, die Wirkungen der Nahrungsmittel? Gibt es eine Philosophie des Leibes?... Elisabeth eilt mit solchen Gedanken ihrer Zeit voraus.
In der freien Luft des Südens, in Marseille, in Mentone, Monte Carlo und Nizza gibt sich Elisabeth der bescheidenen Lust des Beobachtens hin; es ist die einzige Freude, die sie hat. Am Hafen von Marseille läßt sie sich in ein kleines Restaurant „Zum blutigen Beefsteak" führen, eine Matrosenkneipe, die für Damenbesuche nicht geeignet ist; in Monte Carlo weiß sie den Kaiser, der nach Cap Martin gekommen ist, zum Besuche des Spielkasinos zu bewegen. Sie

und er sind unerkannt, sie dürfen zwischen den Spieltischen, von niemand gestört, aus unmittelbarer Nähe wirkliche Menschen betrachten. Die Freude währt nicht lange. Ist es die heimlich folgende Zivilpolizei oder ist's die Gestalt Franz Josephs, die auch im bürgerlichen Kleid erkennbar wird — die Aufmerksamkeit eines Kasinogastes teilt sich rasch den andern mit; das Kaiserpaar muß fliehen. Die harmlose Episode wird in der Meldung eines italienischen Blattes aufgebauscht und zieht einen Schriftenwechsel der auswärtigen Ämter von Wien und Rom nach sich. Es stellt sich heraus, daß der Besuch in Monte Carlo ohne jeden Zwischenfall verlaufen wäre, wenn nicht ein Wiener Gast, ein Kommerzialrat, von dynastischen Gefühlen allzu heftig bewegt, den Blick der Spieler von den grünen Tischen auf sich und das Kaiserpaar gelenkt hätte.

Elisabeth verläßt die Riviera. Sie fährt nach Korsika. Ihre Napoleon-Verehrung ist nicht nur eine Verlassenschaft Heines, sie sucht in Ajaccio die menschlichen Spuren Bonapartes. Elisabeth kennt die Geschichte seiner Mutter, die den Kampf der Familie, das Exil, den Aufstieg des Sohnes, den Glanz und den Sturz erlebt hat, als Tote noch vom Haß der Feinde verfolgt; als Madame Lätitia 1836 im Palazzo Venezia starb, ließ die Polizei Gregors XVI. den Sarg auf dem Wege vom Palast zur Kirche Santa Maria in Via Lata auspfeifen. Die Kaiserin schaudert bei dem Gedanken an das Leid dieser Mutter. Sie neigt dazu,

Kindeseindrücke als charakterbildend anzusehen. Sie erinnert an jenes Erlebnis des Knaben Bonaparte, als er, bei den Minoriten in Brienne, eines Tages vom Saalpräfekten dazu verurteilt wurde, ein härenes Gewand anzulegen und an der Türe des Refektoriums zu knien. Ein gewöhnliches, den eignen Willen verleugnendes Kind hätte eine solche Demütigung wieder vergessen. Der junge Korse, den Stolz der Ahnen im Blute, erlitt während dieser Strafe ein plötzliches Erbrechen und einen heftigen Nervenanfall. Seit diesem Tage wich Napoleon seinen kleinen französischen Schulkameraden aus; er baute sich im Garten der Anstalt eine Art Laubhütte, in der er sich während der freien Zeit verbarg, um zu lesen. Einmal unternahmen es die Kameraden, diesen Zufluchtsort Napoleons zu stürmen: er verteidigte sich wie ein Held. Jeder eigenbewußte Mensch, sagt Elisabeth, muß sich eine solche Festung errichten und muß sie verteidigen.

Bei diesen Ausflügen wird die Kaiserin nur von einem kleinen Gefolge begleitet. Ein Teil der Gesellschaft bleibt an Bord der Jacht; ans Land begleiten sie der Grieche Mr. Pali, der „Spazierstock", wie ihn die Kaiserin nennt, der Nachfolger Christomanos', die Gräfin Sztáray und General von Berzeviczy, der stellvertretende Obersthofmeister. Es ist nicht leicht, in Elisabeths Diensten zu sein. Die Kaiserin, sonst weder programmatisch noch gründlich, nahm zwei Dinge sehr ernst; das Reiten und das Studium des Griechischen.

Es hatte ihr ehedem nicht genügt, den englischen Sport der Fuchsjagd in Ungarn zu pflegen; sie erprobte ihren Ehrgeiz auf dem klassischen Boden dieser Jagd, in England und in Irland.
In Meath, in Cheshire und Northamptonshire ein ständiger Gast, jagte sie mit den Pitchley Hounds des Masters Grafen Spencer. In den Jahren dieser Passion war Cottesbrook Park ihr Jagdrevier, später der Landsitz des Grafen Combermere. „Wenn die Hunde zu laufen begannen," schreibt Mr. H. O. Nethercote, ein Meister des Jagdreitens, „war ihr kein Zaun zu hoch; wir hatten Mühe, Schritt zu halten." Sie ritt täglich drei Pferde. Elisabeth nennt diese Jahre ihre heroische Zeit. Auf einsamer Meerfahrt ruft sie die Bilder dieser Tage zurück. Die Riesenheide von Meath, die sich von der Burg Cabra in Louth bis Wordslands, dem Landsitz Lord Annalys, und weiter bis zur Seeküste erstreckt, war ihre „Prärie"; Graf Spencer, Kapitän Trotter, Lord Randolph Churchill, Lord Killen, General Fraser und die Herren Plunkett, Boscawen und Henry Bourke die Gesellschaft der Jagden. „Diese einzigartigen Wochen, die Zeit der Losgelöstheit von aller Schwere hatte ich", so sagt die Kaiserin, „Mr. Reynell zu danken." Es ist Samuel Reynell von Archerstown, der einst Meath mit Heideginster bepflanzt hat.
Auf Korfu bewahrt Elisabeth die Bilder ihrer Lieblingspferde auf: Florac, Timon, Ashtown, Domino, Cameo, Hard Times, Doctor, St. Patrick, Widow;

Bilder von Summerhill, ihrem irischen Jagdschlößchen. Einen besonderen Platz unter den Erinnerungen hat Oberst Charles Rivers Bulkeley, Elisabeths „Pilot". Und neben dem Jugendbildnis Heinrich Heines hängt eine Photographie Tom Healys, des ersten Grooms. Auf den eignen Bildern dieser Tage ist Elisabeth die überschlanke Reiterin mit der „Wespentaille", jenem knapp anliegenden Reitkleid, von dem die Frauen erzählen, es sei auf den bloßen Leib genäht.
Seitdem Elisabeth das Reiten aufgegeben hat, müssen stundenlange Märsche, womöglich Bergwanderungen, und die Kunst des Masseurs Metzger die Wirkung des Reitens ersetzen. Beim Aufstieg von Algier zur Wallfahrtskirche Notre Dame d'Afrique verläßt sie der Führer vor dem Gipfel; dem Schritt dieser rasenden Touristin ist er nicht gewachsen. Die Lehrer des Griechischen, zur peripatetischen Übung verpflichtet, waren höflicher, doch nicht alle vom Enthusiasmus Christomanos' beschwingt. Der schmächtige Mr. Pali verläßt, mit dem Ritterkreuz des Franz Josephs-Ordens ausgezeichnet, nach einem Jahr den Dienst. Den ersten Unterricht im Griechischen gab Doktor N. H. Thermajannis, Advokat in Kairo. Er erzählt von dem Eifer der Kaiserin, die täglich vier, fünf Stunden dem Griechischen opferte, aber auch von den Anstrengungen der Methode, im Laufschritt sozusagen, bergauf, so von Gastein zum Naßfeld, griechische Vokabeln zu skandieren und die Odyssee zu lesen. Herr Russupoulus, Professor der orientalischen Sprachen an der

Wiener Universität, setzte den Unterricht fort. Elisabeth liebte es, von ihm Heines Gedichte in der neugriechischen Übersetzung zu hören. Mr. Barker, der junge Engländer, den die Kaiserin 1891 in Kairo kennengelernt hat, ist der singende Läufer nach ihrem Geschmack. „Sie fragte mich," so erzählt er, „ob ich bereit sei, sie auf einer Reise, zwei Monate etwa, zu begleiten. Aus den zwei Monaten wurden dreizehn. Es gab Tage, da ich zwölf Stunden sprach, sang, vorlas. Ich las im Gehen, ich rezitierte, mitunter setzten wir uns und ich sang griechische Schäferlieder oder Gedichte zur Gitarre. Sie plauderte griechisch, französisch oder englisch mit mir . . ." In dem kleinen Kreis, der die ruhelos Wandernde umgibt, ist Mr. Barker die einzige helle, unsentimentale Seele.
Das Jahr 1896 fordert von Elisabeth, das Wanderleben zu unterbrechen, das schwarze Kleid abzulegen und, einen Augenblick wieder, Königin zu sein: Ungarn rüstet zum Tausendjahrfest. Elisabeth ist in Cap Martin, sie hat die Kaiserin Eugenie zur Nachbarin. Beide Frauen verstehen einander, Elisabeth ist voll zärtlicher Aufmerksamkeit für die alte Dame, die hier ein großes Leben zu vergessen sucht. Die Stimmung ist dem Rufe Wiens nicht förderlich. „Für derlei taug' ich nicht mehr", sagt Elisabeth, als man um ihre Gegenwart in Budapest bittet. Im März kommt der Kaiser, Elisabeth für den Plan zu gewinnen. Präsident Faure, der in Mentone ein Denkmal enthüllt, macht in Cap Martin seinen Besuch. Der Zufall fügt es, daß

sein Wagen das Haus der Kaiserin Eugenie passiert. Franz Joseph gelingt es, Elisabeth umzustimmen. Sie hat zwar Bedenken — „ich fürchte, bei dem Fest ein trauriges Schauspiel zu bieten" —, doch sagt sie zu. Zum Abschied des Kaisers gibt Elisabeth an Bord der „Miramare" ein Déjeuner; ihre Gäste sind die Kaiserin Eugenie und der Prince of Wales.
Im Mai ist Elisabeth in Budapest. Es war nicht höfisches Begehren, wenn Ungarns Adel, Parlament und Presse nach ihr riefen; sie wird hier aufrichtig verehrt. Die Königin ist, neunundfünfzigjährig, bei diesem feierlichen Akt die würdevollste Erscheinung. Sie sitzt neben dem König auf dem Thron, in ein schwarzes Seidenkleid gehüllt. Ein langer schwarzer Schleier bedeckt ihr Haar. Sie ist sehr blaß und scheint keines Wortes fähig. „Man fürchtete," schreibt ein Zeuge der Feier, „sie könne das Martyrium nicht länger mehr ertragen." Als der Präsident des Parlaments ihren Namen nennt, erschallt ein Sturm des Rufens, Eljen, Erzsébet! — es währt viele Minuten, bis der Enthusiasmus sich beruhigt. „Das schneeweiße Antlitz der Königin rötete sich, sie konnte ihre Ergriffenheit nicht länger meistern; unter dem Spitzentaschentuch verbarg sie die Tränen."
Groß war der Widerhall, den die Budapester Festtage in der ungarischen Öffentlichkeit, im Parlament und in der Presse, fanden. So wenig die Politiker des Landes und ihr national empfindender Anhang sonst geneigt waren, dem König und seinen Ratgebern Kon-

zessionen zu machen, so entgegenkommend war man vor der Königin, die es verstanden hatte, die Seele eines ganzen Volkes für sich zu gewinnen.

„Was ist es," schrieb einer der ersten journalistischen Wortführer Ungarns, „was uns mit unaussprechlicher Dankbarkeit erfüllt, sobald wir Elisabeths Namen vernehmen? Es ist das Gefühl, von dieser edlen Frau, die als fremde Prinzessin zu uns kam und durch eine glückliche Fügung unsere Königin wurde, im Innersten verstanden worden zu sein. Elisabeths geniale Intuition, ihr adeliger Sinn hat es erfaßt, daß unser Stolz und das Beharren bei unsern alten Rechten weder durch Gewalt noch durch Schmeicheleien zu besiegen sind. Sie hat dieses Land, das ihr Land wurde, lieben und schätzen gelernt, sie spricht unsere Sprache, sie schätzt unsere Literatur, sie hat erkannt, daß ein seiner Freiheit sich bewußtes Volk nur durch das Band geistiger Anteilnahme gewonnen werden kann. Elisabeth ist Ungarns gute Vorsehung... Solange sie lebt, wird sie unser guter Engel sein..."

Es war der Abschied von Ungarn. Am sechsten Mai 1897 erreicht Elisabeth die Nachricht, daß die jüngste ihrer Schwestern, Sophie, die Herzogin von Alençon, auf schreckliche Weise ums Leben gekommen ist. Tags zuvor hatten die Damen der französischen Aristokratie in Paris einen Wohltätigkeitsbazar arrangiert. Der Celluloidstreifen einer neuen Erfindung, die man vorgeführt hatte, des Kinematographen, fing Feuer, ent-

zündete die Draperien und setzte die ganze Halle in Flammen. Einhundertunddreizehn Menschen, die Mehrzahl Damen der Pariser Gesellschaft, fanden den Tod im Feuer. Die ersten Telegramme waren unklar gewesen, man hatte nicht anzugeben vermocht, ob die Herzogin von Alençon unter den Toten sei. Der Herzog, selber verletzt, hatte mit den Schwestern der Kaiserin, mit der Königin von Neapel und der Gräfin Trani, die ganze Nacht vergeblich unter den Verwundeten gesucht, die in den Spitälern und Privathäusern untergebracht worden waren. Die Einzelheiten der Katastrophe sind entsetzlich. Die Herzogin, so berichtet man, hätte sich retten können, ließ aber den jungen Mädchen ihres Verkaufszeltes den Vortritt; man hörte sie noch sagen: „Le devoir avant tout." Dann fand man auf der Trümmerstätte, unter den Leichenresten, ihren Schädel; die Kammerfrau erkannte ihn an den Zähnen. Ob die Körperteile, die mit dem Schädel bestattet wurden, zum Leib der Herzogin gehörten, vermochte niemand zu sagen.
Am Abend dieses Tages spricht Elisabeth von dem Unglück ihres Hauses. „Es schreitet fort, es ist schlimmer geworden." Sie kommt, sehr leidend, zu Professor Sotier nach Kissingen. Die Kur bringt keine Erholung. Elisabeths Unruhe wächst. Es hält sie nirgends. Von Kissingen geht es nach Langenschwalbach, zurück nach Lainz, im Juli nach Ischl. Von hier verjagen sie Regen und Hochwasser an den Karersee. Im November ist sie in Biarritz. „Ein kalter Regen rieselte un-

ablässig, das Thermometer sank unter Null. Wir fröstelten und froren." Die Kaiserin ist schlaflos, nervös, von gichtischem Gliederreißen geplagt, will aber von den Ärzten nichts wissen. Sie glaubt so sehr an das Meer, daß sie jetzt, trotz Frost und Schmerzen, baden will. Man muß sie mit sanfter Gewalt davon abhalten. Die Schmerzen beugen schließlich den Eigensinn, der Arzt empfiehlt ein wärmeres Klima, die Kanarischen Inseln. Elisabeth aber reist nach Paris zur Massagekur. Von ihren vier Schwestern leben noch Marie, die Königin von Neapel, und Mathilde, die Gräfin Trani. Mathilde hat die Gewohnheiten der Kaiserin, sie ist ständig auf Reisen, unter dem bescheidenen Namen eines Fräuleins Nelly Schmidt. Beide sind in Paris; den vierundzwanzigsten Dezember 1897, Elisabeths sechzigsten Geburtstag, verbringen die drei Schwestern im Hotel Dominici. Zu Neujahr reisen sie nach Marseille, wo Elisabeths Jacht wartet.

Die Schmerzen der Kaiserin verschlimmern sich. Professor Nothnagel, dem sie in San Remo begegnet, erkennt das Leiden als eine partielle Nervenentzündung. Sie wird gefügig, möchte ganz in San Remo bleiben. Die Liebe zu Korfu ist erloschen. „Vielleicht", sagt sie, „findet sich ein reicher Amerikaner, der das Achilleion kauft; es steckt ein Heidengeld drin, meine Kinder hätten einen Nutzen davon..." Am ersten März fahren die Schwestern über Turin nach Territet; Mathilde verabschiedet sich, um München zu besuchen. Elisabeth bleibt in der Schweiz. In ihrer Gefolgschaft sind Gräfin Sztáray und Friedrich Barker, der Vorleser. Die Nerven plagen von neuem. Sie verläßt die Schweiz und geht nach Kissingen. Im Mai erscheint Franz Joseph zu kurzem Besuch. Die Kur ist wieder wirkungslos. Elisabeth kommt krank nach Lainz. „Sie verbarg ihr schmales, eingefallenes Gesicht; sie ertrug es nicht mehr, Menschen in ihrer Nähe zu sehen. Selbst das Zusammensein mit den Kindern wurde ihr beschwerlich." Die kalten Abende und die frühen Nebel im Lainzer Tiergarten vertreiben sie von dort. Am zweiten Juli fährt sie nach Ischl, wartet aber nicht Franz Josephs Geburtstag ab. Die Blätter bringen die Mitteilung, die Kaiserin müsse Bad Nauheim aufsuchen; die Blutarmut, eine heftige Nervenentzündung, lange währende Schlaflosigkeit und eine hinzugekommene Herzerweiterung ließen es ratsam erscheinen, daß die Kaiserin in Nauheim einer Kurbehandlung sich unterziehe. Auf der Reise nach dem deutschen Bade hält sich Elisabeth in München auf. Mit der Gräfin Trani flaniert sie durch die Straßen ihrer Heimatstadt. Es ist eine Promenade längs der Jugenderinnerungen. Die Schwestern bleiben vor Geschäftsauslagen, vor Kirchen und alten Häusern stehen. Bei dem Palais der Eltern zeigt Elisabeth nach den Fenstern ihres Mädchenzimmers. Zum Abschied geht man in das Hofbräuhaus. „Ich verlasse niemals München, ohne hier einzukehren", sagt die Kaiserin. In Nauheim kommt Kaiser Wilhelm zu Besuch. Der ganze Ort ist auf den Beinen, als des Kaisers Grauschimmel vor der Villa Kracht halten. Es sind ungarische Pferde, der Kutscher ist Ungar — eine Aufmerksamkeit des Kaisers. Über Homburg und Frankreich fährt man nach der Schweiz. Am dreißigsten August kommt Elisabeth im Grand Hotel Caux an. Sie hat ein großes Programm. Sie will wieder gehen, sie wählt die Ziele der Ausflüge, der Reihe nach Bex-les-Bains, Roches de Nay, Evian, Genf und Pregny mit den berühmten Glashäusern der Baronin Rothschild. Am fünften September läßt die Kaiserin im Hotel Beau Rivage in Genf für drei Frauen und einen Lakai Zimmer bestellen. Am neunten September, morgens acht Uhr, fahren die Kaiserin, Gräfin Sztáray und ein Lakai, der die Mäntel trägt, von Caux nach Pregny. Mittags verläßt man in Genf das Schiff und reist im Wagen weiter.

Von der Villa Rothschild in Pregny weht die habsburgische Flagge; die Baronin läßt sie einziehen, als man ihr sagt, daß die Kaiserin unerkannt bleiben will. Elisabeth ist von dem Empfang entzückt, von dem Déjeuner zu dritt, von der diskreten Tafelmusik und dem Tische. Sie schickt das Menü dem Kaiser und ihrer Schwester mit der Anmerkung, noch nie ein so gutes Eis gegessen zu haben. Sie trinkt, eine Seltenheit, Champagner und stößt mit der Hausfrau an. Abends, in Genf, geht man noch zu dem berühmten Konditor auf dem Boulevard du Théâtre. Die Straßen sind sehr belebt, es ist südländisch und heiter. Doch plötzlich wird es finster. Das elektrische Licht der

Kaiserin Elisabeth im letzten Lebensjahr

Stadt versagt. Am Quai du Rhône verfehlt die Kaiserin den Weg, sie kann die Brücke nicht finden. Um zehn Uhr abends erreicht sie mit der Gräfin Sztáray das Hotel.

Die Gräfin notiert in ihr Tagebuch: „... Die Kaiserin bestellte ihr Frühstück für den nächsten Morgen und ging zur Ruhe. Ich schrieb noch einen Brief. Während des Schreibens blickte ich durch das offene Fenster auf die Bergriesen, die in der Dunkelheit näher zu kommen schienen... Nur der Montblanc blieb unsichtbar. Ich hatte eine unruhige Nacht. Als ich in später Morgenstunde eingeschlafen war, schreckte ich aus dem Traume auf, wie von einer gellenden Stimme angerufen; mein Blick fiel auf den Montblanc, dessen Gipfel im Morgenrot glühte..."

IX.
DER MORD

ES IST DER ZEHNTE SEPTEMBER. UM NEUN UHR morgens sitzt die Kaiserin beim Frisieren. Sie hat schlecht geschlafen. „Ich weiß nicht, wie es kam, ich konnte nicht einschlafen. Eine Weile hörte ich den italienischen Sängern zu, dann störte mich das Licht des Leuchtturms. Ich hatte nicht die Kraft aufzustehen, um die Fenster zu schließen. Es war zwei Uhr morgens, als ich einschlief. Dann weckte mich der Mond..."
Gräfin Sztáray fragt, ob es dabei bleibe, heute mittags mit dem Schiff nach Caux zurückzukehren?
— „Jawohl, um ein Uhr vierzig Minuten fahren wir. Das Personal kann mit dem Zwölfuhrzug vorausfahren; ich liebe die großen Aufzüge nicht..."
Um elf Uhr verlassen die Kaiserin und Gräfin Sztáray das Hotel. Elisabeth erinnert sich eines Auftrags. Sie will zu Bäcker, dem Instrumentenmacher in der Rue Bonnivard, das Orchestrion der Adelina Patti hören. Bäcker legt Walzen mit Arien aus Aïda, Carmen, Rigoletto, Tannhäuser ein. Elisabeth kauft ein Riesen-Ariston mit vierundzwanzig Musikstücken für die Kinder in Wallsee. Von hier geht man in das Hotel

zurück, sich für die Reise anzukleiden. „Mir schien es," berichtet Gräfin Sztáray, „als bleibe die Kaiserin zu lange; ich wurde von einer unbegreiflichen Nervosität ergriffen. Wenn wir uns verspäteten, bleiben wir allein zurück, weil das Personal schon abgereist war. Ich konnte es nicht erwarten, daß die Kaiserin ihr Zimmer verlasse. Ich ging zu ihr..."
Elisabeth trinkt Milch. „Majestät, es ist ein Uhr dreißig Minuten, gehen wir, wir verspäten uns." Die Kaiserin schwenkt das Glas und reicht es der Gräfin: „Erst kosten Sie diese Milch..."
Endlich geht Elisabeth. Es ist ein Uhr fünfunddreißig Minuten, als sie und die Gräfin das Hotel verlassen. Sie gehen dem Seeufer entlang, am Denkmal Karls von Braunschweig vorüber. Die Kaiserin zeigt auf die Bäume. „Sehen Sie, Irma, die Kastanien blühen. Auch in Schönbrunn gibt es Kastanien, die zweimal im Jahre blühen... Der Kaiser schreibt, daß sie voller Blüten sind..."
„Majestät, das Schiffssignal..."
In diesem Augenblick wird ein Mann sichtbar, der, längs des Seewegs entgegenkommend, sich auf eigentümliche Art fortbewegt. Er springt von einem Baum des Wegs zum andern, von da zum Geländer, und wieder hinter einen Baum, als ob er, von jemand verfolgt, sich verstecken wollte. So kreuz und quer über den Gehweg hüpfend, nähert er sich der Kaiserin. Plötzlich ist er ganz nahe. Er springt vor die Kaiserin und stößt sie mit der Faust.

Elisabeth sinkt lautlos zu Boden. Ein Aufschrei der Gräfin ruft Leute herbei. Ein Kutscher hilft, die Kaiserin aufzurichten. Sie schlägt die Augen auf, sie ist bei Bewußtsein. Das Haar hat sich beim Sturz gelockert, das Kleid ist beschmutzt.
Auf die einstürmenden Fragen sagt die Kaiserin: „Es ist mir nichts geschehen."
Die zusammengeströmte Menge ist hilfsbereit. Der Kutscher bürstet der Kaiserin das Kleid ab. Der Portier des Hotels Beau Rivage, der vom Tor aus die Szene mit ansah, bittet die Kaiserin, zurückzukehren.
Elisabeth lehnt jede Hilfe ab. „Es ist nichts geschehen, eilen wir, sonst versäumen wir das Schiff..."
Auf dem Wege zum Schiff, Haar und Hut richtend, fragt Elisabeth: „Was wollte denn dieser Mensch?... Vielleicht wollte er mir die Uhr wegnehmen?..."
Sie geht mit raschem Schritt, lehnt den dargebotenen Arm der Gräfin Sztáray ab.
Dann nach einer Weile: „Nicht wahr, jetzt bin ich blaß?"
Die Gräfin: „Ein wenig... vielleicht vom Schrecken."
Da hört man den Portier des Hotels, der den Damen nacheilt. Er stößt die Nachricht hervor, man habe den Mann ergriffen...
„Was sagt er?" fragt die Kaiserin. Und plötzlich verändern sich ihre Züge. „Ich glaube, die Brust schmerzt mich ein wenig... doch ich kann es nicht bestimmt sagen..."
Sie geht über die Schiffsbrücke, leichten Schritts, er-

reicht das Schiff. Doch da beginnt sie zu wanken. „Jetzt Ihren Arm . . .", sagt sie zur Gräfin mit ermattender Stimme.
Die Gräfin umfängt den Körper Elisabeths, kann ihn nicht halten, und den Kopf der Sinkenden an die eigene Brust pressend, fällt sie ins Knie. „Einen Arzt! Einen Arzt! Wasser! . . ."
Elisabeth liegt totenbleich mit geschlossenen Augen in den Armen der knienden Gräfin.
Als man Stirn und Schläfen mit Wasser benetzt, öffnet sie die Lider.
Ein Herr, Mr. Deysset, macht aufmerksam, daß es besser wäre, die Dame auf das Verdeck zu bringen; dort sei die Luft kühl. Zwei Herren helfen. Man bettet Elisabeth auf eine Bank, oben auf dem Verdeck. Eine Dame, Madame Dardelle, bringt Eau de Cologne und will Wiederbelebungsversuche machen. Man schneidet die Miederschnüre auf, reibt die Stirn mit dem Kölnischen Wasser.
Inzwischen hat sich das Schiff in Bewegung gesetzt. Ein Stückchen in Äther getauchten Zuckers, die kühlere Luft, die nun vom See kommt, scheinen belebend zu wirken. Elisabeth öffnet die Augen, blickt wie aus einem Traum erwachend um sich, hebt sich langsam und richtet sich auf. Mit schwacher Stimme sagt sie zu der fremden Dame: „Merci."
Und zur Gräfin Sztáray: „Was ist denn jetzt mit mir geschehen? . . ."
Gleich darauf sinkt sie bewußtlos zurück. Als die

Der Mörder Luigi Luccheni

Gräfin Sztáray die Bänder des schwarzen Seidenfigaros auseinanderreißt, das Elisabeths Brust umschließt, sieht sie auf dem Batisthemd oberhalb der Herzens einen dunklen Fleck in der Größe eines Silberguldens. Das Hemd beiseiteschiebend, wird eine kleine dreieckige Wunde sichtbar, an der ein Tropfen gestockten Blutes klebt.
Jetzt steigt die furchtbare Wahrheit auf.
Elisabeth ist ermordet.
Die Gräfin, betend, daß sie die Kraft nicht verlasse, ruft den Kapitän des Schiffs herbei: „Mein Herr, auf ihrem Schiff liegt tödlich verwundet die Kaiserin von Österreich ... Man darf sie so nicht sterben lassen, ohne ärztliche Hilfe, ohne kirchlichen Beistand, bitte, kehren Sie sofort um ..."
Kapitän Roux gehorcht stumm. Das Schiff wendet gegen Genf.
Elisabeth ist in Agonie.
Die Gräfin kniet vor ihr und betet.
Vor der Einfahrt in den Hafen bereitet man rasch ein Tragbett. Sechs Männer heben die Sterbende. Ihr großer schwarzer Mantel deckt sie sanft.
Der Bahre folgt eine erregte Menschenmasse. Man weiß nun, was geschehen, wer die sterbende Dame ist.
Im Hotel sind zwei Ärzte zur Stelle, die Doktoren Golay und Mayer. Die Frau des Hoteliers und eine englische Pflegerin helfen. Doktor Golay versucht mit einer Sonde in die Wunde einzudringen. Es ist

nicht möglich. Die Wundöffnung in der Haut hat sich nach der Entfernung des Mieders von ihrer ursprünglichen Stelle verschoben.
„Es ist leider gar keine Hoffnung mehr ...", sagt Doktor Golay.
Ins Zimmer tritt ein Priester und erteilt der Sterbenden die Generalabsolution.
Der Arzt spricht das Wort aus: Tot! Es ist zwei Uhr vierzig Minuten.
Man öffnet die Schlagader des linken Arms, es kommt kein Tropfen Blut. Die Ärzte verlassen das Zimmer.
Es kommen der Totenbeschauer und die Beamten. Zur Gräfin Sztáray: „Sie wissen wohl, daß alles, was Sie hier aussagen, unter Eid gesprochen ist?" Das Gesetz fordert die Obduktion der Leiche. Die Depeschen nach Wien sind abgegangen. Aus Territet ruft General Berzeviczy. Er war von Caux hingefahren, die Kaiserin zu erwarten. Nichts ahnend, empfängt er die Nachricht.
Mittlerweile erscheint eine neuerliche Kommission. Es ist eine genaue Untersuchung erforderlich. Dann kommen Geistliche mit dem Bischof von Freiburg und Klosterfrauen, an der Bahre der Kaiserin zu beten.
Abends wird die Leiche Elisabeths in einen provisorischen Sarg gebettet. Bis Mitternacht wachen bei ihr die treue Gräfin Sztáray, Berzeviczy und Graf Kuefstein, der Berner Gesandte Österreich-Ungarns.
Am nächsten Tage, Sonntag, dem elften September nachmittags, wird die Leiche geöffnet. Die Ärzte

schneiden den Brustkorb auf, um die Wunde festzustellen. Der Stoß mit dem Dolch war so heftig, daß die Waffe acht und einen halben Zentimeter tief in den Körper eindrang, die vierte Rippe zerbrach, Lunge und Herzbeutel durchstach, das Herz von oben bis unten durchbohrte und bei dem untern Teil der Herzkammer wieder heraustrat. Die Waffe war außerordentlich scharf, die Blutung gering; die Blutstropfen sickerten langsam in den Herzbeutel. Die Kaiserin konnte mit durchbohrtem Herzen noch eine Strecke gehen. Die Anschwellung des Herzbeutels, durch den Blutzufluß hervorgerufen, beschleunigte das Ende. Im Auftrag des Generalprokurators photographiert Doktor Golay die Wunde. Die Waffe, in der Rue des Alpes von einem Portier gefunden, ist eine zugerichtete dreikantige Feile mit hölzernem Griff, die scharf geschliffene Klinge zehn Zentimeter lang.

Wer ist der Mörder? Was trieb ihn, diese Frau zu töten, die in ihrem ganzen Leben keinem Menschen etwas getan, niemals nach Macht gestrebt, die Krone als Qual empfunden, äußere Auszeichnung und Würden mißachtet hat? Vor dem untersuchenden Richter Auberti steht ein junger Mensch von gedrungenem Körperbau, Gestalt und Gesicht zeigen den Südländer, wie man ihn von Marseille bis Mentone tausende Male sieht. Luigi Luccheni, am einundzwanzigsten April 1873 zu Paris geboren, also fünfundzwanzig Jahre alt. Zuletzt in Lausanne gemeldet. Die

Mutter war Italienerin. Er hat weder sie noch den Vater gekannt. Seine Kindheit verlebte er im Waisenhaus in Parma. Im Alter von zehn Jahren entlassen, arbeitete er in den verschiedensten Gewerben, an vielen Orten. Als Zwanzigjähriger wird er Soldat, dient in Neapel, dann als Kammerdiener dem Prinzen von Aragonien.
Ein Wahnsinniger?
Die Ärzte finden keine Spuren. Ein Verdacht, der von homosexuellen Neigungen in Neapel und zweifellos auch von der Zeit seiner Kammerdienerschaft sich herleitet, läßt keine sexualpathologischen Merkmale erkennen.
Luccheni ist Anarchist. Sein Bekenntnis gibt keine Aufklärung, er sagt allgemeine Sätze wie eine eingelernte Aufgabe. Wie kam er auf die Idee, eine Frau zu töten, die zwar Kaiserin, aber vor der Krone fliehend, als Einsame ein privates Leben führte, außerhalb Österreichs und Ungarns kaum dem Namen nach bekannt, allem Politischen und Öffentlichen stets fern war?
Der Mörder sagt: „Ich kam nach Genf mit dem Vorsatz, eine hochstehende Persönlichkeit zu töten. Es sollte ein Souverän fallen, welcher, war mir gleichgültig. Man hatte mir gesagt, der Herzog von Orléans sei in Genf; ich war entschlossen, ihn zu töten. Ich suchte ihn in Evian, in Genf. Ich konnte ihn nicht erreichen; er reiste mir jedesmal vor der Nase davon . . ."

„Der Dolch," fragt Mr. Auberti, „den Sie bei dem Trödler in Lausanne gekauft und dann sorgfältig zugerichtet haben, war also für den Herzog von Orléans bestimmt . . .?"

Von dem gleichmütig dreinschauenden, von seiner Tat innerlich unberührten Mörder ist keine Antwort zu bekommen, die den Vorsatz zum Attentat deutlich machen würde. Er behauptet die Kaiserin im Jahre 1894 in Budapest gesehen und ihr Bild in der Erinnerung behalten zu haben. Er kann aber keine Erklärung dafür geben, wie er nach Budapest kam, was er dort gesucht hat, er weiß auch auf die Frage nichts zu erwidern, wer ihn, den Ausländer, auf die Kaiserin aufmerksam gemacht habe. Wurde sie, die Verächterin aller Würden, von den bösen Augen der unseligen Mordsekte verfolgt? Hatte man ihren Namen, den sie am liebsten hinter Pseudonymen verbarg, auf die Liste dieses unsinnigen Rachekorps gesetzt?
Die Polizei bestreitet es. Sie glaubt zu wissen, welches der regierenden Häupter bedroht sei, es gibt keinen Anhaltspunkt dafür, daß die Kaiserin von Österreich jemals die Aufmerksamkeit nihilistischen Verschwörertums auf sich gelenkt hätte. Trotzdem waren, sobald sie den Boden der Schweiz betreten hatte, Vorkehrungen zur Sicherheit ihrer Person getroffen worden. Der Chef der Polizei des Kantons Waadt, Vivrieux, weist den Vorwurf zurück, daß er die Kaiserin unbewacht gelassen habe; er selber hatte den Sicherheitsdienst

angeordnet und für mitreisende Agenten gesorgt, deren Pflicht es war, der Kaiserin auf ihren Ausflügen zu folgen. Doch auch diesmal ereignete es sich, daß die Kaiserin die ihr folgenden Detektive bemerkte und sich die ihr lästige Überwachung in so bestimmtem Tone verbat, daß sich Herr Vivrieux einschüchtern ließ und am Tage vor dem Attentat seine Leute zurückzog.

Auf dem Tische der kantonalen Gerichtspolizei häufen sich Briefe mit Anzeigen und Wahrnehmungen aus dem Publikum, man durchforscht die Kreise der politischen Emigranten, sucht die verborgensten Winkel nach Helfershelfern Lucchenis ab, muß aber erkennen, daß der Mörder die Wahrheit gesprochen hatte, als er sagte: „Ich habe ohne Mithilfe, aus eigenem Antrieb gehandelt, ich allein bin für die Tat verantwortlich."

Im Ecksalon des ersten Stockes im Hotel Beau Rivage ruht die Tote. Sie ist in ihr schwarzes Seidenkleid gehüllt, in jene Robe, die sie die „schöne" genannt hatte; Antlitz und Hände sind weiß wie Alabaster. Die Gestalt scheint gewachsen zu sein, sie ist von jener herrlichen Schlankheit, die Elisabeth in den Jahren der Jugend besessen hatte. Es ist, als ob der Tod ihren geheimen Wunsch erfüllt hätte. „Ich möchte dieser Welt entschwinden wie ein Vogel, der sich verabschiedet, oder wie der aufsteigende Rauch, der vor unsern Augen in nichts zerrinnt", hatte sie

einmal gesagt. Den Körper deckt ein weißes Spitzentuch mit der Schrift: „Repose en paix." Zwei Geistliche knien nächst dem Bett und beten. Nicht als Kaiserin von Österreich, nicht als Königin von Ungarn ist Elisabeth aufgebahrt. Die Schweiz respektiert auch jetzt das Pseudonym der Toten. Die Wände und Fenster des Totenzimmers sind mit schwarzem Tuch verhängt, auf dem kleine silberne Kreuze leuchten. Am Kopfende des Bettes ragt ein mächtiges weißes Kruzifix empor.
Der Leichnam ist in drei Särge gebettet worden, einen mit Bronze verzierten, auf Löwenpranken gestellten Sarg aus Eichenholz, der zwei ineinander liegende Bleisärge einschließt.
Seit Mittag vernimmt man den dumpfen, tiefen Ton der „Clémence", der großen Glocke im Genfer Dom. Diese Musik leitet die Trauerkundgebung des schweizerischen Bundesrates ein, die „manifestation de regret et de sympathie", die am Hotel Beau Rivage vorüberzieht. Soldaten mit gesenkten Waffen, Huissiers in Stulphüten und langen rot-gelben Mänteln, dann die Mitglieder der schweizerischen Regierung mit dem Präsidenten Gavard, hinter ihnen in langem Zug schwarzgekleidete Bürger, die Repräsentanten von siebenundvierzig Gemeinden des Kantons, Munizipalbeamte, die Professoren und die Schüler der Universitäten, die fremden Gesandten, viele Damen und Mädchen. In Genf ruht die Arbeit, die Läden sind geschlossen. Auf dem See, der in herrlicher Bläue

leuchtet, bewegt sich kein Schiff, kein Kahn. Bevor man die Särge zu verlöten beginnt, wird in Gegenwart der schweizerischen Behörden, des österreichisch-ungarischen Gesandten Grafen Kuefstein und des Generals Berzeviczy ein Protokoll aufgenommen, das die Identität der Toten bestätigt. Der Sarg ist mit zwei Glasfenstern versehen, und zwei verschließbare Türen gestatten, den Sargdeckel oberhalb der Glasfenster zu öffnen, so daß es möglich bleibt, in das Innere des Sarges zu blicken.

Die Sonne scheint über der herbstlichen Landschaft; acht Leichenträger heben den Sarg auf den von sechs Pferden bespannten schwarzen Wagen. Ein heller Abschied ist diese in Licht, Wärme und Blumen gehüllte Fahrt zum Bahnhof.

Am fünfzehnten September, zehn Uhr nachts, kommt der Sarg mit Elisabeths Leichnam in Wien an. Die Haupt- und Residenzstadt rüstet zu einer großen Feier. Längs der Ringstraße stehen Flaggenstangen, Gerüste für festliche Illuminationen und Tribünen: am zweiten Dezember werden es fünfzig Jahre, daß Franz Joseph regiert. Der Tod in Genf löscht alle Feste. Sie werden abgelöst von dem düstern Prunk der Trauerzeremonien, deren Gestaltung, Maße und Formen noch in die Tage Philipps II. zurückreichen. Der düstere Raum der Hofburgkapelle nimmt die Tote auf. Auf Elisabeths Sarg liegen vier Kronen: die Kaiserkrone Maria Theresias, die Krone der Königin von Ungarn, die Krone der Erzherzogin von Österreich, die Krone

Der Leichenzug in Genf

der Prinzessin; daneben auf einem Polster ihre wirklichen Insignien: ein Paar weißer Handschuhe und der Fächer, der ihr allerletzter Schutz vor der Welt war.

Aufrecht und stillschweigend empfängt Franz Joseph die tote Kaiserin. Man sieht, daß er Mühe hat, der innern Erregung Herr zu werden. Er ist wie von einem Kreis der Einsamkeit umgeben. Die beiden Schwiegersöhne, Prinz Leopold von Bayern und Erzherzog Franz Salvator, die Töchter Elisabeths, Prinzessin Gisela und Erzherzogin Marie Valerie, stehen entfernt vom Kaiser. Als die Diener die traurige Last die Stufen zum Altar der Hofkapelle emportragen, geht ihnen der Kaiser entgegen. Regungslos mit gefalteten Händen begleitet er den dunklen Sarg. Die Töchter knien in den Betstühlen nieder.

Ein Augenzeuge vermerkt: „Als der Hofburgpfarrer das Gebet spricht, sieht man, daß der Kaiser seine Standhaftigkeit verliert. Seine Hände zittern, die Lippen bewegen sich krampfhaft. Die Stimme des Priesters wird lauter und feierlicher. Er ruft den Namen Elisabeths. Da füllen sich die Augen Franz Josephs mit Tränen und er versucht es nicht mehr, dieser innern Gewalt Einhalt zu tun. Seine gerade Haltung läßt nach, er beugt sein Haupt und berührt mit der Rechten, liebevoll und sich stützend, die Bahre Elisabeths."

Nach diesem Akt übergibt der Oberthofmeister Fürst Liechtenstein dem Kaiser die Schlüssel des Sarges. Franz Joseph sinkt auf die Knie, hebt beide Arme und umfaßt den Sarg wie einen geliebten Körper. Als er sich erhebt und den Erzherzögen ein Zeichen gibt, bemerkt er in der Reihe der Umstehenden die Gräfin Sztáray. Er geht auf sie zu und man hört seine Frage: „Hat sie sehr gelitten?" Die Gräfin ist so erschüttert, daß sie niedersinkt. Der Kaiser zieht sie empor.

In der Hofkapelle bleibt der Sarg zwei Tage ausgestellt. Das kapellenartige Gotteshaus läßt zur Entfaltung großer Trauerfeierlichkeiten wenig Raum. Die Wände sind schwarz drapiert; als einzigen Schmuck tragen sie das Wappen der Kaiserin mit der Inschrift „Elisabetha Imperatrix Austriae—Regina Hungariae". In der Mitte thront der Holzsarg. Zwei Nonnen, mehr Wachspuppen als lebende Wesen, knien in stillem Gebet. Auf den Stufen vor dem Katafalk stehen vier Trabanten der Leibgarde.

Am siebenten Tage nach dem Tode, zur selben Stunde, da sie starb, liegt der Sarg auf dem Leichenwagen. Dieser Totenwagen des Hauses Habsburg hat während der letzten hundert Jahre drei Kaiser und sechs Kaiserinnen von der Hofburgkapelle nach der Kapuzinergruft getragen ... Achtzig Bischöfe warten vor dem Altar der Kapuzinerkirche. Der Kaiser tritt vom Refektorium in die Kirche. Ihm zur Seite Kaiser Wilhelm. Dann Elisabeths Töchter. Als der Fürsterzbischof, es ist der Kardinal Dr. Gruscha, die Stimme zum letzten Segen erhebt, gibt Hans Richter den Sängern das Zeichen. Erschütternd klingt die Klage:

„Errette mich, o Herr, vom ewigen Tode am Schreckenstage, da Himmel und Erde erzittern und Du kommst, die Welt zu richten..."

Das Glockengeläute und der dumpfe Trommelwirbel verstummen; in der Kirche herrscht Grabesstille. Der Obersthofmeister geht auf den Kaiser zu und meldet mit tiefer Verbeugung, daß der letzte Teil der Zeremonien naht. Der Sarg Elisabeths wird nach der Ruhestätte, der Gruft unterhalb der Kirche, getragen. Ein Augenzeuge berichtet: „Man hörte die Schritte der Träger auf den Steinstufen. Sie setzten den Sarg nieder und verließen das Grabgewölbe. Es blieben der Kaiser, Kardinal Gruscha und der Pater Guardian der Kapuziner zurück. Franz Joseph kniete nieder. In dem Dunkel der Gruft nahm er von Elisabeth den letzten Abschied."

In dem Testament Elisabeths, das sie zwei Jahre vor ihrem Tode verfaßt hatte, ist auch der Wunsch enthalten, einfach und ohne Prunk bestattet zu werden. Diesem Willen kann der Hof nicht entsprechen, ohne seine uralten Satzungen aufzuheben. Doch vieles davon wurde gemildert, einzelne Bestimmungen blieben außer acht. So war es früher Brauch, die Leichen der Habsburger nicht zur Gänze in der Kapuzinergruft zu bestatten; die Herzen wurden in der Augustinerkirche, die Eingeweide im Stephansdom aufbewahrt. Noch beim Tode des Erzherzogs Franz Carl, des Vaters Franz Josephs, galt diese Dreiteilung und dreifache Bestattung. Elisabeth, die Ausnahms-Kaiserin unter den Habsburgern, fügte sich auch als Tote nicht allen Gesetzen des Erzhauses.

Ihren Wunsch freilich, auf Korfu begraben zu werden, hat man nicht erfüllt; das Gesetz des Hauses weist ihr die letzte Ruhestätte an. In der Gruft der Habsburger ist sie die fünfzehnte in der Reihe der Kaiserinnen.

Der im Leben Einsamen fliegen im Tode die Grüße der ganzen Welt zu. Im eignen Land wird sie das Sinnbild der Frauen; man bekränzt ihre Bilder, baut ihr Denkmale. Wien erlebt einen Elisabeth-Kultus. Zu Lebzeiten war ihr die Stadt fremd, sie selber blieb den Wienern eine Fremde. Die Märchenprinzessin von 1854 hatte alle enttäuscht: den Hof, die Aristokratie, die Bürger. Am Hofe Franz Josephs wiederholte sich, was Maria Theresias schöne Tochter, Maria Antoinette, am Hofe von Versailles erlebt hatte. Es war in andern Maßen dasselbe Schauspiel: jede alte Hofgesellschaft lehnt das eigenwillige Hinwegsetzen über ihre Formen und Sitten ab.

Dem Wiener Bürger nach 1866, der Zeit des beginnenden Aufstiegs, des Wohlstands und optimistischen Behagens, mußte Elisabeths Erscheinung unverständlich bleiben. Er hatte mit der Vergangenheit gebrochen und bejahte die Gegenwart. Zwei Verwandlungen der Wiener Gesellschaft lagen hinter ihm. Der Vormärz, die Zeit des Kaisers Franz, zwischen Napoleon und 1848, war nicht geistverlassen, ihm gehört die beste

Blüte österreichischer Kultur: das Biedermeier, eine Blume des Herbstes, am Rande zweier Zeiten. Die Unfreiheit im Politischen setzte sich in die Freiheit der Privatleidenschaften um. Solche Zeiten sind den Künsten hold. Die Musik, der Spätling jeder Kultur, kommt zur vollsten Reife. Sie gedeiht in einem edlen Kreise bürgerlicher Wohlhabenheit. Die Briefe und Tagebücher Grillparzers und Schuberts, Bauernfelds und Lenaus geben ein Bild dieser Gesellschaft.

Die Revolution wühlt diesen sorgsam gepflegten Garten auf. Wien bekommt ein neues Gesicht. Es wird rebellisch, politisch, und bleibt es während der Konterrevolution bis Königgrätz. Das bürgerliche Wien empfindet die Vertreibung aus Deutschland anders als der Hof; sie erscheint ihm als Preisgabe der josefinischen Tradition, die Einsargung der großdeutschen Utopie. Den Revancheplänen des Hofs steht das Wiener Bürgertum feindselig gegenüber. Beim Ausbruch des Deutsch-französischen Kriegs jubelt es den deutschen Siegen zu. Dynastisch fühlt man jetzt in Lemberg und in Prag. Die Illusionen verschwinden wie der Plan des Erzherzogs Albrecht, gemeinsam mit Napoleon III. eine neue Bataille bei Leipzig zu schlagen. Plan wie Illusionen werden Makulatur.

Zwischen 1876 und 1905 wächst eine neue Generation heran. Habsburgs Abschied von der alten Herrschaft in Deutschland ist endgültig. Der Friede mit Ungarn, unter Elisabeths Beihilfe gegründet, öffnet dem Liberalismus die Bahn. Das Wachstum der Industrie, die größeren Freiheiten des Gewerbes, nicht zuletzt die großartige Erweiterung der Stadt, geben Wien einen mächtigen Auftrieb. Die neue Macht, die sich in Prachtausgaben ankündigt, in den Fassaden der Ringstraßenhäuser und in Bankpalästen, heißt Rothschild, Todesco und Springer, Schey, Königswarter und Epstein. Sie sitzt in den Logen, läßt die schönsten Pferde und Karossen durch die Hauptallee des Praters galoppieren, sie baut Villen und Sommerpaläste in Hietzing und Mödling, in Baden und Vöslau, gleich jenen, die adlige Geschlechter einst vor den Toren Wiens errichtet hatten. Die Bankiers werden Großgrundbesitzer; mit der Eroberung der Glaubens- und Gewissensfreiheit erreicht man die freie Bewegung der Güter. Der Optimismus der neuen Generation entsprießt einem satten Boden. Er verpflanzt sich von den Vätern auf die Söhne. Die Väter sind reich und haben der Politik entsagt. Den Söhnen winkt die Erfüllung einer alten Sehnsucht: Franz Joseph adelt den Reichtum, er öffnet die alten Reiterregimenter den Sprossen der Finanzbarone und Handelsherren. Der dritte Sohn des Barons Alphons Rothschild, Offizier bei den vornehmsten Dragonern, wirkt beispielgebend. Aus der alten kleinen Gesellschaft Wiens, dem Familienkreis des Beamtenadels und des soignierten Geldes, ist eine große Sozietät geworden. Noch herrscht der Adel vor. Doch er hat Berührungspunkte mit der nichtadligen Welt. Als Vorbild in den Sitten, im Geschmack und in den Lebensformen ist er unbestritten. Alle, Adel, Bürger wie den kleinen Mann, vereint der lebensbejahende Glaube, der frohe Optimismus am Ausgang des sterbenden Jahrhunderts.

Dieses frohgelaunte, mit sich und der Welt zufriedene Wien sah Elisabeth nur von der Ferne. Die Kaiserin hatte nichts gemein mit der Kaiserstadt, in der die Sonne nie unterging. Ihr Ernst, ihr Schicksal ließen sie nicht teilnehmen an dem trügerischen Glanz, der wie später Herbstsonnenschein die morbide Schönheit der habsburgischen Herrschaft beleuchtet.

War Elisabeth hellsichtiger als die Andern, hatte sie der Schmerz sehender gemacht? Waren ihre Ahnungen eines der traurig-süßen Geschenke, welche die Göttin Einsamkeit ihren Lieblingen spendet?

Das genießerische Geschlecht, das den Tag als Ewigkeit lebte, hatte die Kaiserin vergessen. Der Tod ließ sie auferstehen; der Elisabeth-Kultus Wiens war eine posthume Feier.

Auf Umwegen, die Trauer war verklungen, kam von fernher ein verspäteter Gruß. Er klang, als sei er von einem großen Dichter erdacht. Frauen aus Ägypten sandten Jerichorosen und Lotosblumen mit einem Zweige des alten Feigenbaums, unter dem Maria, nach der Sage, auf der Flucht vor Herodes, geruht haben soll. Die Schleife des Gebindes trug die Inschrift:

„*Flores etiam miseri desertorum te salutant!*"

„Die armen Wüstenblumen grüßen Dich"!

QUELLEN

Anonym: „Kaiserin Elisabeth", „Österreichische Rundschau", 17. Band, 5. Heft.
Bagger Eugene: „Franz Joseph", 1928.
Böhm, Gottfried von: „Ludwig II., König von Bayern", 1922.
Burgh, v. de: „Kaiserin und Königin Elisabeth", 1901.
Christomanos C.: „Tagebuchblätter", 1899.
Ernst Otto: „Franz Joseph I. in seinen Briefen", 1924.
—- „Kronprinz Rudolfs Brautschau, Geheimbriefe des Grafen Bohuslav Chotek" („Neues Wiener Tagblatt", 1924.).
Faye, Jacques de la: „Élisabeth de Bavière", 1913.
Gouraud, Marie d'Ablaucourt: „La Duchesse d'Alençon et son temps", 1906.
Mitis, Oskar Freiherr von: „Das Leben des Kronprinzen Rudolf", 1928.
Paléologue Maurice: „Mitteilungen der Kaiserin Eugenie über Elisabeth und das Drama von Mayerling." „Revue des Deux Mondes", April 1929.
—- „Cavour", 1928.
Pourtalès, Guy de: „König Hamlet", 1929.
Prileszky, Karl Freiherr von Prilesz: Mitteilungen aus seiner Dienstzeit. (Privat.)
Redlich Joseph: „Kaiser Franz Joseph von Österreich", 1929.
Redwitz, Marie Freiin von: „Hofchronik 1888 bis 1921", 1924.

Sternberg, Adalbert Graf: Kaiserin Elisabeth und der Hof. (Mitteilungen, Privat.)
Szana Bernhard: „Kaiserin Elisabeth und die Wiener Geheimpolizei". („Prager Tagblatt", 1924.)
Szeps Julius: „Kronprinz Rudolf, Politische Briefe an einen Freund", 1922.
Sztáray, Irma Gräfin: „Aus den letzten Jahren der Kaiserin Elisabeth", 1909.
Tschudi Clara: „Elisabeth, Kaiserin von Österreich."
Tschuppik Karl: „Franz Joseph I.", 1929.
Wertheimer, Eduard von: „Graf Julius Andrássy", I. 1910.
— „Franz Joseph und Elisabeth nach dem Tode des Kronprinzen Rudolf", („Neue Freie Presse", Januar 1928.)
Wiegler Paul: „Wilhelm der Erste", 1927.

DIE BILDER

Herzog Max in Bayern, Elisabeths Vater . . .	17
Kaiserin Elisabeth, Lithographie von Dauthage, Ende der 50er Jahre	25
Kaiserin Elisabeth, 1861, auf Madeira	33
Kaiserin Elisabeth, aus den 60er Jahren . . .	49
Erzherzogin Sophie	57
Kaiserin Elisabeth, nach dem Gemälde von F. X. Winterhalter	73
Helene Fürstin Thurn und Taxis, Anfang der 60er Jahre	89
Franz Joseph I. mit Kronprinz Rudolf und Erzherzogin Gisela, 1861	97
Kaiserin Elisabeth, aus den 60er Jahren	105
Ludwig II. mit seiner Braut Herzogin Sophie .	113
Graf Julius Andrássy	121
Kaiserin Elisabeth im ungar. Krönungskostüm .	129
Kaiserin Elisabeth, aus den 60er Jahren . . .	145
Erzherzogin Marie Valerie mit Gräfin Larisch .	153
Die Vorleserin Ida von Ferenczy	161
Dr. Constantin Christomanos, um 1895	169
Kronprinz Rudolf, 1876	177
Das Achilleion in Korfu	185
Katharina Schratt, Anfang der 80er Jahre . . .	209
Kaiserin Elisabeth, Ende der 80er Jahre . . .	225
Kaiserin Elisabeth mit Gräfin Sztáray, 1898 . .	273
Der Mörder Luigi Luccheni	281
Der Leichenzug in Genf	289

Die Bilder stammen aus der Sammlung Raoul Korty, Wien

INHALT

I. Die Märchenprinzessin
13

II. Im goldenen Käfig
45

III. Die Flucht
103

IV. Rückkehr
119

V. Dr. Christomanos
163

VI. Ludwigs Tod
175

VII. Das Ende Rudolfs
205

VIII. Letzte Jahre
247

IX. Der Mord
277